Marianne Vogel Kopp

ICH BIN ALLE

ENNEAGRAMM

Marianne Vogel Kopp

ICH BIN ALLE

Enneagramm für Fortgeschrittene

Die automatisierte Analyse des Werkes, um daraus Informationen insbesondere über Muster, Trends und Korrelationen gemäss §44b UrhG zu gewinnen, ist untersagt.

2024
© Alle Rechte bei Marianne Vogel Kopp
Umschlagbild: pixabay, photosforyou
Gestaltung und Satz: MVK
Verlag: BoD • Books on Demand GmbH, In de Tarpen 42, 22848 Norderstedt
Druck: Libri Plureos GmbH, Friedensallee 273, 22763 Hamburg
ISBN: 978-3-7597-8592-3

Inhalt

1 Erzählung zur Einstimmung 9

    Date-Panik 9

2 Hypothese dieses Buches 13

3 Für wen ist ICH BIN ALLE? 17

    Via negationis – schöpferische Synthese 17

    Desidentifiziert mit deinem Enneatyp 19

    Präsenz durch drei offene Zentren 25

4 Achtzehn gute Gründe für ICH BIN ALLE 29

    Neuland betreten, Freiheit gewinnen 29

    Tiefe ausloten, Fülle wahrnehmen 30

    Gesundung einleiten 31

    Entschlusskraft, Handlungsfähigkeit fördern 32

    Den Weg der Mystiker beschreiten 33

5 Biografisches zur Autorin 35

    Mein individueller Lernweg 35

    Mein Wachsen am und mit dem Enneagramm 41

    Dein individueller Weg 45

6 Die menschliche Psyche besteht aus Teilpersönlichkeiten 47

    Historisches 47

    IFS (Internal Family Systems) 51

7 Einstieg und erste Auslegeordnung von ICH BIN ALLE 55

    Beobachtungsübung 1 63

    Beobachtungsübung 2 63

    Beobachtungsübung 3 64

Beobachtungsübung 4 67

Beobachtungsübung 5 70

Beobachtungsübung 6 71

Beobachtungsübung 7 73

Beobachtungsübung 8 76

Fazit 79

8   Das Selbst 81

9   Die neun iE-Teile kennenlernen, Einführung 89

Allgemeiner Beschrieb deiner iE-Teilpersönlichkeit 89

Dialogfragen von dir in Selbst-Führung an deine iE, um sie näher kennenzulernen 89

Erkundung deiner iE als Wahrnehmung im Körper 90

Essenz oder Sein dieses iE-Teils 91

Verlust von Essenz, Entstehung des «Lochs» und das Ich-Ideal, mit welchem es gefüllt wird 91

Hypothese: Stell dir vor, die Tugend deiner iE ist schon da! 94

Wie sich deine «erlöste» iE zeigen und aus-wirken könnte 95

10   Die neun iE-Teile 97

iE1 97

iE2 111

iE3 122

iE4 135

iE5 147

iE6 159

iE7 172

iE8 184

iE9 196

11 ENNEAGRAMM und die christliche Tradition 209

Eigenschaften Jesu: ER IST ALLE 209

Jesus und wir 210

Christliche Mystik betont die Verwandlung 212

Weihnachten ohne Ende 213

12 Das Selbst – christlich verortet 215

Calmness 216

Compassion 220

Curiosity 225

Clarity 230

Confidence 234

Courage 238

Connectedness 244

Creativity 250

13 Erzählung zum Dranbleiben 255

Das Tausend-Zimmer-Schloss 255

14 Ausblick 257

Literaturverzeichnis 261

Dank 263

1
Erzählung zur Einstimmung

www.darshanstevens.com/internal-family-systems-therapy

Date-Panik

Daniel ärgert sich. In der «Selbsthilfegruppe für unfreiwillige Singles» hat er über seine Unsicherheit geredet. Er weiss einfach nicht, ob er den Mut aufbringt, am nächsten Samstag zum ersten Date mit Michaela zu erscheinen. Nun fallen die anderen Teilnehmer wie Hyänen über ihn her. Die Gruppe scheint im Augenblick aus lauter Besserwissern zu bestehen. Für sie ist sein Problem ein gefundenes Fressen.

«Klar, gehst du da hin, und zwar mit hocherhobenem Haupt! Du bist doch ein echt gutaussehender, patenter Mann!», bestätigt Dorothee mit ermutigendem Unterton.

Ivo ist dagegen. Er kneift die Augen zusammen: «Einmal ist natürlich das erste Mal, seit du deine Frau verloren hast. Einmal musst du wieder durchstarten … gewiss. Aber ich denke, du bist noch nicht so weit. Du wirst vergleichen und …»

«Genau», wirft Lea ein, «du wirst vergleichen und merken, dass keine es mit deiner verstorbenen Luzia aufnehmen kann. Du hast mit ihr die grosse Liebe erlebt. Die gibt es wohl nur einmal unter tausend Menschen. Warum solltest ausgerechnet du ein zweites Mal so viel Glück haben?»

«Stimmt, das wollte ich auch sagen», ergänzt Ivo mit einem missbilligenden Seitenblick auf Lea, weil sie ihm das Wort abgeschnitten hat. «Schau uns an, niemand von uns hat derart schöne Erinnerungen wie du. Wir müssen uns zwangsläufig mit einer zukünftigen Beziehung auseinandersetzen. Bei uns kann es nur besser werden. Aber einer wie du, der hat das Allerbeste schon gekriegt. Halte dich zurück! Tu's dir nicht an, einen Korb zu kassieren.»

«So meinte ich es aber nicht, Ivo», widerspricht Lea. «Daniel ist doch der romantische Typ. Er braucht wieder eine ganz spezielle Frau, eine besondere, exklusive, verspielte, eine lustige und sehr gefühlvolle …»

«Hört endlich auf mit diesem theatralischen Gefasel!» Viktor weist die Gruppe mit einer verächtlichen Handbewegung an, zu schweigen. «Was Daniel jetzt braucht, ist eine klare, simple Strategie. Ihr mit eurem Lamento verwirrt ihn nur. Und wenn er durcheinander ist, kann er diese Michaela nicht beeindrucken. Frauen wollen ein klares Gegenüber, sie wollen einen Mann mit Profil …»

«… und Charisma, genauso einen wie dich, Viktor», fällt ihm Ivo ins Wort. «Du bist ja so ein Frauenversteher.» Leise zischt er noch: «Und darum bist du ja auch erst drei Jahre in unserer Selbsthilfegruppe für unfreiwillige Singles …»

«Klappe, von einem mittelmässigen Feigling wie dir lasse ich mir nichts vorwerfen», lautet prompt die Retourkutsche.

Nun mischt sich auch Tom in die Diskussion ein. Es wird still in der Runde. Alle Augen richten sich auf ihn. Tom ist die Vernunft selbst. Er hat es schon oft geschafft, die aufgeregte Truppe wieder auf den Boden der Realität zurückzuholen. Auch Daniel hängt an seinen Lippen und hofft auf das klärende Zauberwort, das seine Ängste hinwegfegt und in ihm den notwendigen Mut weckt, nach drei Trauerjahren endlich wieder ein Mann mit Zukunft zu sein. Tom spürt die Spannung und räuspert sich erst umständlich: «Gut, Freunde, Daniel hat einen ersten Schritt getan. Das ist gewiss der richtige Anfang. Er ist vor drei Monaten endlich online gegangen und hat bei einer Partnervermittlung verbindlich eingehakt. Aber seien wir ehrlich, dass nur gerade sieben Frauen auf sein Profil reagiert haben, ist wenig vielversprechend. Der Hecht im Karpfenteich ist er jedenfalls nicht!»

«Komm zur Sache, Kumpel», brummelt Viktor.

«Lass ihn doch ausreden», flüstert Dorothee und stösst ihm den Ellbogen in die Seite. «Wenn jemand einen guten Einfluss auf Daniel hat, dann der gewissenhafte Tom. Wer sonst?»

Tom lässt sich durch die Unterbrechung nicht irritieren. Ruhig fährt er fort: «Daniel, geh das Ganze nüchtern und ohne grosse Erwartungen an. Geh einfach mal hin. Setz dich mit ihr in eine ruhige Ecke. Aber leg dir Zügel an. Bedränge weder dich selbst noch diese Michaela. Bleib kühl im Kopf. Behalte die Kontrolle. Schau einfach, was wird.»

Lea rollt schon länger die Augen und deutet mit nervösen Handbewegungen an, dass sie von dieser sparsamen Gefühlslage nichts, aber auch gar nichts hält: «So eine Zeitverschwendung», ruft sie schliesslich aus, «wie Anfahren am Berg, und dann ganz lange im ersten Gang bleiben, womöglich noch mit angezogener Handbremse ... Ehrlich, Tom, ich bin enttäuscht von dir. Das war deine kläglichste Vorstellung seit je. Du tönst wie ein korrekter, aber völlig desillusionierter Mann. Da wird diese Michaela doch nach fünf Minuten schon das Weite suchen. Da muss Gefühl hinein, Inspiration. Daniel, echt, es geht nur mit etwas Überschwang. Vielleicht überreichst du ihr einen Korb mit ihren Lieblingsblumen... Oder versuch einen kreativen Auftritt, vielleicht mit Taucherbrille oder einem Zauberhut. Es muss ausserordentlich sein, es muss sie begeistern ... überwältigen!»

«Hol dich wieder ein», schnaubt Viktor halb wütend, halb amüsiert. «Ich finde auch, dass Toms Vorschlag heute nicht zum Durchbruch führt. Strategie, gut und recht, aber nicht diese Bremsnummer. So ein bisschen kühl, Daniel, darfst du schon auftreten, aber eher so bewusst arrogant. Wenn du weisst, wer du bist, dann hast du auch Anrecht auf ein bisschen Eitelkeit. Frauen wollen zu dir aufschauen …»

«Hatten wir diese Platte nicht schon?» wirft Dorothee ein. «Ihr kommt mir alle ziemlich daneben vor. Daniel soll doch einfach so hingehen, wie er ist, etwas unsicher eben und fragend. Wenn er nur sich selbst ist, möglichst authentisch und ohne irgendeine dumme Eroberungsstrategie, dann ist die Situation am schnellsten entspannt und ehrlich. Und das wäre doch ein wirklich guter Anfang für dieses Beschnuppern und Kennenlernen.»

«So könnte es gehen», nickt Ivo nachdenklich. «Besser als mit Luzia wird es für Daniel eh nie, da kann er wirklich mit ganz mittelmässigen Hoffnungen antreten.»

Lea hält dagegen: «Dorothee hat aber nichts derart Zögerliches gemeint. Daniel darf durchaus selbstbewusst sein. Er muss vor allem seine Emotionen zeigen. Vielleicht sollten wir ihn jetzt am besten eine Visualisierungsübung machen lassen, in der er mit all unseren brauchbaren Vorschlägen schon einmal dieses Treffen vor dem grossen Spiegel dort simuliert …»

Daniel spürt seinen Adrenalinspiegel schlagartig ansteigen. Zum Glück klopft es in diesem Moment. Nach der Aufforderung einzutreten, streckt Laura, seine Siebzehnjährige, den Kopf zur Tür herein.

«Papa, ich hörte Stimmen und dachte zunächst, du hättest Besuch. Es wird Zeit, dass du wieder ausgehst und dich unter Menschen mischst. Langsam befürchte ich, du kriegst einen Schaden von diesen Selbstgesprächen.»

2
Hypothese dieses Buches

Dieses Buch unterbreitet dir die Vorstellung, dass du nicht nur *einen* bestimmten Enneatyp hast, sondern dieses Symbol so anwenden kannst, dass du als Individuum selbst den ganzen Neunerkreis in dir abbildest.

«Der Kosmosmensch» nach Hildegard von Bingen: «Mitten im Weltenbau steht der Mensch, denn er ist bedeutender als alle übrigen Geschöpfe. An Statur ist er zwar klein, an Kraft seiner Seele jedoch gewaltig.»

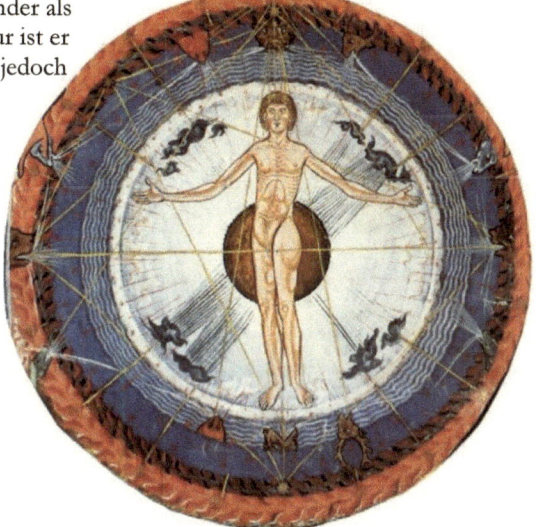

Die Idee ICH BIN ALLE habe ich nicht als Fantasieübung zu entwickeln begonnen, weil mir der Sinn gerade nach etwas Neuem stand. Den ersten Impuls dazu erhielt ich durch die Lektüre von Sandra Maitris «Wege zum selbst», das 2009 auf Deutsch erschienen ist und das ich damals fasziniert zur Kenntnis nahm.

Sie schreibt: «Wenn die Themen und Probleme, die an einem bestimmten Punkt des Enneagramms symbolisiert sind, für diejenigen, die diesem Typ angehören, auch stärker sind, sind es dennoch Themen und Probleme, die wir alle teilen.» (S. 28)

Weil sie das Enneagramm für eine Darstellung von universellen Wahrheiten hält, über alle Menschen und das Wesen der Realität insgesamt, führt sie auf S. 42 weiter aus: «Das bedeutet, dass, obgleich wir jeder eine Leidenschaft haben, die in unserer Erfahrung am stärksten hervortritt, in uns dennoch auch die acht anderen Leidenschaften wirken. (…) Was deutlich macht, dass jeder von uns mit den neun Leidenschaften zu kämpfen hat.»

Wenn ich in meinen Kursen seither den Entwicklungsprozess schildere, also die Bewegung jedes Typs gegen den «inner flow» hin zu seinem Trost-, Entwicklungs- oder Herzpunkt, lasse ich es nicht dabei bewenden, dass jeder nur einen einzigen befreienden Ansatz kennenlernen kann. Ich deute an, dass dieser Weg nach der Integration des Trostpunktes weiterschreitet zu dessen Trostpunkt und so weiter.

Eine weitere Evidenz, die mich dann zum eigenen Nachforschen und Überprüfen anregte, war vor Jahren eine Reaktion der Kursteilnehmer. Als ich ihnen die neun Erfahrungswelten der Typen vorgestellt hatte, lobten sie meine schauspielerischen und gar komödiantischen Fähigkeiten. Ich stutzte zunächst. Ich hatte ihnen ja nicht aus didaktischen Gründen und wohlüberlegt – aber auch nicht zur Unterhaltung – diese Verhaltensmuster vorgespielt, sondern ich hatte sie absichtslos verkörpert, weil ich sie irgendwie von innen heraus kannte.

Sicher hat dabei meine jahrelange bibliodramatische Praxis mitgeholfen, in der ich mich mit ungezählten Figuren und Energien identifiziert und sie in spielerischem Ernst nachgeahmt habe.

Das Erstaunliche für mich war der Wandel, den ich an mir selbst wahrnahm. Ausgerechnet ich als hyperkritische E1 anerkannte, würdigte, respektierte und verstand zunehmend alle Typen in ihrer Vielfalt – und mehr noch: Ich begann sie zu lieben. Diese Bestätigung machte mich einfach glücklich.

Einige Anläufe mit Kursteilnehmerinnen und meinem Kollegen Urs Buchser folgten, diese ICH BIN ALLE-Idee auszuprobieren. Das ermutigte mich zum Weiterdenken. Durch den Corona-Unterbruch kam dieser Austausch allerdings zum Erliegen.

Im späten Frühling 2023 machte ich mich erneut hinter die Lektüre von Sandra Maitris besagtem Buch.

Diesmal mit dem klaren Fokus, inwiefern denn in Sachen Leidenschaften und Tugenden diese neunfache Wahrheit eine jede Einzelne betreffe und anzuregen vermöchte.

Den endgültigen Anstoss gab dann im Sommer 2023 die Lektüre von A. H. Almaas' eben herausgekommenen Buch «Enneagramm. Der Schlüssel zum Erwachen». Von seinen vielen Einsichten sei nur eine einzige wörtlich wiedergegeben:

«Doch je mehr wir uns mit dem Thema beschäftigen, desto mehr fällt uns auf, dass unser Typ nicht so nahtlos passt, wie er es zu Beginn getan hat. Wir fangen an, in unserem Erleben und Verhalten die Merkmale und Dynamiken anderer Typen zu erkennen. Manchmal fühlt es sich so an, als würden wir uns auf dem Enneagramm bewegen, und wir könnten meinen, unsere Typisierung sei falsch. Mit der Zeit lernen wir dann vielleicht, dass wir im Grunde genommen das ganze Enneagramm sind. Auch wenn ein Typ dominant sein wird, wenn wir uns selbst mithilfe des Werkzeugs Enneagramm beobachten, sind sämtliche Fixierungen in jedem Ego präsent.» (S. 35)

Nicht dass ich schon die Tiefe, inspirierte Weisheit und Reichweite von Almaas' Verständnis des Enneagramms erfasste, doch schätze ich diese Klärung bezüglich unserer *Neun*faltigkeit ungemein. Vielleicht hilft mein bescheidener Ansatzpunkt Suchenden auch dabei weiter, das reiche, anspruchsvolle Werk von Almaas anzugehen und die Landkarte des Enneagramms als mächtiges Instrument für spirituelle Befreiung, Transformation und wahrhafte Menschwerdung zu nutzen.

Eine kleine historische Reminiszenz hilft dir zusätzlich, dich auf die Hypothese ICH BIN ALLE einzulassen:

Russ Hudson, Mitbegründer von «The Enneagram Institute», berichtet auf der entsprechenden Website über Oscar Ichazos Arica-Training von 1970, dass der bolivianische Mystiker seinen Schülern in jener legendären Wüsten-Schulung 108 Enneagramme – in der Bezeichnung Ichazos «Enneagons» – vorgelegt habe.

Die amerikanische Enneagramm-Bewegung habe davon aber nur vier übernommen und weiter ausgeführt: Das Enneagramm der Leidenschaften, das der Tugenden, das der Fixierungen und das der «Holy Ideas».

Wer weiss, ob Ichazo, dessen Hauptanliegen ja die Verbindung, beziehungsweise der Verlust zwischen der Essenz und dem Ego darstellte, nicht auch ein entsprechendes ICH BIN ALLE-Enneagon in seiner Lehre hatte. Die Absicht der Vorstellung ICH BIN ALLE entspricht jedenfalls auch seinem Anliegen, die konditionierte Persönlichkeit durch die Begegnung mit ihrem tieferen, wahren Wesen zu heilen.

Bitte beachte, dass ich für den Enneatypus EINS bis NEUN die Kürzel E1 bis E9 verwende. Das erleichtert die Unterscheidung zum inwendigen Neunerkreis von ICH BIN ALLE, für den ich die Kürzel iE1 bis iE9 gebrauche.

3
Für wen ist ICH BIN ALLE?

Via negationis – schöpferische Synthese

Die Sichtweise ICH BIN ALLE ist für fortgeschrittene Enneagramm-Kennerinnen gedacht.

Via negationis lässt es sich zunächst fast einfacher formulieren.

Für wen ist diese Erkundungsanleitung *nicht* gemacht:

- Wenn dir die Sichtweise ICH BIN ALLE in erster Linie unterhaltsam erscheint.

- Wenn du dich sofort darin bestätigt fühlst, weil dir die Engführung des Enneagramms auf gerade nur einen einzigen Enneatyp schon immer falsch schien und du dich noch nie in einem einzigen Typ massgeblich wiedererkennen konntest oder wolltest.

- Wenn dieser Titel deine besserwisserischen oder spöttischen Seiten hervorlockt: Sieh an, jetzt untergräbt eine besonders Schlaue die Grundprämisse des Modells, wonach wir in nur genau einem einzigen Muster zuhause sind, gleich selbst.

- Wenn du dich gut eingerichtet hast in deinem einmal erkannten Typ und nun zufrieden bist damit und dir keinen besseren wünschen könntest.

- Wenn sogleich Lernunwille in dir aufsteigt und du seufzt, wozu denn diese weitere Hürde und Komplexitätssteigerung gut sein soll.

Hingegen ist diese Erkundungsanleitung für dich,

- wenn du schon ein langes Wegstück mit dem Enneagramm zurückgelegt hast.
- wenn du immer wieder mit den Erkenntnissen gerungen und dem Spiegel gehadert hast, den dir die Beschreibung deines Typs vorgehalten hat.
- wenn du durch arge Beschämung und zeitweise gar Tränentäler gegangen bist im Erkennen, wie ungemein einseitig, beschränkt, verzerrt und selbstgerecht du dich deiner Typ-Beschneidung wegen durch weite Strecken deines Lebens bewegt hast.
- wenn du die Entwicklungsthemen deines Typs nicht nur vor- und rückwärts buchstabiert hast, sondern sie auch vorwärts und öfter mal rückwärts gegangen bist.
- wenn du die automatischen Impulse deines Typs kennst und gelernt hast, sie zu halten, nicht auszuagieren, sondern ihre Energie in adäquateres Handeln (oder auch Bleibenlassen) abfliessen zu lassen.
- wenn du die Fähigkeit kultiviert hast, die Aktivitäten deiner inneren Welt wahrzunehmen, zu beobachten und zu akzeptieren.
- wenn dir nach langen Jahren der Auseinandersetzung mit deinem Enneatyp wieder Zweifel kommen, ob du damit richtig liegst, weil Themen anderer Muster dich herausfordern.
- wenn du ein Verlangen in dir nach dem «Mehr-als-alles» wahrnimmst, wenn dir nach ausreichender Analyse der Sinn nach Synthese steht und du eine Zusammenschau des Ganzen anstrebst.
- wenn du deinem wahren Kern näherkommen willst und für diesen Weg in die Tiefe ausreichend Demut und Hingabe verspürst. Wenn du bereit bist, dir hier durch das Sein selbst oder die GÖTTLICHE Liebe – sola gratia – bestätigen zu lassen, wer du wirklich bist.

Desidentifiziert mit deinem Enneatyp

Du bist dir bewusst, dass du deinen Enneatyp nie vollständig wirst ablegen können. Aber du bist fähig, seine Automatismen und Reaktionsmuster zu erkennen. Du hast durch lange Beobachtung und einfühlende Akzeptanz seine Auswirkungen auf dein Denken, Fühlen und deine Körperreaktionen kennengelernt. Du lässt dich nicht länger von diesen unbewussten «Glaubenssätzen» lenken. Du befindest dich immer öfter in der Freiheit, dass du etwas verändern oder wählen kannst.

Als reife Persönlichkeit sorgst du mittlerweile gut und eigenverantwortlich für dich selbst:

Als E1
- verwöhnst du dich regelmässig mit etwas „Nutzlosem", das dir Freude macht.
- hast du dem Humor schon einen grossen Platz in deinem Leben eingeräumt.
- findest du immer mehr heraus, was du wirklich willst – und kannst auch schon darum bitten. „Man sollte" sagst du nur noch selten, dafür: «Ich will ...»
- weisst du, was du zum Stressabbauen brauchst, und praktizierst es auch.
- sind Ferien und Entspannungszeiten aus deinem Leben nicht mehr wegzudenken.
- bist du am Lernen, dass Ärger ein normales und manchmal sogar nützliches menschliches Gefühl ist.
- hast du ein Ventil, um Gefühle, die du nicht direkt ausdrücken kannst, auszuagieren, indem du joggst, Holz hackst oder ähnliches tust.
- bist du immer besser darin, nur deinen Teil der Arbeit zu machen und anderen den ihren zu überlassen.
- bist du grosszügig geworden, was deine eigenen und die Fehler anderer anbelangt.

Als E2

- unternimmst du jetzt oft etwas, das dir Freude macht – ganz allein.
- kannst du dich beim Wandern oder Sporttreiben gut auf dich selbst besinnen.
- schenkst du dir zwischendurch selbst etwas von der Aufmerksamkeit und Verwöhnung, die du früher nur anderen gabst.
- kannst du, wenn du ruhig bist, viel Liebe wahrnehmen, die schon da ist.
- kannst du schon gut Nein sagen oder erklären, warum du jetzt gerade für ein fremdes Anliegen keine Zeit hast.
- schreibst du manchmal auf, was dich ärgert. Eigentlich eine ganze Menge. Das wusstest du früher nicht.
- hast du gelernt, dich direkt und angemessen auszudrücken, wenn du dich ungerecht behandelt fühlst.
- willst du gar nicht länger anderen gefallen. Viel wichtiger ist es für dich, dich selbst sein zu können.
- sagst du oft nichts, auch wenn du einen guten Rat hättest. Wenn du nicht gefragt wirst, lässt du es bleiben.
- gehst du heute neue Beziehungen langsam ein. Du kannst warten, dich informieren und objektiv bleiben.

Als E3

- planst du täglich Zeiten ein, in denen du nichts Konkretes machst, sondern einfach bist.
- weisst du heute, dass du auch neben der Arbeit noch viele Dinge gernhast und tun darfst.
- lächelst du, wenn in dir der (Erfolgs)Druck steigt, und machst einen kleinen Schritt rückwärts.
- gestattest du dir zwischendurch, deine Energie etwas zurückzunehmen und einen Gang herunterzuschalten.
- findest du es interessant, anderen bei ihren Lösungen zuzuschauen. Es gibt ja immer viele Wege zum Ziel.

- geht dir heute auch das Loben und Anerkennen anderer leicht von den Lippen.
- hat der „Faktor Mensch" für dich an Bedeutung gewonnen. Früher warst du eher fixiert auf Sachen oder Themen.
- magst du Kritik noch immer nicht, aber du siehst oft, dass ein Körnchen Wahrheit darin ist.
- bist du stolz, wenn es dir gelingt, bei dir selbst zu bleiben und nicht zu (re)agieren, auch wenn du dich gleich ideal in Pose werfen könntest.
- hörst du heute deiner Partnerin/deinem Partner viel mehr zu.

Als E4

- bist du zwischendurch einfach stolz auf deine Gaben und Talente.
- versuchst du mit dir selbst liebevoll und nährend zu sein, wenn wieder ein Bedürfnis auftaucht, das dir von Kind an niemand gestillt hat.
- spürst du, wie dir zwischendurch Klarheit und Selbstdisziplin guttun.
- macht es dich glücklich, einfach ganz da und gegenwärtig zu sein (statt dich anderswohin zu wünschen). Dann stellt sich ganz natürlich Dankbarkeit ein.
- macht es dich glücklich, wenn du Pflichten und Verantwortungen auf spielerische Weise erfüllen kannst.
- bist du daran, Eigenschaften von anderen, die du früher nur benieden und bewundert hast, in und an dir selbst zu fördern.
- kannst du immer besser konkret ausdrücken, was du willst und was nicht.
- hast du gemerkt, dass es besser für dich ist, wenn du mit ein paar Menschen im nahen Kontakt bist. Ein Einzelner allein schafft es nicht, deine sämtlichen emotionalen Bedürfnisse zu stillen.
- merkst du inzwischen, wenn du in Gefahr gerätst, Gefühle zu übertreiben, nur weil du Lust auf Dramatik hast.

Als E5

- gehst du manchmal schon Risiken ein, indem du deine Meinung laut äusserst, auch wenn du nicht hundertprozentig sicher bist. Erstaunlich: Fettnäpfchen tun gar nicht so weh!
- bist du aktiver geworden in einer Sportart, die dir liegt.
- verspürst du früh den Impuls wegzuschleichen, bleibst aber immer öfters standhaft und verblüffst die anderen damit, dass du noch da bist und dich einmischst.
- merkst du, wenn du in Gefahr bist, einen zu langen Monolog zu halten. Dann stellst du bewusst eine Frage, um einen Austausch in Gang zu bringen.
- musst du nicht immer zeigen und beweisen, dass du mehr weisst als die anderen.
- hat dir ein Freund kürzlich gesagt, es sei schön zu erfahren, dass er für dich wichtig sei. Endlich sagtest du ihm das.
- Ertappst du dich manchmal dabei, dich in einer Austauschrunde richtig wohlzufühlen. Etwas Neues.
- hast du ein drehbares Schild an deine Wohnungstür gehängt. Manchmal steht darauf: Bist du angemeldet? Oder eben: Nur herein – ohne anzuklopfen. Zu 30 % kann man schon die zweite Botschaft lesen!

Als E6

- ist es schön für dich, mit Menschen zusammen zu sein, die dich akzeptieren und die verlässlich sind.
- lächelst du in der Zwischenzeit und kannst es schon fast glauben, wenn jemand etwas Positives über dich sagt.
- hast du gemerkt, dass du nicht zuerst alle Ängste ausräumen musst, bevor du etwas tust. Du bist auch trotz einer gewissen Angst handlungsfähig.
- fragst du dich weniger als früher, was nun die «richtige» Art zu leben sei. Du vertraust dir selbst und deinem Gefühl mehr.
- klopfst du dir auch schon einmal selber anerkennend auf die Schulter, wenn dir niemand anderer eine Bestätigung gibt für deine Arbeit.

- hast du gelernt, dass auch Fehler zum Leben gehören.
- bist du achtsam, dass du nicht unter Druck gerätst, denn dann wirkst du auf andere übertrieben und negativ.
- fühlst du dich weniger ausgenutzt, seit du mehrheitlich nur noch das machst, was du wirklich willst.
- lachst du manchmal (zusammen mit anderen) schon richtig über deine übertriebenen Sorgen.
- besinnst du dich auf deine Stärken, weil dir dann deine Arbeit besser gelingt.

Als E7

- fühlst du dich ausgeglichener, seit du einen gesunden Ess- und Schlafrhythmus hast.
- bewegst du jetzt regelmässig deinen Körper und machst Dinge, die dir guttun.
- widerstehst du dem Impuls, etwas zu essen, zu trinken oder zu kaufen, wenn du merkst, dass es nur eine Stressreaktion wäre.
- machst du öfters diese Dankbarkeitsübung, indem du schaust, was du schon alles hast, und lässt deine zahlreichen Wünsche fahren.
- siehst du, dass positives Denken herrlich ist, dass du damit aber nicht alle Probleme lösen kannst.
- lässt du es manchmal an dich heran, wenn dunkle oder schwere Gefühle hochkommen wollen – und merkst, dass sie auch wieder vorübergehen.
- Ist deine Partnerschaft schöner geworden, weil du dir mehr Zeit für deine/n Liebste/n nimmst, für euer intimes Zusammensein.
- bist du empfindsamer geworden seit du versuchst, Dinge auch aus der Perspektive der anderen zu betrachten.
- bist du schon noch egozentrisch, aber weniger. Du fragst jetzt andere bewusst, was *sie* denn möchten. Deine Wünsche sind dir immer sofort klar, bei anderen übst du dich nun in Geduld.

Als E8

- bist du nicht mehr versucht wie früher, Ansichten oder Erfahrungen anderer abzutun oder zu widerlegen.
- achtest du darauf, dass deine Direktheit andere einschüchtern kann. Dann sprichst du sanfter.
- kannst du heute andere anerkennen und sprichst viel häufiger Lob aus.
- verspürst du natürlich immer noch oft Lust zum Streiten, aber wenn du merkst, dass dein Gegenüber deine Streitkultur nicht teilt, kannst du auch anders.
- bist du jetzt öfters mit Leuten unterwegs, die deine unbändige Lebenslust teilen. Das macht richtig Spass!
- schätzt du bei der Arbeit den Kontakt zu Kollegen, die dein direktes Vorgehen respektieren und dir gegenüber aufrichtig sind.
- passt du nun auf, dir selbst nichts Unrealistisches mehr abzuverlangen. Dadurch bist du ruhiger und weniger gestresst.
- ertappst du dich zwischendurch dabei, wie du sagst: «Gut, dann machen wir es so, wie du es vorschlägst.» Ein neuer Satz für dich, eigentlich noch ganz entspannend!
- kannst du neuerdings an einer Sitzung ganz und gar nicht einverstanden sein mit einem Vorgehen, aber weil die Zeit schon überschritten ist, schweigst du dazu. Du realisierst, dass es sich oft auch ohne dein Eingreifen klärt.

Als E9

- hoffst du zwar noch immer, dass sich die Dinge von selbst einrenken, aber öfters machst du nun schon den ersten Schritt.
- merkst du, wenn dir an einer Sache wirklich etwas liegt, du die anderen ja bitten kannst, auf dein Interesse einzugehen.
- versuchst du in Kontakten seit einiger Zeit gleich viel zu reden wie dein Gegenüber. Früher warst du oft nur Zuhörer.
- schiebst du nun ein schnelles Ja oder Nein auf und bittest dein Gegenüber zu warten, bis du dich klar entschieden hast.

- meldest du dein Bedürfnis allein zu sein an, wenn es hochkommt.
- versuchst du, wenn du Ärger verspürst, diese Energie zu halten und damit angemessen zu reagieren. Früher liessest du den Vulkan so lange brodeln, bis er explodierte.
- fällt es dir immer noch nicht leicht, aber du sprichst an, wenn etwas nicht in Ordnung ist und tust nicht mehr so, als wäre alles okay.
- lachtest du früher über Leute, die To-do-Listen haben. Aber seit du manchmal selber eine solche verfasst, allerdings keine ellenlange, verpasst du wirklich Wichtiges nicht mehr.
- hast du das Motto: Wenn es sich richtig anfühlt, dann tue ich es!
- hast du gemerkt, dass es dir hilft, wenn du über Probleme vor einem Freund laut nachdenken kannst, ohne jeden Ratschlag.

Präsenz durch drei offene Zentren

Für ein gutes Fortschreiten in die Erweiterung von ICH BIN ALLE hinein ist die Erfahrung von unmittelbarer Anwesenheit nötig. Umfassendes Wissen kommt nicht durch Nachdenken zustande, sondern durch Präsenz.

Diese erfährst du, indem du gleichzeitig deine drei Intelligenzzentren geöffnet und wachhalten kannst, also Kopf, Herz und Bauch/Körper in Bereitschaft sind.

Körper-Präsenz stellt sich ein, wenn du gut geerdet im Hier-und-Jetzt bist. Du nimmst allfällige Spannungen wahr und lockerst sie. Du lässt dich nicht länger von Äusserlichkeiten ablenken und bleibst auf deine physischen Empfindungen in diesem Augenblick eingestimmt. Du fühlst dich lebendig, vital und reaktionsfähig, dabei aber gesammelt.

Dein Bauch hat die Kontrolle losgelassen und beharrt nicht länger auf seiner Autonomie und Vormachtstellung. Du vertraust auf sein instinktives Frühwarnsystem, das aber nicht ohne Kopf-Kontakt zur Tat übergehen wird. Du bist in Bereitschaft, lässt Spontaneität zu. Du spürst deinen «Bauch» in unaufgeregtem und geduldigem Hiersein. Du hältst die Spannung aus, bis sich in Verbindung von Bauch mit Kopf und Herz klärt, was jetzt dran ist und getan werden will.

Herz-Präsenz verlangt dein offenes Emotionszentrum, ohne Dämpfung, Schutzmechanismen oder Unterdrückung. Allfälligen Widerstand wie Zynismus oder Resignation erkennst du als Angst vor Verletzlichkeit und lässt sie los. Du lässt die Emotionen kommen, ohne darauf zu reagieren. Du hältst sie, spürst sie, akzeptierst sie – ohne mit dem Kopf-Urteil dazwischenzufahren. Du spürst in deine Sensibilität hinein. Du bleibst bei allen Gefühlen mit wohlwollender Bejahung präsent. Auch eine scheinbar mächtige Gefühlswelle kannst du kommen lassen, sie halten und mit guter Bauch-Anbindung durchatmen – und ihr dann beim meist überraschend schnellen Verebben zuschauen.

Du kannst alle Emotionen, die in dir auftauchen, als wertvolle Türöffner betrachten, die dich in deine tiefere Wahrheit und Echtheit einladen. Du gibst auch deinen «Löchern» die Erlaubnis, ihren Mangel auszudrücken. Du bleibst im Mitgefühl mit dir selbst. Deine Herz-Intelligenz hat das grösste Gespür dafür, was jetzt gerade entstehen oder heilen will.

Kopf-Präsenz erfährst du mit einem geöffneten Kopf-Zentrum. Das hat nichts mit Denken zu tun, eher mit einem leeren, freien und daher empfänglichen Kopf. Alles, was aus der alten Programmierung kommt, lässt du bleiben. Grübelnde Gedanken schickst du weiter. Mit Urteilen hörst du auf. Du kannst deinen Geist beruhigen. Du hast durch lange Meditationspraxis diese Stille im Kopf geübt. Du spürst diese Offenheit als Bereitschaft für den gegenwärtigen Moment. Du bist empfänglich für Inspiration. Du vertraust deiner inneren Führung, die dich mit Klarheit und Wissen füllt, wenn es dran ist.

Dein Kopf kann so auch auf die Weisheit von Bauch und Herz hören. Er lässt ihre Intelligenz zu, die sich bekanntlich ohne Worte ausdrückt, sondern sich in Empfindungen und Bildern mitteilt.

Wenn du das wache, austauschende Vermitteln und Zusammenspiel deiner drei offenen Zentren erfährst, ergibt das einen Dreiklang in schönster Resonanz. Weisheit stellt sich ein. Es ist eine ungemein kreative Haltung. Du brauchst nichts mehr zu manipulieren, du kannst dem freien Fluss der grösseren Intelligenz vertrauen.

In diesem Zustand befindest du dich nicht neben dir oder nur als Beobachter, sondern bist voll innerhalb deines Erlebens. Du lässt alle Eindrücke an dich heran und durch dich hindurch gehen. Du kostest alles aus, vom Reichtum bis zur Rätselhaftigkeit deines Lebens. Du bleibst völlig da, unvoreingenommen, und gehst in diesem gegenwärtig Sein auf.

Die Passage «Pure Präsenz» aus Richard Rohrs Buch «Ganz da» (S. 39f) drückt dies sehr präzise aus. Seine wertvolle Beschreibung erscheint hier deshalb als ungekürztes Zitat:

«Wann immer dein HERZ, dein KOPF und dein KÖRPER gleichzeitig im Einklang sind, kannst du *pure Präsenz* erleben, einen Moment einer tiefen inneren Verbundenheit mit dem reinen, geschenkten Sein von allem und jedem. Das erlebt man oft als einen kleinen Freudensprung im Herzen.

Kontemplation ist ein Einüben der Bereitschaft, *alle drei Räume lang genug offen zu halten, damit du weiteres verborgenes Material bemerken kannst.* Wenn du das tun kannst, dann bist du mit dem gegenwärtigen Augenblick zufrieden und kannst dich auf Zukünftiges einstellen, welches, wie du jetzt weisst, aus Gnade geschenkt werden wird. Das ist «ganzheitliches Erkennen» - nicht irrational, wohl aber intuitiv, rational und transrational zugleich.

Hauptaufgabe einer Spiritualität, die Präsenz ermöglicht, ist es, den Herzraum offen zu halten (das Ergebnis bewusster Liebe), bei wachem

Verstand zu bleiben (die Aufgabe der Kontemplation) und den Leib lebendig zu halten – ausgeglichen und ohne Anhaftung an seine früheren Verwundungen (häufig das Werk der Heilung). In diesem Zustand gibt es weder Abwehr noch Anhänglichkeit und du kannst etwas wirklich Neues erleben.

Wer alle drei Räume gleichzeitig offenhalten kann, wird jene Präsenz erleben, die alle drei brauchen. Das ist die einzige Vorbedingung. Menschen, die einfach da sein können, werden die Präsenz erleben, die alles mit allem verbindet. Das hat wenig mit der Zugehörigkeit zu einer bestimmten Denomination oder Religion zu tun.»

4
Achtzehn gute Gründe für
ICH BIN ALLE

Neuland betreten, Freiheit gewinnen

1

Die ICH BIN ALLE-Hypothese ist ein neuer Ansatz, durch den du dir inwendig nicht länger die immergleichen Geschichten zu erzählen brauchst: wie du eben warum genauso geworden bist, wie du nun leider einmal bist.

Die alten Rechtfertigungen und Erklärungen verstummen. Die immergleichen neuronalen Schaltkreise in deinem Hirn, diese ausgeleierten Datenautobahnen, die du oft mit Denken verwechselst, weichen neuen, überraschenden, queren Pfaden in noch unverbrauchtem Hirnterrain.

2

Mit ICH BIN ALLE nimmt deine Freiheit zu. Du kannst erkennen, wie vielen Zwängen dich dein Typ ausgesetzt hat. Alles, was dieser bis jetzt so selbstverständlich und drängend von dir eingefordert hat, kannst du hinterfragen und nach Möglichkeit bleiben lassen.

3

ICH BIN ALLE löst dein inneres totalitäres System, das bisher weitgehend von deinem Enneatyp beherrscht wurde, durch ein pluralistisches und im besten Sinn demokratisches ab.

4

Deine Intelligenz wächst. Wenn du auf jede Stimme deines ICH BIN ALLE-Kreises zu hören verstehst, verfügst du über das Phänomen der Schwarmintelligenz. Dein inneres Kollektiv weiss mehr als dein Typ als Solist.

5

ICH BIN ALLE lädt dich ein zum fruchtbaren Weiterlernen. Die Öffnung für diese Vielfalt ist der Anfang eines lebenslangen Übungs- und Erkundungsweges.

Darum hier noch David Daniels (1934-2017) drei kleine Gesetze zum Dranbleiben:

1) Wherever attention goes, energy follows.

2) Management and attention of energy requires self-observation.

3) While self-observation can be taught and becomes easier, it never becomes habitual. It requires continuing practice.

6

Deine persönliche Gestalt von ICH BIN ALLE ist einzigartig. Deine besondere Mischung hat niemand anderer. Deine iE-Teile sind durch deinen Werdegang unterschiedlich belastet und ihre Nachreifung benötigt daher mehr oder weniger lange, spezielle Zuwendung. Aber du kannst in deinem Tempo gehen und deinen eigenen Entwicklungsimpulsen folgen. Eines ist gewiss: du wirst so oder so viel Geduld mit dir selbst aufbringen müssen.

Tiefe ausloten, Fülle wahrnehmen

7

Echte Empathie mit dir selbst wächst. Du vertiefst damit deine Fähigkeit, innezuhalten und in einem Urzustand von Wachheit das wahrzunehmen, was jetzt ist, in deinem Körper, in deinem Kopf, in deiner Gefühlswelt.

8

Durch ICH BIN ALLE entdeckst du deine eigene verblüffende Vielfalt. Es fordert dich heraus, auch Unangenehmes, Dunkles, Peinliches zu akzeptieren. Es erleichtert dir die Schattenarbeit. Es «gelingt» dir damit je länger desto weniger, Unliebsames einfach ins Unterbewusste zu versenken oder es loszuwerden, indem du es auf andere projizierst.

9

Diese Vielfalt ist dein Reichtum. ICH BIN ALLE erweitert deine bisher unentdeckten oder höchstens geahnten Ressourcen um ein Mehrfaches. Du findest Kompetenzen in dir, die du dir bis anhin gar nicht zugetraut, sondern meist nur bei anderen bewundert hast. Jetzt werden sie zu deiner eigenen Befähigung.

10

ICH BIN ALLE lenkt dich vermehrt in Richtung Ganzheit. Das Ganze ist bekanntlich mehr als die Summe seiner Teile. Wenn in dir das ganze Wahrnehmens-Spektrum möglich wird, wirst du ein erfüllter, ganzheitlicher Mensch.

Das berühmte Schlagwort der feministischen Theologin Elisabeth Moltmann-Wendel (1926-2016) darfst du dann ruhig auch auf dich persönlich anwenden: «Ich bin gut, ich bin ganz, ich bin schön!»

Gesundung einleiten

11

ICH BIN ALLE kann regelrecht zu einem Gesundheitsfaktor für dich werden. Dieses erweiterte Innenleben macht dich resilienter. Stell dir vor, deine bisherige Typ-Strategie bei Schwierigkeiten sei wie ein einzelnes Schilfrohr; das kann sich eine Weile flexibel biegen, aber es knickt auch leicht. Nun hast du aber neun Rohre, die sich Halt geben und gegenseitig schützen. Deine Stabilität wächst. Deine Lösungsvariabilität ebenfalls.

12

ICH BIN ALLE sensibilisiert dich für deine echten, gesunden Bedürfnisse. Es erlaubt dir den Zugang zur ganzen Palette dessen, was du zum gegenwärtigen Zeitpunkt gerade brauchst. Im Gegensatz dazu lehnt dein Enneatyp manche Qualitäten ab oder macht sie dir verächtlich.

13
ICH BIN ALLE schenkt dir eine bessere Selbstregulation. Schwankungen in deinem emotionalen Haushalt werden beruhigt durch die Anwesenheit der gemässigten und stabileren iE-Teile. Ebenso werden extreme Impulse oder unstete Aufmerksamkeit durch die unaufgeregten und konzentrierteren Teile ausgeglichen.

Entschlusskraft, Handlungsfähigkeit fördern

14
Entscheidungsprozesse laufen für dich mit ICH BIN ALLE ganz anders ab. Wenn du die neun iE mit ihren verschiedenen Optionen zum inneren Brainstorming einlädst und alle erst einmal ausreden dürfen, bevor sie diskutieren und einen Konsens anstreben, wird das für dich viel spannender und die Resultate werden dich gewiss öfters verblüffen.

15
Dein Verantwortungsbewusstsein erweitert sich möglicherweise durch ICH BIN ALLE. Da du mehr Optionen hast, wie du handeln kannst und welche deiner diversen Kräfte du einsetzen könntest, bist du für soziale, ökologische oder generative Einsätze aller Art besser ausgerüstet.

16
Mit ICH BIN ALLE bist du zu echter Friedensarbeit herausgefordert. Diese neue innere Patchwork-Familie findet nicht selbstverständlich und in Minne zusammen. Erst einmal realisierst du das grosse innere Gerangel, Konkurrieren und die Überlebensängste aller neun iE-Teile. Du magst erschrecken über das unheimliche Machtgefüge in deinem Innern. Du wirst also zuerst eine grosse Portion Toleranz freisetzen müssen.
Die Befriedung und das harmonische Zusammenleben sind eine grosse Herausforderung, eine wahre Berg- und Talfahrt. Destabilisierte Phasen dauern jedoch mit der Zeit immer kürzer, während sich die beruhigten und entspannten länger halten. Gewiss wird diese Friedensarbeit bald auch in deine zwischenmenschlichen Beziehungen hineinwirken.

17

Jeder Teil aus dem ICH BIN ALLE-Kreis, den du in dir kennen- und respektieren lernst, erleichtert dir die Begegnung mit Menschen dieses entsprechenden Enneatyps in der äusseren Realität. Du hast keine Angst mehr, brauchst nicht mehr zu werten oder dich beeindruckt zu zeigen. Die andere ist wie du. Du bist der andere.

Den Weg der Mystiker beschreiten

18

Die Sufis bezeichneten das Enneagramm als «Antlitz Gottes». Und sie meinten damit den ganzen Kreis, also ICH BIN ALLE. Dieses Erfassen macht dich auf deinem spirituellen Weg immer durchlässiger für das GÖTTLICHE, das in dir ist, das du bist.

5
Biografisches zur Autorin

Mein individueller Lernweg

Da ich keiner konkreten Enneagramm-Schule angehöre und daher nicht über ein präzises Referenzsystem verfüge, in das eingebettet ich meine Position darstellen könnte, liste ich ein paar biografische Wegmarken auf. Du hast Anrecht darauf, mehr zu den Hintergründen und zum Nährboden zu hören, auf dem die Hypothese ICH BIN ALLE gewachsen ist.

Ich bin schon immer ein neugieriger, fragender und ergründender Mensch gewesen. Da ich in einem Milieu gross geworden bin, in dem das Handwerk und die praktische Schaffenskraft viel galten, half ich hier tatkräftig mit. Meinen Bildungshunger befriedigte ich ausserhalb. Ohne Frage ging ich von Anfang an gern zur Schule. Seit jeher war ich immer schon autodidaktisch unterwegs. Für meine Eltern war es zum Glück in den Siebzigerjahren bereits selbstverständlich, dass ihre Töchter denselben Bildungsweg wählen durften wie ihre Söhne. In mancherlei Hinsicht verstehe ich mich nicht gerade als Spät-, aber doch als Langsamzünderin.

Ich durfte das Lehrerseminar in Aarau besuchen, damals als letzter Jahrgang mit dem alten Curriculum. Mit knapp Zwanzig hatte ich 1979 das Primarlehrerpatent in Händen, war aber eher dürftig auf die Lehrerinnentätigkeit vorbereitet. Lehrerschwemme herrschte – heute unvorstellbar – und bescherte nur jeder Zehnten von uns eine Anstellung. Ich überbrückte mit zwei Studiensemestern Französisch in Genf, um auf der Sekundarstufe unterrichten zu können. Mit noch nicht einundzwanzig Jahren stand ich dann als 1.60 m grosse Frau vor einer 8. Klasse und verausgabte mich. Ohne ein gewisses pädagogisches Naturtalent wäre ich gewiss untergegangen.

Nach zwei Jahren Schuldienst erlöste ich mich selbst aus dieser Überforderung und begann in Basel das Theologiestudium, das mich schon lange angezogen hatte. Es verschaffte mir Luft. Die erneute Studentenzeit war für mich eine Art Nachreife-Kokon. Hier vergewisserte ich mich langsam meiner vorhandenen mentalen Intelligenz, obwohl ich mich nie ganz für die rein wissenschaftliche Denkweise erwärmen konnte.

Ich war in meinen persönlichen Zwanzigerjahren gewiss ein ziemlich neurotischer Mensch. Von meinen kritischen Anfällen, meinen melancholischen Abstürzen und meiner liebesbedürftigen Kratzbürstigkeit waren manche Menschen in meinem damaligen Umfeld betroffen. Ein sensibler Kollege brachte die Reaktionen einmal auf den Punkt, als er mir gestand, er habe Mitleid mit mir. Hinterher kann ich mit leichter Peinlichkeit aber auch mit verständnisvoller Einfühlung erkennen, dass ich damals meinen Enneatyp E1 bis an die Schmerzgrenze übertrieben habe.

Spiritualität begleitet mich schon mein ganzes Leben lang, seit meinen Kindertagen in einem reformierten, pietistisch angehauchten Umfeld. Geschlossene Glaubenssysteme oder historisch zwar nachvollziehbare Dogmatik erschienen mir nie attraktiv. Ich suchte immer nach der Erfahrung des Heiligen. Viel später realisierte ich, dass ich schon als Kind auf mystische Weise unterwegs gewesen bin. Ich sah GOTT in allem, auch in mir drin aufleuchten. Ich fühlte mich stets irgendwie geborgen, behütet und begleitet. Ich war erfasst von der Präsenz aus dem transzendenten Bereich, anfänglich noch ganz im magisch-kindlichen Erleben. Später hat sich diese Vertrautheitserfahrung durchgehalten und mir immer weitere Horizonte eröffnet, ohne dass ich Brüche oder arge Glaubensverdunkelungen hätte durchmachen müssen.

Für diese grosse Lebenskraft, die alles durchwirkt und permanent schöpferisch ist, letztlich aber unaussprechlich bleibt, verwende ich den Begriff GOTT. Mit den vier Grossbuchstaben bezeichne ich dieses Geheimnis, das in die «Wolke des Nichtwissens» eingehüllt ist. GOTT steht für mich für die Entfaltung des Lebens in jedem irdischen Augenblick.

Mit GOTT meine ich die unkonditionierte, alles umfassende Wirklichkeit. In der Glaubenshaltung aller Mystikerinnen vertraue ich darauf, dass dieses «Höhere», dieser «Geist», diese «reine Wirklichkeit» immer schon in Menschen, also auch in mir existiert und wirkt.

Ich fühle mich von vielen Aussagen der jüdisch-christlichen Tradition, in der ich verwurzelt bin, unmittelbar beschenkt. Aber GOTT kann keine Religion für sich pachten. Jedes sogenannte Glaubensbekenntnis halte ich für eine Verkleinerung und Verkennung seiner Fülle.

Als von der Mystik Bewegte suche ich nach der Erfahrung, wie GOTT mit dem menschlichen Innersten zusammenwirkt und es in seine ursprüngliche Unschuld zurückverwandelt. Viel Hingabe und Bereitwilligkeit zum Loslassen der eigenen Programmierung ist hier gefragt, was ich unter anderem durch Richard Rohr als die Aufgabe der zweiten Lebenshälfte erkannt habe.

Ein Begriff, der mich immer fasziniert hat und der ein freudiges Sein in GOTT bezeichnet, ist «Enthusiasmus». Auf griechisch heisst das wörtlich *en theos* sein, also in GOTT. Glaube im besten Sinn ist für mich eine energetisierende, dynamische und schöpferisch-kreative Lebendigkeit.

Auch religiös habe ich mich immer mit einer grossen Wachheit und einem hohen Anspruch an Wahrhaftigkeit vorwärtsbewegt. Schon bevor ich davon Kenntnis hatte, war da etwas von der «philosophia perennis» in mir am Werk, der grossen uralten Weisheitsströmung von Ost bis West, die etwa Ken Wilber in «Mut und Gnade» (S. 101) beschreibt. Ich holte mir vielfältige Inspiration, prüfte, probierte aus, verwarf und suchte neu. Dabei vertraute ich meinem Unterscheidungsvermögen, was schliesslich in meinem Wahrnehmungsnetz hängen blieb. Diese Selbstsicherheit mag anderen wie Arroganz vorkommen. Mir ging es dabei aber nicht um ein Rechthaben, eher war da so eine Ahnung von jenem ununterbrochenen Tiefenstrom, aus dem ich dankbar immer wieder schöpfen durfte.

Dass ich mich nie ganz auf den spezifischen Beruf der Pfarrerin und den kirchlichen Dienst einliess, hat das Leben ergeben. Es war mein Glück und auch Privileg, dass mein Mann ausreichend für das Familieneinkommen aufkam. Das ermöglichte mir, theologisch in Lücken und Projekten tätig zu sein, die meinen Neigungen und Fähigkeiten entsprachen. Zwar blieb ich mit Stellvertretungen immer mit einem kleinen Standbein dem Beruf treu, schätzte aber Experimente ausserhalb mehr. Von meinem vierzigsten Jahr an konnte ich vermehrt dem Schreiben Raum geben: Artikel und Kolumnen zu gesellschaftlichen, theologischen und spirituellen Themen entstanden, Dann kamen zwei Romane, ein Geschichtenbuch und dank Corona-Beruhigung 2022 gar ein Bändchen mit «Gedichten aus der Stille» dazu

Dieser «Gemischtwarenladen» war für mich auch insofern stimmig, als dass ich immer mein alltägliches Leben in meinen Verstehensprozess miteinbezogen habe. Parallel und verwoben in die grossen Weisheitsfragen hinein blieb ich stets mit Bodenständigem beschäftigt in der Generationen-Begleitung, in Garten und Küche, mit dem Hund im Wald, mit freiwilligem Engagement in der Gesellschaft. Alles in allem suchte ich in allen Bezugsfeldern nach dem guten, gelingenden Leben.

An sehr vielen Orten bin ich fündig geworden. Zunächst bei meinem Mann, der mich in mancher Hinsicht ins Leben geliebt hat und später bei meinem Sohn, der mich den Fokus auf das Lebenswichtige lehrte.

Weiter war da die **Communauté de Taizé**, die ich mit 18 Jahren erstmals besuchte und deren Gesänge und Feiern mich seither an all meinen Wohnorten begleiten.

Da waren früh **Silja Walter** und mit ihr zahlreiche weitere **Poetinnen**, die mich in Lebenskunst, Gefühlsintensität, seelischer Bilderfülle und sprachlicher Präzision schulten.

Die **feministische Theologie** kam während meiner Studienjahre auf und wurde danach für mich jahrelang zur spirituellen Heimat. In einem Frauenkreis vertiefte ich diesen Befreiungsweg und unsere während 20 Jahren gestalteten FrauenGottesdienste für Spiez und die Region machten jene Erkenntnisse in praktischen Ritualen zugänglich.

Meine eigentliche Kirchenmutter ist **Dorothee Sölle**. Wann ich sie hörte und las, wurde ich von ihrem Feuer und Scharfsinn erfasst und schöpfte Mut zum Weitermachen.

Von grosser Bedeutung für meine Entwicklung war die Schulung in **Bibliodrama**. Meine massgebliche und anspruchsvolle Lehrerin darin war die Hamburgerin **Heidemarie Langer**. Die Art und Weise, Texte aus der biblischen Tradition über den Körper, den Ausdruck in Bewegung und mit Stimme zu erkunden, hineinzuschlüpfen in alte Szenen und sie mit einer Portion frecher Neugier auszuloten, entsprach meinem spielerischen Pioniergeist. Diese Erfahrungen danach mit exegetischem Werkzeug zu vertiefen und zuletzt eine aktualisierte Interpretation der alten Quellen zu formulieren, überzeugte mich von der tiefen Weisheit, die im biblischen Erbe verborgen ist und so ans Licht kommen kann.

Spiral Dynamics, die ich vor allem in der theologischen Aufarbeitung durch **Marion Küstenmacher** vertieft habe, klärte viele meiner Denk- und Erlebensschritte und verhalf den Puzzleteilen zu einer stimmigen Einordnung in eine nach oben offene Entwicklungsstruktur. Endlich war da ein Gefüge, in dem ich meine diversen komplexen Eigenheiten stimmig «auf die Reihe» kriegte. Meine biografischen Phasen erschienen mir nun aus der integralen Zusammenschau logisch und sinnvoll.

Theologisch und spirituell habe ich sehr viel von **Richard Rohr** gelernt. Seine untrüglich ehrliche Art, seine Leidenschaft für den Weg der Transformation haben mich immer wieder angestachelt und angestossen.

Seit einigen Jahren gehe ich wieder einer täglichen Praxis nach mit dem **Centering Prayer**. **Thomas Keating** machte damit in den späten 1980er Jahren mit zisterziensischen Mitbrüdern eine alte, monastische christliche Tradition für die Neuzeit zugänglich. Dieses kontemplative Gebet und mein altersbedingtes Bedürfnis nach mehr Stille ergeben sich im gegenwärtigen ruhigeren Lebensrhythmus organisch.

Dann bin ich auch immer wieder von Konzepten angetan, die unsere ver-rückte Zeit klug deuten und kontrastieren. So etwa vom Soziologen **Hartmut Rosa** und seiner Entschleunigung mitsamt dem Geheimnis der Resonanz. Ich kann gut nachvollziehen, dass wir einen Draht zur Welt haben, eine Schwingung, dass wir Energie hineingeben und herausbekommen.

Diese lebendige Erfahrung der Resonanz kann mit Menschen, Dingen, mit der Natur, der Kunst, in der Religion gemacht werden. Als ich jüngst las, dass Rosa, halb im Scherz, den Leuchtende-Augen-Index als Massstab für Resonanz vorschlug, musste ich herzhaft lachen. Wunderbar, so viel konkrete Realität, so viel Empirie!

Beim Therapiemodell IFS von **Richard C. Schwartz** habe ich vor Jahren eingehakt, weil es mir so praktikabel erschien und ich mit seiner Anwendung bald einmal massgebliche Spannungen in mir lösen konnte. Diese Anleitung zum inneren Dialog bestärkte mich in der Wahrnehmung, dass wir alles Nötige bereits in uns haben und wissen.

Du wirst in diesem Buch noch mehr davon lesen.

Im biografischen Zusammenhang muss ich vielleicht noch gestehen, nie irgendeine Therapie gemacht zu haben. In den Jahren als junge Erwachsene hätte ich Bedarf gehabt, aber hatte als Studentin schlicht kein Geld dafür. Und später war der Leidensdruck nie mehr so gross, als dass ich die anstehenden Klärungen nicht durch herangezogene Lektüre und allenfalls Freundinnengespräche hätte bewältigen können.

Hier war auch das Enneagramm ein wertvoller und heilsamer Begleiter. Und es befreite mich von der in meiner Generation unterschwellig vorhandenen Therapie-Pflicht. Eine Aussage von **Claudio Naranjo**, die ich in der Lebensmitte las, hat mich zusätzlich entlastet: Man komme mit dem Enneagramm auch im Alleingang weit, autodidaktisch eben. Erst viel später realisierte ich, dass er ja ein Schüler von **Karen Horney** gewesen war, in deren «Selbstanalyse» ich mich auch vertieft hatte. Dieses von ihr entwickelte Konzept der Selbsterforschung baute Naranjo dann in sein SAT-Programm (Seekers after Truth – wörtlich Wahrheitssucher) ein.

Hilfreich in meiner Selbsterkenntnis ist gewiss auch meine schonungslose Ehrlichkeit, mit der ich bei mir hinschaute – und auch bei anderen, gestehe ich ein. Dass ich seit 50 Jahren ununterbrochen Tagebuch schreibe und all die Suchwege und Erkenntnisprozesse schreibend und fürs eigene Nachlesen festhalte, ist ebenfalls eine wichtige Komponente in meinem Entwicklungsprozess.

Als meine wesentliche Therapie, ebenfalls ununterbrochen seit Jugendjahren bis heute praktiziert, bezeichne ich das Singen. Dank guter Stimmbildung konnte ich auch in Projekten mit kleinerer Besctzung aktiv werden, so etwa während drei Jahren mit Hildegard-Gesängen anlässlich ihres 900. Geburtstagsjubiläums 1998. Nicht nur Gregorianik habe ich entdeckt, auch die Alte Musik und den Barock. Diese Klänge waren in meinem Elternhaus nie zu vernehmen gewesen und öffneten mir Welten.

Mein Wachsen am und mit dem Enneagramm

Von Bedeutung für dein Verstehen meiner vorliegenden ICH BIN ALLE-Hypothese ist gewiss meine Begegnung mit dem **Enneagramm**. Darum hier etwas ausführlicher meine Annäherung und Vertiefung in dieses Persönlichkeits-Modell.

Als 1989 das erste deutschsprachige Enneagrammbuch herauskam, das Standardwerk von Richard Rohr (*1943) und Andreas Ebert (1952-2022), war ich eben dreissig geworden und frisch ordinierte reformierte Theologin. Ich wurde erfasst von der ersten Begeisterungswelle, die durch die schweizerische ökumenische Landschaft ging. Meine Fehleinschätzung damals lag darin, dass ich mich für eine E5 hielt. Manches traf zu, aber ich hatte schlicht meine Bauchkraft noch nicht erfasst. Als ich spät in jenem Jahr meinen Mann kennenlernte und innert Kürze heiratete, musste auch er sich durch die Lektüre winden. Er tat es zögerlich. Angelangt bei der E9, war er erleichtert, doch noch «ins Schema zu passen». Seine Treffsicherheit war stimmig.

Dann folgten Jahre, in denen ich in der FrauenKirche aktiv war, mit schwierigen Anläufen endlich mit 36 Mutter eines Sohnes wurde, mit der Schwiegermutter im Generationenhaus immer wieder einen Modus vivendi suchte, den Schlosskonzerten Spiez als administrative und künstlerische Leiterin zwölf Jahre vorstand, eine Ausbildung in Bibliodrama machte und diversen theologischen Aufträgen nachging. Übervolle Jahre also, wiederum in schönster dynamischer E1-Manier, aber immer noch unter falschem Vorzeichen.

Erst mit 44 Jahren, in einer Pfarrfortbildung bei Samuel Jakob, beschäftigte ich mich wieder konkret mit dem Enneagramm. Ich wollte dadurch meine kommunikative Kompetenz im Bibliodrama erhöhen. Oft drückten Menschen hier Wahrnehmungen aus, die ich schwer nachvollziehen konnte. Vom Enneagramm erhoffte ich mir Klärungshilfe.

Es kam überraschend anders. Denn in diesem reiferen Lebensstadium wurde sofort klar, dass ich mit Sicherheit keine E5 bin. Samuel tippte zuerst meiner Energie wegen noch auf eine E3 oder E7, aber mir fiel es wie Schuppen von den Augen: Natürlich, die E1 trifft voll zu!

Und von da an ging bei mir der Erkundungseifer los. Auch der dominante sexuelle Subtyp mit einem Anteil Selbsterhaltung war rasch klar. Ich las mich durch alle erhältliche Literatur, sorgfältig, mehrfach, und zunehmend mit Staunen, welche Klärungen sich dadurch ergaben. Natürlich mussten auch alle Menschen, mit denen ich familiär oder freundschaftlich unterwegs war, meinen Erkenntnissen lauschen und Anregungen entgegennehmen.

Ich studierte aus dieser Perspektive auch meine Herkunftsfamilie intensiv. Da bin ich die einzige aus der Bauchtriade. Meine Mutter eine klare E4, der Vater eine E7, die ältere Schwester eine E6 und die beiden Brüder nach mir eine E4 und eine E5. Diese Konstellation erklärt, weshalb ich so viel Verantwortung übernommen habe und innerhalb des Familiengefüges über lange Phasen als einzelne zu jedem anderen einzelnen den besten Draht hatte. Die Dreiecks-Konstellation mit meinen Eltern als, auch enneagrammatisch, meine nächsten Verwandten gab mir guten Zugang zu ihnen, aber durch ihre unglückliche Eheverbindung auch einen schweren Stand.

Die Bibliodrama-Arbeit kam als Bibel-Erkundungs-Bewegung immer mehr zum Stillstand. Der leichter praktizierbare Bibliolog kam auf, kaum eine Gruppe wollte sich noch stundenlang mit einer biblischen Geschichte und viel Selbstoffenbarung auseinandersetzen. Es frustrierte mich sehr, dass mir dadurch mein liebstes Arbeitsfeld abhandenkam.

In dieser Zeit der Umorientierung besann ich mich wieder aufs Enneagramm und nutzte es diesmal, um mir für meinen ersten Entwicklungsroman, dem drei Jahre später noch ein zweiter folgte, die Personalentwicklung zu erleichtern. Einige kennen meinen ersten Protagonisten Lukas, eine E5 mit gar leicht autistischen Zügen, wie mir ein Leser bescheinigte. Der Berner Nydegg-Verlag brachte den 600seitigen Roman «Der Spur nach» 2010 heraus. Von Erfolg kann, jedenfalls in finanzieller Hinsicht, nicht gesprochen werden. Auch dem zweiten Roman «Flughaut» mit der liebenswürdig verschrobenen Künstlerin Stella, einer E7, gelang kein Durchbruch. Ich persönlich war befriedigt, hatte meinen geheimen Autorinnen-Traum damit verwirklichen können, aber ans Weiterschreiben war so nicht zu denken.

In diese erneute Leere hinein leuchtete mir auf, dass ich ja mit meiner erwachsenenbildnerischen Kompetenz und meiner inzwischen grossen Kenntnis des Enneagramms beginnen könnte, dieses Modell zu unterrichten. Fortbildungen da und dort im deutschsprachigen Raum zeigten mir, dass ich persönlich gut damit unterwegs war und über breites Wissen verfügte. Seither sind meine Kursteilnehmerinnen die besten und anschaulichsten Lehrer, mit denen ich bis heute fortgesetzt am Entdecken bin.

Neben Einführungskursen biete ich Vertiefungstage zu den unterschiedlichsten Themen an. Auch zu Paarkursen lade ich ein, weil ich diesem Thema schon immer grosse Aufmerksamkeit und Interesse widme. Daneben leitete ich eine langjährige Gesprächsgruppe und seit Corona bin ich in Bern Teil einer Gruppe, in der alle neun Typen vorhanden sind und die wir als EnneaTiefenwachstumsGruppe verstehen.

Für meine Kursarbeit habe ich alle Unterlagen stets selber erarbeitet; anfänglich war ich den Teilnehmenden nur eine Nasenlänge voraus, zunehmend aber um einen bedeutenderen Vorsprung. Ich bin in einer Zeit damit aktiv geworden, als zwar wieder vermehrt enneagrammatische Titel in den Buchhandel kamen, aber von der zweiten erhofften Interessens-Welle am Enneagramm im deutschsprachigen Raum ist heute wenig spürbar.

Dass ich mich nicht stark mache für ein solches Revival, zum Beispiel in der Vorstandsarbeit der Plattform Enneagramm-Forum-Schweiz, hat Gründe: Ich bin keine Strukturfrau und habe es zugegebenermassen auch nicht mit Institutionen. Dann wohne ich fernab am Alpenrand und bin in ein Alltagsleben eingebunden, das mir lange Anreisen und überhaupt Abwesenheit von zuhause erschwert. So leiste ich meinen Beitrag eben durch die Basisarbeit im unterversorgten Kanton Bern, indem ich Menschen ins Modell einführe und die Geneigten darunter auch bei der Vertiefung begleite.

Das vorliegende Buch ist ohne grosse Planung, eher als Nebenprodukt dieser Lehr- und Begleittätigkeit entstanden.

Als Theologin bin ich vom spirituellen Enneagramm zutiefst überzeugt. Gerade im verkopften Protestantismus gibt es keine gängigen, verbreiteten Praxen, wie dieser Kontakt, Austausch und die Einwohnung vom

Geheimnis GOTT im Menschen zustande kommen sollen und geübt werden können. Das Enneagramm mit seinem Wissen um unsere konditionierte Persönlichkeit als kindliches Überlebenskonstrukt bietet eine wahre Innenschau an, die uns deutlich macht, wonach wir uns wirklich sehnen und welches Imitat unseres wahren Wesens wir da obendraufgesetzt haben.

Am meisten überzeugt mich das Enneagramm, weil es mich von einer empörten, gestressten, angespannten und allzeit urteilenden Frau in eine mehrheitlich heitere, verträgliche, abwartende, gelassene und präsente verwandelt hat. Ich bleibe der komplexe, widersprüchliche und reichhaltige Mensch, der ich schon immer war, aber mit vielen entlastenden Vorzeichen. Dieses Potential zum heiler, ganzheitlicher und glücklicher Werden kann ich fast nicht nicht teilen!

Für mich ist die Anwesenheit aller Typen als innere Anteile bereits weit mehr als eine Idee. Ich lebe und verständige mich mit all meinen iE und habe ihnen auch Namen gegeben. Längst ist die iE1 nicht mehr die Dominatorin meiner Innenwelt. Diese «Versammlung» lässt mich immer wieder befreit aufatmen. Ich erlebe es als enorm stimmig, das ganze Spektrum menschlicher Ausdrucksfähigkeit in mir vorhanden zu erfahren. Zunehmend entfalte ich die Tugenden und Seinskräfte des ganzen Kreises.

Dein individueller Weg

Lass dich nun nicht von meinen persönlichen Ausführungen zu irgendwelchen Urteilen oder Bewertungen verleiten. Ich habe mich nicht gezeigt, damit du Anhaltspunkte zum Abwerten oder Nachahmen findest.

Der Weg zum ICH BIN ALLE und wie du diesen Teilen Aufmerksamkeit und Zuneigung schenkst, der Prozess der Reifung und Befreiung eines jeden von ihnen in seine volle Kraft ist total individuell.

- Du hast eigene Prägung und Konditionierung aus der Kindheit.
- Du hast deine eigenen, unverwechselbaren Lebenserfahrungen gemacht.
- Dein soziales Umfeld, das hineinwirkte, hatte und hat seine eigene Beschaffenheit.
- Die gesellschaftlichen Einflüsse deiner Generation auf dich sind nicht zu unterschätzen.
- Du hast deine besonderen physischen und psychischen Veranlagungen.
- Dein Bildungsweg, besonders wenn es kein gradliniger war, bestimmt dich mit.
- Ebenso beeinflussen dich deine Lebensumstände, Schicksalszumutungen und deine aktuelle Lebenssituation.

Ich denke sogar, dass du durch ICH BIN ALLE und das Enneagramm grundsätzlich nur eine gute Landkarte in Händen hältst.

Gehen musst du selber.

Und allein.

6
Die menschliche Psyche besteht aus Teilpersönlichkeiten

Historisches

Dass sich unsere Psyche aus unterscheidbaren Persönlichkeitsanteilen zusammensetzt, ist grundsätzlich eine hilfreiche Vorstellung. Sie hat ein biologisches Äquivalent im Gehirn, nämlich die spezifischen neuronalen Netzwerke, die gemachte Erfahrungen als Cluster abspeichern, also als Verbindungen zwischen bestimmten Erlebnissen, Gefühlen und Wahrnehmungen. Diese Einheit kann nach Bedarf reaktiviert werden.

In schamanischen Traditionen ist diese Multiplizität selbstverständlich. Neben einer Aussenwelt voller Geister wird analog auch die Innenwelt als ein Reich betrachtet, in dem verschiedene Stimmen und Gestalten wohnen. So liegt die Folgerung nahe, dass es sich bei diesem Ansatz um eine alte Weisheit handelt.

Unsere westliche Kultur hatte lange Zeit nicht viel übrig für diese Betrachtungsweise. Ihr erschien solch eine innere psychische Vielfalt mehrheitlich wie eine Krankheitsdiagnose. Und wer identifizierte sich schon freiwillig mit einer multiplen Persönlichkeitsstörung?

Als erster hat **Sigmund Freud** mit der Differenzierung von Ich, Es und Über-Ich ein Persönlichkeitskonzept vorgestellt, das menschliche Identität nicht als Einheit, sondern als komplexe Vielfalt beschreibt. Eine schematische Darstellung folgt auf der umstehenden Seite.

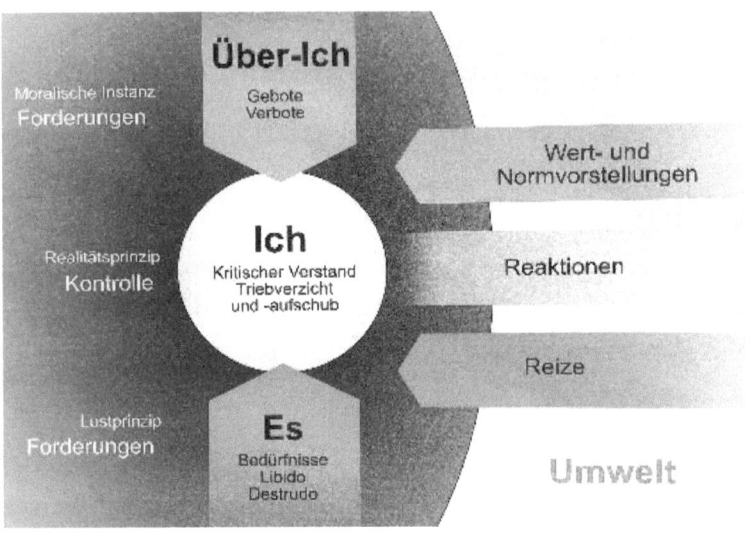

(Strukturmodell der Psyche, free use auf Wikipedia)

Ausgehend von dieser ersten Einteilung wagte **C. G. Jung** die Behauptung, dass wir viele Bewusstseinsformen in uns tragen. Darauf baut seine Lehre von den Archetypen auf.

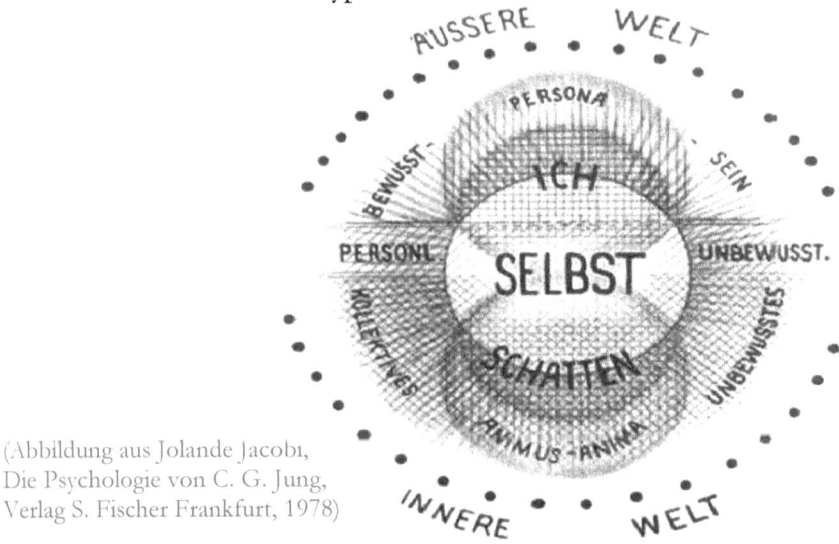

(Abbildung aus Jolande Jacobi,
Die Psychologie von C. G. Jung,
Verlag S. Fischer Frankfurt, 1978)

Massgebend für die Theorie der psychischen Vielfalt war dann der italienische Psychiater **Roberto Assagioli**. In den 1970er Jahren entwickelte er gemeinsam mit seinem Schüler Piero Ferrucci die Psychosynthese als eine Methode, wie mit diesen Teilpersönlichkeiten konkret gearbeitet werden kann.

Die Psychosynthese postuliert ein «höheres Selbst» als zentraler Bezugspunkt und Führungszentrum des ganzen Systems. Allerdings führt erst ein langer Prozess des Erwachens nach und nach zum Gewahrwerden des höheren Selbst. Ein Psychiater wagte sich damit auf das Glatteis der transpersonalen Psychologie!

Parallel haben auch weitere Psychiaterinnen und Psychologen an ähnlichen Konzepten gearbeitet und sich gegenseitig befruchtet. So **Eric Berne** mit der Transaktionsanalyse, der Kommunikationsforscher **Friedemann Schulz von Thun** mit dem Konzept des «inneren Teams» oder **Jeffrey E. Young** mit der Schematherapie. Ihre vereinfachenden Ideen um Verhaltensmuster sind, und das meine ich anerkennend, weitverbreiteter Teil der Populärpsychologie geworden.

Offenbar können diese Entwürfe viele Menschen erreichen und bei der Bewältigung problematischer Alltagserfahrungen unterstützen.

Das Psychologen-Ehepaar **Helen und John Watkins** als Pioniere der Hypnotherapie haben mit der Ego-State-Therapie in den 1980er Jahren eine eigenständige, in professionellen Kreisen sehr beachtete Methode vorgelegt.

Hal und Sidra Stone sind ein weiteres Therapeuten-Ehepaar, das mit der Methode «Voice Dialog» quasi eine innere Grossfamilie in jedem Individuum annimmt und deren Stimmen bewusst zur Sprache bringt.

Viele Erforscherinnen der Psyche sind also auf ähnliche Phänomene gestossen und haben Konzepte entwickelt, wie mit diesen Teilpersönlichkeiten therapeutisch gearbeitet werden kann. Grundsätzlich unterstützen alle die Hypothese solcher Persönlichkeitsanteile.

Es handelt sich dabei natürlich nicht um echte Minipersönchen, die auf unserer inneren Kopf-Bühne ihr Dauertheater entfalten. Es handelt sich um neuronale Strukturen, die sich als komplexe Empfindungs- und Verhaltensmuster bildhaft personifizieren lassen. Diese metaphorischen Gestalten sind jedoch klar beschreibbar und voneinander unterscheidbar. Wenn ihre Beziehung untereinander harmonisch und ohne Widersprüche ist, erscheint ein Mensch besonnen und in sich ruhend.

Die meisten Menschen haben aber problematische Teile in sich, die schon Goethe in Faust I zum bekannten Seufzer veranlasste: Zwei Seelen wohnen, ach! in meiner Brust.

Kaum jemand ist durch die Kinderjahre gegangen ohne traumatisierende Erlebnisse und belastende Beziehungserfahrungen. Die aus der Biografie entwickelten Persönlichkeitsteile sind eine kreative Leistung unserer Psyche.

Sie sind Gestalten, die wir aus unverzichtbarer Überlebensstrategie heraus unbewusst entwickelt haben. Aber sie sind meist in ihrer jungen Gestalt stecken geblieben.

Schwierig wird es, wenn diese Teile ihre Konflikte erneut inszenieren. Wenn sie uns «zu reiten» beginnen, die Vorherrschaft übernehmen und eigenständig gegen unsere Absichten, Werte und Ziele agieren. Je nach Ausmass solcher dysfunktionaler Verhaltensweisen geraten wir ins Feld der psychischen Störungen. Spätestens wenn die Alltagsbewältigung durch massive innerseelische Zerrissenheit nicht mehr gelingt, ist eine therapeutische Begleitung angesagt.

Alle Therapiemodelle, die mit Persönlichkeits-Teilen arbeiten, haben als Kernanliegen die Integration von polarisierten oder abgespaltenen Teilen im Blick. Es geht um die Entspannung, Entlastung und Befriedung im inneren System.

Überall taucht in den Konzepten eine Mitte, ein unzerstörbarer Kern auf. Er trägt Namen wie Selbst oder höheres Selbst, oder wird technischer als systemische oder organismische Selbstregulation bezeichnet.

In den transpersonalen Entwürfen, die auch spirituelle Erfahrungen miteinbeziehen, liegt das Ziel der Entwicklung darin, das wahre Kern-Selbst freizulegen. Durch diesen Zugang kommt die Heilung von innen heraus zustande, aus der weisheitlichen Führung des unversehrten Selbst jedes Individuums.

IFS (Internal Family Systems)

Für die Annäherung an unseren inwendigen Enneagrammkreis ICH BIN ALLE stütze ich mich explizit auf die Innenwelt-Beschreibung von **Richard C. Schwartz**.

Dieser amerikanische Familientherapeut hat seine Erkenntnisse unter dem Titel «Introduction to the Internal Family Systems Model» 2001 veröffentlicht, die deutsche Ausgabe dieser Einführung erfolgte 2008. Sein Verdienst ist es, dass er die Multiplizität der Psyche zusammengebracht hat mit dem systemischen Ansatz der Familientherapie.

Fünf Gründe, die seine Perspektive für unser Anliegen ICH BIN ALLE wertvoll und praktikabel machen:

1

Richard C. Schwartz war in den frühen 1980er Jahren ein engagierter und überzeugter Familientherapeut. Er setzte voll auf das neu aufgekommene systemische Denken, um die Familienstrukturen seiner Klienten zu verstehen und zu verändern. Erst als er erkannte, welch immense Macht das Innenleben seiner Klientinnen noch immer ausübte, auch wenn deren familiären Beziehungen geklärt und reorganisiert waren, begann er sich diesem inneren System zuzuwenden. Seinen Erkenntnisprozess schildert er sehr transparent als eine lange Entdeckungsreise. Seine Klientinnen und Klienten waren dabei seine eigentlichen Lehrer.

Dieser empirische, auf konkreter Erfahrung beruhende Ansatz ist gut nachvollziehbar.

2

Das Menschenbild im IFS ist geprägt von grossem Respekt. Es unterscheidet sich massiv von den vorherrschenden Ideen in der westlichen Kultur: Es verabschiedet etwa die christliche Erbsündenlehre, die Augustin im vierten Jahrhundert aufgestellt hat, wonach wir allesamt dazu verdammt seien, in Sünde geboren und daher mickrig, niedrig und verwerflich veranlagt zu sein.

Ebenso distanziert es sich von der darwinistischen Vorstellung über die menschliche Natur, wonach unsere genetische Programmierung uns aufs nackte Überleben ausrichtet und in dieser feindlichen Umwelt jedes Konkurrieren und selbstsüchtige Durchsetzen von Vorteil ist.

Auch von der gängigen Entwicklungspsychologie setzt es sich ab. Es hält die frühkindlichen Beziehungsmängel nicht für unsere schicksalsmässige Beschädigung, die dann wiederum von aussen, durch verständnisvolle Therapeuten oder andere bedeutsamen Beziehungspersonen quasi nachbeeltert werden müssen, sollen wir ich-starke Persönlichkeiten werden.

Richard C. Schwartz lädt zur einer grundsätzlich bejahenden Sicht aufs eigene Menschsein ein im Wissen, dass diese neue Betrachtungsweise einen Quantensprung darstellt für die meisten von uns. Er ist durch langjährige Erfahrung zur Erkenntnis gelangt, dass jeder Mensch ein Kern-Selbst hat, das «von Grund auf gut, weise, mutig, mitfühlend, freudvoll und friedfertig» ist.

3

Dieses Menschenbild ist eines, das mit vielen spirituellen Wegen und Konzepten übereinstimmt: Wir sind unserem Wesen nach reine Freude und vollkommener Friede. Unser spirituelles Zentrum ist von Natur aus heil. Jeder Mensch ist fähig, unterhalb seiner intensiven Emotionen dieses wahre Selbst zu entdecken. Der Zugang zu ihm ist das entscheidende Werkzeug, um unter den widersprüchlichen, sich gegenseitig bekämpfenden oder lähmenden Persönlichkeitsteilen entlastend und heilend zu wirken.

Auch für Richard C. Schwartz selbst war diese Entdeckung zunächst unglaublich. Er sagt, er sei anfänglich quasi über «das Geheimnis der Götter gestolpert». Dabei bezieht er sich auf die alte Legende, wonach die Himmlischen überlegten, wo sie das Geheimnis von Friede und Weisheit vor den Menschen verstecken sollten, damit sie es erst dann fänden, wenn sie reif dafür wären. Der Weiseste von ihnen riet, es im menschlichen Herz zu verbergen, weil das wohl der letzte Ort sei, an dem sie es suchten.

Hier treffen sich IFS und Mystik. Alle Weltreligionen kennen eine mystisch orientierte Minderheit, die nach der unmittelbaren Nähe zu GOTT strebt und diese Begegnung oder gar Einheitserfahrung inwendig findet.

Die eigentlich unsagbare Verbindung zwischen Mensch und GÖTTLICHEM wird in eingängigen Bildern beschrieben: Wir sind Funken der ewigen Flamme, Tropfen im göttlichen Ozean, Manifestationen des absoluten Seinsgrundes.

Diese Metaphern drücken das scheinbare Paradox aus, dass das Inwendige und das Umfassende sich berühren und ineinander liegen.

4

Für die Erforschung unserer neun iE-Teile mit dem enneagrammatischen Ansatz ICH BIN ALLE erscheinen mir die IFS-Arbeitsprinzipien sorgfältig und praktikabel:

Alle Teile sind grundsätzlich willkommen und akzeptiert. Die Annäherung geschieht respektvoll und nie bedrängend. Das Kern-Selbst übernimmt die Führung, indem es die Teile freundlich zur Mitarbeit – was oft aus deren Beiseitetreten besteht – auffordert.

Jeder iE-Teil wird gewürdigt und respektiert in seiner guten Absicht. Alle wollen ja letztlich nur das Beste für uns. Ihr Anliegen erscheint uns manchmal verzerrt und negativ, weil sie noch Strategien anwenden, die aus der Vergangenheit stammen, nun aber nicht länger taugen. Aber sie besitzen neben problematischen Zügen immer auch echte Qualitäten.

Jeder iE-Teil hat also seine guten Gründe, auf seine vielleicht einseitige Weise zu agieren. Jeder hat auch seine spezifischen Ängste, mit denen er gesehen und von denen er befreit werden möchte. Am meisten hilft es ihm, wenn er die klare Führung des Kern-Selbst erkennen und dadurch seine vermeintliche Beschützer-Rolle ablegen kann.

5

Mit IFS als Arbeitsinstrument können wir auch im Alleingang Erkundungen und Entdeckungen machen. Der Zustand der Zentrierung im Selbst eröffnet sich jedem und lässt sich durch Imagination und Meditation vertiefen. Er zeigt sich darin, dass wir ruhig, gemittet und geerdet sind. Der «Autopilot» unserer unbewussten Instinkte und Emotionen ist ausgeschaltet.

In dieser Haltung können wir gar nichts falsch machen.

Wenn ein iE-Teil auf seiner Position beharrt und sich uneinsichtig verweigert, blockiert er einfach in diesem Moment den Erkundungsprozess. Das verlangt dann Geduld, vermehrter Respekt und eine gute Portion Langsamkeit, was grundsätzlich zu jedem Wachstumsweg gehört.

Wenn du dich selber schlau machen willst, empfehle ich dir die Lektüre von Richard C. Schwartzs Erstling: «IFS. Das System der Inneren Familie. Ein Weg zu mehr Selbstführung»

7
Einstieg und erste Auslegeordnung von ICH BIN ALLE

Für ein erstes Erkunden deiner neun iE-Persönlichkeitsteile erfolgt nun eine spielerische Anleitung. Dein Erkenntnisgewinn möge auf heitere und lustvolle Weise vorangehen.

Um eine gewisse Objektivität hineinzubringen, lässt du dich zunächst auf zwei bis drei Typen-Tests ein, die im Internet gratis angeboten werden. Zum Beispiel die Tests unter

- enneagramm-studio.de
- Enneagramm Typen Barometer unter **nlp.eu**
- Enneagramm-Test unter **eclecticenergies.com**
- Enneagramm-Test unter aidaform.com
- The Enneagram Personality Test unter truity.com

Anders als ein Enneagramm-Neuling, der erstmals nach seinem Typ sucht und dafür seinem bevorzugten Verhalten im dritten Lebensjahrzehnt Aufmerksamkeit schenkt, wählst du die aktuell für dich zutreffendsten Antworten, in welchem biografischen Jahrzehnt du auch immer stehst.

Klar, kommt dabei nur oberflächlich deine gegenwärtige Haltung heraus, in der du dich aktuell in der Welt bewegst. Aber diese Tests bringen ch nur konkretes Verhalten zur Sprache und sagen wenig oder nichts aus über die doch mitentscheidenden darunterliegenden Motivationen.

Falls du über grosse Enneagramm-Kenntnisse verfügst und dir solch ein Test schlicht zu banal und durchschaubar vorkommt, schlage ich vor, dass du ihn sozusagen mit dem Rückenmark machst: Also gar nicht lange überlegen und spontan in hohem Tempo durch die Fragen surfen!

Es kann erhellend sein, wenn du denselben Test eine Weile später wiederholst. Es wird kaum exakt dasselbe Resultat herauskommen. Kein Mensch ist in sich drin total stabil und beurteilt sich selbst auf konstante Weise. Deine Tagesform ändert sich, und manchmal erscheinst du innert

Minuten nicht mehr als dieselbe Person wie zuvor, sondern fragst dich: Wer «reitet» mich denn da?

Bringe nun dein Resultat, also deine neun iE (innere Enneagramm-Persönlichkeitsanteile), wie ich sie nenne, in eine anschauliche Darstellung.

Dieses **visuelle Mapping** schenkt dir einen ersten guten Überblick und quasi eine Draufsicht.

Folgende Darstellungsweisen sind dafür möglich. Lass dich von meinen Beispielen inspirieren oder kreiere neu eines, das dir zusagt.

Knapp und ohne Aufwand: Die Darstellung, die der truity-Test als Resultat gleich zum Ausdrucken mitliefert.

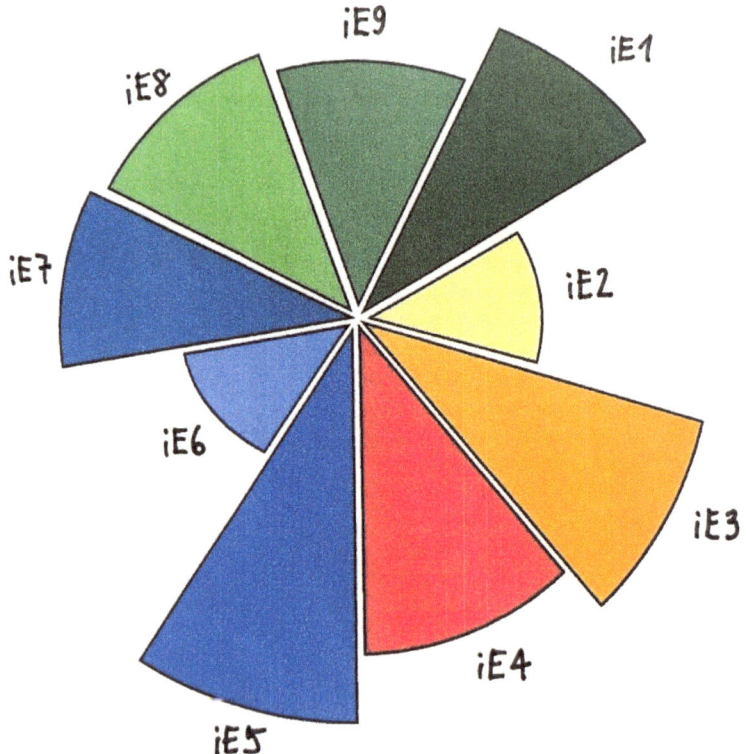

Mit den Resultaten, die dir der enneagramm-studio-Test in Horizontal-
balken liefert, könntest du dir ein vertikales Balkenmodell erstellen
gemäss dieser Anregung:

Typ 1:	9,38 %
Typ 2:	7,29 %
Typ 3:	12,50 %
Typ 4:	9,38 %
Typ 5:	13,54 %
Typ 6:	5,21 %
Typ 7:	12,50 %
Typ 8:	15,63 %
Typ 9:	14,58 %

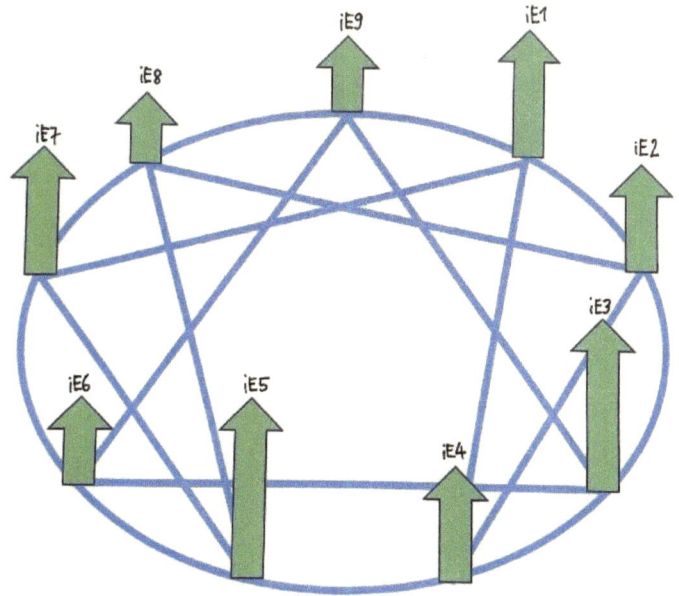

Mit dem Ergebnis von eclecticenergies könntest du so verfahren, dass du die iE als Quadrate rund um das Enneagrammsymbol in der entsprechenden Flächen-Proportionalität anordnest. Dann skizzierst du mit schwarzem Stift den Umriss einer erkennbaren passenden Figur hinein und färbst diese mit Buntstiften an:

Oder wenn dir das Figürliche weniger liegt, du hingegen der Symbolik von Farben und Formen mehr abgewinnen kannst, machst du die Auslegung in den entsprechenden Grössenverhältnissen auf abstrakte Weise:

Einfacher noch ist eine Collage aus Enneagramm-Icons, die du im Internet findest und für diesen Zweck herunterlädst:

Zum Beispiel diejenigen von enneagramm-for-life.de

Oder du arbeitest mit den Figuren von Tiki Küstenmacher.

Du bringst mit ihnen deine Grössenverhältnisse der einzelnen inneren Typen-Anteile zum Ausdruck:

Oder du erstellst mit irgendwelchem Bildmaterial selbständig eine Collage, die dir für die jeweiligen iE stimmig erscheint.

Nun lass dich zu ersten Erkundungen und Beobachtungen anleiten. Du verwendest dazu deine persönlich angefertigte iE-Map.

Beobachtungsübung 1

Wie präsentiert sich dein dir vertrauter Enneagramm-Typ als iE inmitten des inneren Neunerkreises?

Hat er auch hier noch seine dominante Position inne?

Oder bist du überrascht von seinem Grössenverhältnis gegenüber den anderen iE-Persönlichkeitsteilen?

Welche Erklärungen fallen dir dazu spontan ein?

Beobachtungsübung 2

Im Alltag hast du aufgrund deiner Enneagramm-Kenntnisse ein gutes Unterscheidungsvermögen entwickelt, was deine «Passung» zu anderen E(nneagrammtypen) anbelangt. Mit welchen E umgibst du dich am häufigsten und bist mit ihnen auf angenehme Weise vertraut?

Welche E, vor allem wenn es sich dabei um noch weitgehend unbewusste, weniger entwickelte Menschen handelt, bereiten dir Mühe?

Welchen gegenüber hast du Vorbehalte oder gar noch eine klare Abneigung?

Vor welchen fürchtest du dich vielleicht sogar?

Und nun für unser Augenmerk entscheidend:
Wie bilden sich diese Beziehungen in deinem iE-Kreis ab?

Beobachtungsübung 3

Kennst du deinen Subtyp (oder je nach Sprachgebrauch: deine Instinkt-variante)? Meistens ist einer stark ausgebildet, ein Zweiter schwächer und der Dritte kaum spürbar vorhanden.

In diesen Testanlagen mit ihrer vereinfachenden Struktur werden jeweils die gängigen oder typischen Aspekte und Verhaltensweisen eines Ennea-Typus abgefragt.

Seit Claudio Naranjo aber 2004 eine allgemein anerkannte Feindifferen-zierung vorgeschlagen hat, ist deutlich, dass es für jeden E-Typ eine Normalvariante gibt, eine Verstärkungsvariante und eben auch noch eine Gegenvariante.

Dieser Kontratyp wird im Allgemeinen nur bei der E6 speziell beschrie-ben, wobei Naranjo die Unterschiede der Subtypen bei der E4 für noch ausgeprägter hielt.

Dieses Manko trägt zu einer Unschärfe dieser Sorte von Tests bei und verfälscht vielleicht auch dein Bild.

Beispiele:

Du selbst hast vielleicht einen dominanten Selbsterhaltungs-Subtyp. Damit hast du zu den Selbsterhaltenden der anderen Typen einen selbstverständlicheren Zugang und oft mehr Übereinstimmung als mit Menschen der anderen beiden Subtypen. In deinem iE-Kreis könnten die drei iE aus der Herz-Triade, also die iE2, iE3 und iE4, winzig erscheinen. Denn alle drei sind in der Selbsterhaltung Kontratypen. Viele ihrer spezifischen Aspekte tauchen in den Tests nur spärlich auf, wenn überhaupt. Also verzerrt dies dein Testresultat zu Ungunsten der Herz-triade. Möglicherweise bist du damit gar nicht so spärlich ausgestattet.

Oder du hast einen dominanten sexuellen Subtyp. Dann fehlen dir bei iE1, iE5 und iE6 gerade deine leidenschaftlichen, intensiven Themen und du stimmst wenig mit deren im Test beschriebenen sogenannten Normalvariante überein. Möglicherweise sind dann deine Anteile dieser iE laut Test ebenfalls zu klein geraten.

Hier eine kurze Übersicht zu den Themenschwerpunkten der Subtypen, die dir die Orientierung erleichtert:

Es geht um drei Basis-Instinkte, die dem Überleben dienen. Es sind uralte Programme der menschlichen Spezies. Frühe Verletzung in einem oder mehreren dieser Bereiche löste Ängste aus und prägt das gesamte spätere Verhalten.

- Selbsterhaltung
- Intimität, 1:1 (sexuell)
- Soziale Zugehörigkeit

Selbsterhaltend

Diese Menschen sind gern allein und ungestört und eher still. Ihr Zuhause bedeutet ihnen viel und sie wenden einiges auf, um es nach ihrem Bedürfnis als sichere Wohnhöhle auszustatten. Familie ist ebenfalls wichtig und wird freundschaftlichen Beziehungen vorgezogen. Essen nimmt eine zentrale Stellung ein, wobei Einkauf, Vorräte, Zubereitung wichtiger sind, als dass die Mahlzeiten mit anderen zusammen genossen werden. Körper und Gesundheit sind im Fokus; das Spektrum kann alles umfassen, vom vergifteten Trainieren mit bestem Fitness-Equipment bis zu gehäuften, regelmässigen Arztbesuchen. Die finanzielle Sicherheit ist ebenfalls ein Anliegen; dazu gehört auch, dass die Berufsarbeit ausreichend entlöhnt wird und die Vorsorge stimmt. In logistischen Dingen sind Selbsterhaltende ausgeklügelt.

Ihr bevorzugter Bewegungsstil: Herumliegen.

Sexuell oder One-to-One

Hier geht es um Intimität und Kreativität. Die Sehnsucht nach einer intimen Beziehung, körperlich und/oder seelisch, ist gross. Leben diese Menschen in einer Partnerschaft, verbringen sie viel Zeit ausschliesslich mit ihrem Gegenüber. Energetisch ist dieser Subtyp am geladensten, er liebt Erregung, Faszination, Intensität und Leidenschaftlichkeit. Die Neigung zu Wettbewerb und Konkurrenz ist erhöht. Ebenso die Anfälligkeit für Suchtmittel und Rauschzustände. Karriere oder der Wunsch nach Berufserfolg erscheinen diesem Subtyp unwichtig. Die One-to-One-Menschen kennen die Angst, wertlos oder zumindest ohne Selbstwert zu sein. Eine vermehrte Neigung zu Spiritualität zeichnet sie aus.

Ihr bevorzugter Bewegungsstil: Rennen oder fliegen.

Sozial

Hier finden sich gesellige, nach aussen und auf Netzwerke aller Art gerichtete Menschen. Ihr Wunsch nach Zugehörigkeit schärft die Beachtung von Hierarchie, von ihrer Rolle und Position im Gefüge. Mit ihrer gruppendynamischen Hellhörigkeit sind sie eher leise unterwegs. Sie wirken weniger spontan und kontrollierter als die anderen beiden Subtypen. Soziale Pflicht und Opfer zum grösseren Wohl sind für sie selbstverständlich. Soziale Themen nehmen sie wichtig. Aktive Teilnahme am politischen Leben gehört klar dazu und sie bewegen sich gern in der Öffentlichkeit. Karriere und Bekanntheit sind erstrebenswerte Ziele. Sie kennen die Angst vor der Einsamkeit.

Ihr bevorzugter Bewegungsstil: Sitzen oder gehen.

Für deine iE-Kreis-Überprüfung:

	Selbsterhaltend	Sexuell	Sozial
E1	Normalvariante	Gegenvariante	Verstärkungsvariante
E2	Gegenvariante	Normalvariante	Verstärkungsvariante
E3	Gegenvariante	Normalvariante	Verstärkungsvariante
E4	Gegenvariante	Normalvariante	Verstärkungsvariante
E5	Verstärkungsvariante	Gegenvariante	Normalvariante
E6	Verstärkungsvariante	Gegenvariante	Normalvariante
E7	Normalvariante	Verstärkungsvariante	Gegenvariante
E8	Normalvariante	Verstärkungsvariante	Gegenvariante
E9	Normalvariante	Verstärkungsvariante	Gegenvariante

Beobachtungsübung 4
zur Triade der drei Intelligenzzentren: Bauch, Herz und Kopf

Wie steht es in deiner Auslegung deiner neun iE im Kreis um die Gewichtung der traditionellen Triade von Bauch, Herz und Kopf?

Bist du hier ausgewogen?

Dominiert ein Zentrum? Oder fällt eines überraschend klein aus?

iE8, iE9 und iE1

Bei deinen Persönlichkeitsanteilen mit **Bauchenergie** geht es um die Themen Autonomie, Würde, Kongruenz, Schutz, Integrität, Vitalität, Harmonie oder Angemessenheit.

Sie sind selbstbehauptend und ihr Grundgefühl ist **Zorn**.

Ihre Aufmerksamkeit fokussiert auf territoriale, instinkthafte Energie. Ein klares Ich-Gefühl ist ihnen wichtig. Sie können sich behaupten und wehren gegen Übergriffe auf ihr «Territorium». Sie verspüren vitalen Bewegungsdrang und leben ihn aus.

Hast du bei deiner iE-Auslegung einen Schwerpunkt bei iE8, iE9 und iE1, hat dein Körperzentrum, auch Bauchenergie genannt, die Leitung inne. Körperliche Empfindungen haben für dich Vorrang, das Bauchgefühl spielt eine wichtige Rolle bei der Verfolgung und Erfüllung deiner Bedürfnisse aller Art.

Du sicherst dir gern einen klaren Platz in der Welt. Eine gute Erdung ist dir wichtig. Ein gewisses Schwarz-Weiss-Denken erleichtert dir Entscheidungen und Urteile.

Mit einem dominanten Bauchzentrum bist du immer wieder herausgefordert, deine Energie gut zu dosieren, damit sie stimmig und sinnvoll in dein Handeln fliesst. Du kennst Zorn und Wut gut. Aversion kommt hoch, wenn dein Grundbedürfnis nach Selbstbehauptung, Positionierung und Wunscherfüllung bedroht ist.

iE2, iE3 und iE4

Bei deinen Persönlichkeitsanteilen mit **Herzenergie** geht es um die Themen Interaktion Liebe, Verbindung, Zuneigung, Bindung, Stolz, Image, Authentizität und Anerkennung.

Sie sind Macher, auch Nachahmer und ihr Grundgefühl ist **Scham**.

Ihre Aufmerksamkeit fokussiert auf den emotionalen Bereich, auf Beziehung und Kontakt.
Sich wollen sich geliebt fühlen und lieben. Wichtig ist die Pflege von Freundschaft, Fürsorge und Mitmenschlichkeit, ebenso die Zugehörigkeit (zur Familie oder zu Gruppen).

Hast du bei deiner iE-Auslegung einen Schwerpunkt bei iE2, iE3 und iE4, hat dein Herzzentrum die Leitung inne. Du nimmst die Welt durch den Filter der Beziehungsintelligenz wahr. Du stellst dich auf die Stimmung und den Gefühlszustand der anderen ein und sicherst dir damit dein Bedürfnis nach Verbindung und Anerkennung. Das wiederum stärkt dein Selbstwertgefühl und befriedigt dein Liebesbedürfnis.

Auf einer mehr oder weniger bewussten Ebene verkörperst du ein Bild von dir, das andere dazu bringt, dich zu sehen und zu lieben. Qualitäten des Herzzentrums sind Einfühlungsvermögen, Verständnis, Mitgefühl und Güte. Der Verlust einer Bindung stürzt dich in Verzweiflung und Traurigkeit.

iE5, iE6 und iE7

Bei deinen Persönlichkeitsanteilen mit **Kopfenergie** geht es um die Themen Sicherheit, Geborgenheit, Gewissheit, Zusicherung, Gültigkeit, Vorhersagbarkeit und Chance.

Ihr Grundgefühl ist **Angst**.

Ihre Aufmerksamkeit fokussiert auf Überblick und Orientierung. Sie wollen sich sicher fühlen am Ort und mit den Menschen, mit denen sie zusammen sind. Sie wollen Dinge und Abläufe überblicken. Ihnen sind Klarheit und Verlässlichkeit wichtig. Sie besitzen wache Sinne, sind Zweifler und haben eine grosse Witterung für Tiefgründiges.

Hast du bei deiner iE-Auslegung einen Schwerpunkt bei iE5, iE6 und iE7, leitet dich dein Kopfzentrum am stärksten. Du filterst die Welt durch deine mentalen Fähigkeiten. Es gelingt dir, mit Analysieren, Grübeln, Imaginieren oder Planen ein Gefühl von Überblick und Sicherheit zu erlangen. Das Kopfzentrum hilft dir, Angst zu minimieren und potenziell schmerzhafte Situationen zu bewältigen.

Deine Kopfintelligenz hat weisheitliche Qualität, sie ermöglicht Zugang zu fruchtbarem Nachdenken und zu innerem Wissen. Je besser du deine Symptome für Furcht und Angst kennst, desto realistischer kannst du dir Sicherheit und Geborgenheit verschaffen.

Neben dieser klassischen Triade sind von Enneagramm-Forschenden noch weitere zur Diskussion gestellt worden.

Ich werde einige davon aufnehmen für unsere Erkundung. Du kannst dabei entdecken, welche weiteren Kräfte in dir bereits wirksam sind oder wo du allenfalls Defizite hast.

Der Ansatz ICH BIN ALLE zielt darauf ab, dass du dir deiner vielfältigen Ausstattung bewusst wirst und dein ganzes inneres Spektrum kennenlernst und entfaltest. Es ist schade, dass viele Menschen nach ihren ersten Schritten in Sachen Selbsterkenntnis stehen bleiben.

Wenn du die Energien, Kräfte und Antreiber aller iE erkennst, wertschätzt und möglichst integrierst, bereichert das deine Handlungsspielräume und Beziehungen gewaltig.

Der Weg verläuft immer so, dass du zuerst in dir selbst Klärung und Gleichgewicht schaffst. Dann gelingt die Kultivierung deiner Beziehungen nach aussen mühe- und reibungsloser.

Beobachtungsübung 5
Triaden nach Geschlechtern
(gender polarity triads nach app.trueself.io)

Es gibt auch andere Gender-Zuordnungen unter den Enneagramm-Lehrenden. Nimm diese Variante hier als kleine, verspielte Übung.

Du hast sicher eine Vorstellung von dir, wie viel du anteilsmässig sogenannt männliche oder sogenannt weibliche Eigenschaften besitzt, zu welchem Geschlecht du biologisch auch gehören magst.

Stimmt dein Selbstgefühl mit diesem Triade-Vorschlag überein?

Ist deine iE1-iE5-iE8-Fraktion am mächtigsten? Spürst du viel «Männlichkeit»?

Ist deine iE2-iE4-iE7-Fraktion am grössten? Hast du viele «weibliche» Eigenschaften?

Wenn deine iE3-iE6-iE9-Fraktion dominiert, kannst du dich hier deiner Sowohl-als auch-Integration erfreuen.

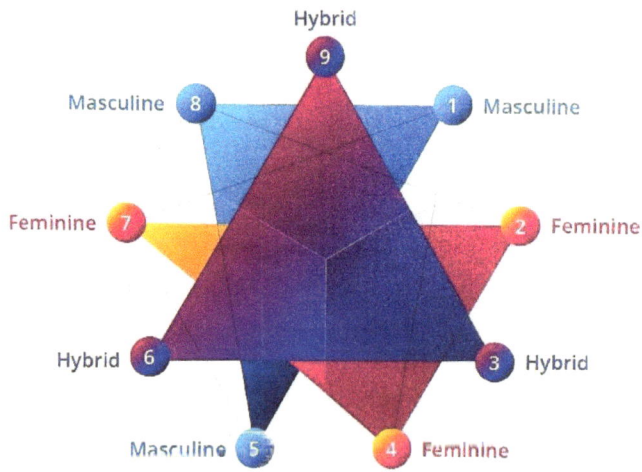

Beobachtungsübung 6
Triaden der Wüstenväter und -mütter (nach Daniel Hell)

Der Zürcher Professor für Klinische Psychiatrie, Daniel Hell, hat sich mit der therapeutischen Intervention der Wüstenväter und -mütter beschäftigt.

Acht der neun «Leidenschaften» des Enneagramms sind ja bereits von Evagrius Ponticus im 4. Jahrhundert beschrieben worden. In seinen Studien drückt Daniel Hell seine grosse Anerkennung für die beeindruckende Haltung und Therapiekunst der Wüstenseelsorger aus. Bis heute sind ihre Anleitungen zu Klarheit, Einfachheit, Seelenruhe, Unterscheidungsgabe und Transzendenzerfahrung (unio mystica) wegweisend.

Gerade ihre Ausrichtung auf das Umfassende und ihre ausdrückliche Sorge für den Nächsten und die Umwelt sind von hoher Aktualität.

Es soll dich nicht stören, dass die Wüstenväter noch von «Dämonen» sprachen, welche die Menschen zu überwältigen suchten. Ihre Sprache für seelische Erlebnisse orientierte sich an der Erfahrung und verfügte noch nicht über das Konzept des Unterbewussten.
Ihre seelsorgerliche Sprache bezeichnete diese Herausforderungen des Lebens als «Versuchungen». Damit deuteten sie die überwältigende und destruktive, eben Leiden verursachende Macht dieser Leidenschaften an.

Die Angst der E6 fehlt in dieser Liste, und als im Mittelalter aus diesen acht Leidenschaften die «sieben Todsünden» wurden, übersah die Kirche – wohl aus Selbstschutz – dann auch noch die Leidenschaft Ruhmsucht oder Lüge von Punkt E3!

Knapp zusammengefasst sieht Daniel Hell folgende Einteilung bei Evagrius Ponticus:

Körperliche Herausforderungen *(„Triebe")*
1. Lust am Essen und Trinken („Völlerei")
2. Besitzstreben („Habsucht, Geiz")
3. Sexuelle Begierde („Wollust")

Seelische Herausforderungen *(„Emotionen")*
4. Traurigkeit
5. Zorn
6. Überdruss, ruhelose Trägheit, akedia

Geistige Herausforderungen *(„Kognitionen")*
7. Ruhmsucht, Täuschung
8. Stolz

Interessant für dich, dass diese Sicht wieder andere Triaden ergibt.

Bist du in der Evagrius-Ponticus-Zuordnung eher ein **Bauchmensch**, stellen die iE5-iE7-iE8 deine grösste Gruppe dar?

Oder bist du hier eher ein **Herzmensch** mit einem grösseren Anteil von iE1-iE4-iE9?

Oder wärst du bei den Wüstenväter und-mütter eher ein **Kopftyp**, weil deine Kombination von iE2-iE3 herausragt?

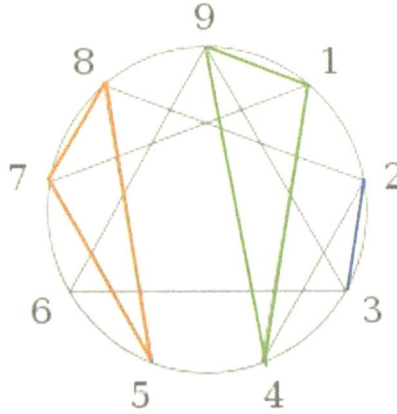

Beobachtungsübung 7

Harmonie-Triaden nach David Daniels
(harmony triads: https://drdaviddaniels.com/articles/triads/)

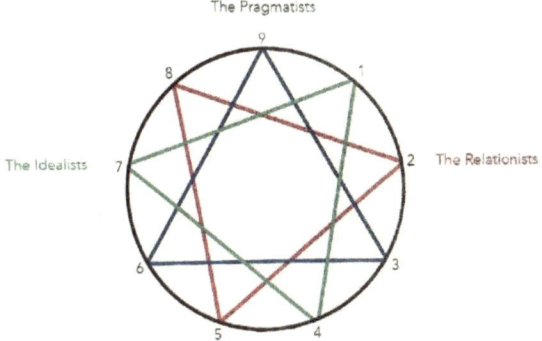

Die Harmonie-Triaden stellen drei Arten dar, wie du mit der Welt und dem Leben im Allgemeinen umgehst.

Sie unterscheiden

- die Pragmatiker: iE3, iE6 und iE9

- die Beziehungsmenschen oder Relationisten: iE2, iE5 und iE8

- die Idealisten: iE1, iE4 und iE7

Auffällig bei dieser Darstellung sind die drei gleichschenkligen Dreiecke. Dazu werden zwei «hidden lines» nötig, Linien also, die im ursprünglichen Enneagramm-Symbol nicht vorkommen. Es sind die Verbindungen zwischen E2 und E5 sowie zwischen E4 und E7.

Für David Daniels ergaben sie sich zunächst aus seiner Beobachtung in der Begleitung konkreter Menschen. Dann erschienen sie ihm auch plausibel, weil jedes Dreieck über die Intelligenzen aller drei Zentren verfügt. Diese drei Intelligenzzentren sind Ressourcen, welche die Harmonie-Triaden jeweils auf dieselbe Weise nutzen. Innerhalb jedes gleichseitigen Dreiecks bestehe ein Fluss frei fliessender kognitiv-emotionaler Energie.

Für unsere Betrachtung hier spielt es keine Rolle, welcher dieser Triaden dein ursprünglicher Enneatyp angehört. Achte auf die Auslegung deiner iE.

Welche Harmonie-Triade deiner iE ist gut besetzt?
Welche allenfalls schwach vertreten?

Pragmatiker

Wenn die Triade iE3, iE6 und iE9 bei dir prominent erscheint, hast du eher pragmatische Züge. Hier geht es um Bodenständigkeit, ums Alltägliche und die grundlegenden menschlichen Verbindungen, die uns als Gesellschaft ausmachen. Praktische und realistische Bindungen werden hier angestrebt.

iE3 sucht nach einer praxisorientierten, nachhaltigen, ehrgeizigen und produktiven Rolle in der Welt. iE6 wünscht sich eine sichere, berechenbare und gewisse Existenz, um konkret zu überleben. iE9 strebt einen ungestörten und harmonischen Platz in der Welt an, der bequem ist und in dem sie zurechtkommt. Alle drei sind stark mit der materiellen Alltagswelt verbunden. Sie leisten viel, um diese gut zu bewältigen.

Dieses Dreieck wird auch die Erd-Triade genannt. Wie immer ist solch starke Verhaftung auch Ausdruck von Angst. Da wird gern Routine vollzogen, da werden die vertrauten und beruhigenden Bindungen an die Welt gepflegt. Aber gleichzeitig wird das Vertrauen in die Tiefen und Höhen des Seins, das Spirituelle also, vernachlässigt. Die Pragmatiker leben gewissermassen zweidimensional und flach.

Beziehungsmenschen

Wenn bei dir die iE2, iE5 und iE8 eine starke Gruppe darstellen, gehörst du zu den Relationisten. Beziehungsbelange sind dein Lebensschwerpunkt. Für die Bildung und Aufrechterhaltung von Verbindung zu anderen setzt du mit dieser Triade sehr viel Energie frei. Untergründig ist die Angst dabei, Kontakte könnten gestört oder gar abgebrochen werden.

Es ist offensichtlich, dass jeder Teil dieser Triade diese Bezogenheit auf ganz andere Art zu erreichen sucht: Die iE2 geht auf andere zu, setzt sich fürsorglich ein für deren Bedürfnisse und bietet ihre Unterstützung an. Die iE5 tritt anderen nicht zu nahe, sucht aber durch stilles, präsentes Beobachten den Kontakt. Ihr Angebot, um die Verbindung zu halten, liegt in durchdachten Analysen und in objektivem, rationalem Wissen, das sie teilt. Anders wieder die iE8, sie übernimmt Führung, gewährt

Schutz, bringt Stärke ein und scheut sich nicht vor der Durchsetzung dessen, was gerade dran ist.

Alle zeigen die besagte Angst vor Beziehungsverlust und davor, abgelehnt zu werden. Die iE8 vertraut nicht auf die unschuldige, natürliche Verbindung, darum setzt sie Macht und Kontrolle ein. Die iE5 vertraut mit ihrem Wissensangebot nicht selbstverständlich der höheren Weisheit, die zur stimmigen Zeit von selbst fliesst. Sie verfolgt ihre persönliche Agenda. Und die iE2 ist vom Weg des gegenseitig absichtslosen Gebens und Nehmens abgekommen. Sie handelt grosszügig, um an sich zu binden.

Idealisten

Oder ist bei dir die Idealisten-Triade iE1, iE4 und iE7 überdurchschnittlich besetzt? Sie wird auch Utopisten-Triade oder gar Himmels-Triade genannt. Alle drei iE dieser Gruppe haben eine starke Vision davon, wie die Welt sein könnte und müsste, damit gutes Leben für alle gelingt. Leider entspricht die Welt diesem Ideal nicht, was viel Frustration auslöst.

Wiederum leben die drei ihre Idealisierung unterschiedlich aus. Die iE1 setzt klare innere Massstäbe und deklariert an allen verbesserungswürdigen Orten – also eigentlich überall – gebieterisch diese Genau-so-soll-es-sein-Forderungen. Die iE4 sucht die ideale, ultimative Welt im Innen und im Aussen, dort darf nichts fehlen von Bedeutung und Substanz. Aber weil sie immer weniger antrifft als erhofft und erwartet, ist dauernd Enttäuschung mit im Spiel. Das Ideal der iE7 ist eine helle, positive Welt, frei von Schmerz und Leiden, hingegen angefüllt mit Lustvollem und Angenehmem. Sobald sie mit einem Ideal aufläuft, springt sie auf die nächste schöne Alternative über.

Die iE1 wäre weniger frustriert, wenn sie Wertschätzung für Vielfalt und Variationen im Leben und bei den Menschen zurückgewinnen könnte. Die iE4 ist meist überwältigt von dem, was fehlt zum Ideal. Es würde sie entlasten, wenn sie wertschätzen könnte, was schon immer da ist an Fülle und Schönheit. Und die iE7 käme zur Ruhe, wenn sie das ganze Leben umarmen könnte, das Heitere und das Schwere, das Alltägliche und das Ekstatische, einfach die Ganzheit des Seins im Hier und Jetzt.

Beobachtungsübung 8
Reaktionstriaden nach Don Riso/Russ Hudson
(harmonic groups: https://enneagramexplained.com/enneagram-harmonic-groups/)

Bei den Reaktionstriaden liegt der Fokus darauf, wie die verschiedenen Typen mit Konflikten, Schwierigkeiten, Verhinderungen und Verlusten umgehen. Indirekt ist daraus auch ablesbar, wie sie Enttäuschung verarbeiten. Es macht deutlich, wie jemand damit umgeht, wenn er nicht kriegt, was er will. Man könnte sie auch Konfliktlösungs-Strategie nennen.

Und wieder verblüfft die symmetrisch ausgewogene Einteilung. Beachte, dass keine dieser Triaden-Linien mit denjenigen des ursprünglichen Enneagramm-Symbols übereinstimmt. Jedes Dreieck beinhaltet aber wiederum alle drei Intelligenzzentren.

Es werden drei Weisen unterschieden, wie Hindernisse gemanagt werden:

- die Positiven: iE2, iE7 und iE9
- die Kompetenten: iE1, iE3 und iE5
- die Emotionalen: iE4, iE6 und iE8

Und wiederum:

Du hast alle neun iE in dir versammelt. Aber wahrscheinlich sind nicht alle in derselben Kraftentfaltung vorhanden.

Gibt es ein Reaktionszentrum bei dir, das deutlich überwiegt?

Gibt es ein völlig unterlegenes?

Bist du verblüfft über deine Auslegung, weil etwas ganz Unerwartetes erkennbar wird?

Wenn die positiv Eingestellten überwiegen,
also iE2, iE7 und iE9:

Dann lenkst du, wenn es schwierig wird, deine Aufmerksamkeit darauf, was noch gut läuft. Du denkst, das Problem sei ja möglicherweise gar nicht so schlimm.

Deine iE7 steuert den Fokus auf Glück bei und versucht ohnehin, die Umgebung konstant optimistisch zu halten. Ihr Modus: Da mag ja ein Problem sein, aber mir geht es gut ...

iE2 konzentriert sich auf die anwesenden Menschen, besänftigt und beruhigt sie in dieser Schwierigkeit. Ihr Modus: Du hast da ein Problem. Aber schau, ich bin hier, um dir zu helfen...

Deine iE9 bewahrt auch in der Bedrängnis ihre Ruhe und wirkt als unaufgeregte Präsenz auf die anderen ein. Ihr Modus: Was für ein Problem? Ich denke nicht, dass es da ein Problem gibt ...

Eine Schwierigkeit mit deinen «Positiven» besteht darin, dass sie das Problem manchmal übersehen und sogar seine Existenz leugnen. Der Fokus auf Glück und Positivität kann zur Vermeidung von Schmerzhaftem verwendet werden. Daher ist es wichtig, dass deine iE aus der positiven Gruppe anerkennen, dass es ehrlicher und förderlicher ist, sich einem Hindernis zu stellen.

Wenn die Kompetenten überwiegen,
also iE1, iE3 und iE5:

Tritt ein Hindernis auf, suchen deine «Kompetenten» nach einer Lösung und arbeiten so schnell und effizient wie möglich daran. Sie schätzen einen objektiven, emotionslosen Ansatz zur Problemlösung und halten viel von kognitiver Effizienz im Gegensatz zu Emotionen, die für sie mit Irrationalität verbunden sind.

Die iE1 wird sich darauf konzentrieren, innerhalb ihrer Glaubenssysteme zu arbeiten und schätzt moralische Gesetze und ethische Fairness. Ihr Modus: Ich bin sicher, wir können das als sensible, reife Erwachsene lösen...

Deine iE5 strebt nach einer allwissenden Sicht auf das Problem und bewegt sich ausserhalb des Systems, dessen Teil sie ist. Ihr Modus: Es gibt hier eine Menge verborgener Themen, lasst mich darüber nachdenken...

Die iE3 wird beides tun, möchte aber hauptsächlich das Chaos reibungslos auflösen, ohne sich selbst oder die Meinung anderer zu beeinflussen. Ihr Modus: Dafür gibt es eine effiziente Lösung, also legen wir gleich los…

Obwohl Effizienz eine wirksame Problemlösungsstrategie sein kann, ist es schädlich, Emotionen zu leugnen. Der Rat für deine Kompetenzgruppe lautet: Realisiert, dass Gefühle, obwohl chaotisch und irrational, ein notwendiger Teil der Reaktion auf Probleme sind.

Wenn die Emotionalen überwiegen,
also iE4, iE6 und iE8:

Hindernisse und Probleme rufen in all deinen iE eine emotionale Reaktion hervor, es ist genau diese Reaktion, auf die sich deine «Emotionalen» konzentrieren. Sie drücken ihre Reaktionen offen und intensiv aus, sowohl die positiven wie die negativen. Sie suchen dabei nach emotionaler Spiegelung in anderen, um zu erfahren, wo und wie andere zum Thema stehen.

Deine iE8 drückt offen Wut aus und fühlt sich durch Konflikte geradezu energetisiert. Ihr Modus: Das macht mich echt zornig, und du wirst das zu hören oder spüren bekommen…

Die iE4 geht zurückhaltender mit ihrer Reaktion um. Oft sucht sie die Spannung in künstlerischer oder symbolischer Form auszudrücken. Sie holt sich gern jemanden, der sie unterstützt, denn in Konflikten ist ihre Angst, verlassen zu sein, besonders gross. Ihr Modus: Ich bin jetzt davon wirklich verletzt, ich muss das zum Ausdruck bringen…

Die iE6 ist selektiver in ihrer Reaktion und nutzt die emotionale Freisetzung als Möglichkeit, Menschen oder Situationen damit zu provozieren, um sie besser einschätzen zu können. Eigentlich möchte sie Führung, drückt aber gleichzeitig ihr Misstrauen vor Autorität aus. Ihr Modus: Ich fühle mich unter Druck. Bevor ich nicht auf irgendeine Art Dampf abgelassen habe, geht gar nichts bei mir …

Falls deine emotionalen iE noch ganz unterentwickelt sind, bist du in guter Gesellschaft. Emotionale Reaktionen werden wahrscheinlich am wenigsten unterstützt in der westlichen Welt. Die legt Wert auf Rationalität und emotionale Unterdrückung.

Das soll nicht heissen, dass diese Reaktion nicht gut wäre. Im Gegenteil, diese Triade ist wahrscheinlich am besten darin, ihre eigenen Emotionen sowie die von anderen zu verarbeiten. Es geht nur darum, es damit nicht zu übertreiben. Die iE4, iE6 und iE8 müssen sich darüber im Klaren sein, dass sich ihr Ausdruck auf andere erheblich auswirkt.

Fazit

Es ist fast unausweichlich, dass diese Auslegeordnung des iE-Teile-Kreises und die diversen Verbindungen und Passungen darin nun bei dir eine gewisse Verwirrung und Überreizung auslösen.

Wenn du dir vorstellst, dass alle diese iE-Teile mit ihrer Eigenart in dir vorhanden sind und einwirken auf dein Fühlen, Denken und Handeln, dann erfordert das ja eine gewaltige Dramaturgie.

Vielleicht stellen sich nun mehr Fragen, als dass Freude über diese Vielstimmigkeit aufkommt:

Wie kann ich in diesem komplexen Wirrwarr überhaupt je den Durchblick schaffen? Wer führt denn da Regie? Sind diese iE-Teile wirklich so eigenständig, unterscheidbar und dauernd auf dem Sprung, im inneren System ihre spezielle Rolle auszuüben? Wie kann ich denn diese innere Bühne und das Stück, das darauf gerade gespielt wird, mitbeeinflussen? Und wer ist denn überhaupt «Ich»?

Das nächste Kapitel über das Selbst als inneres Führungsorgan der Teilpersönlichkeiten tritt wieder einen Schritt zurück und hilft dir, diese allfällige Aufregung abzukühlen.

8
Das Selbst

Weil dem Kern-Selbst in allem Erforschen und in der Führung unserer zusammenwirkenden iE-Teile die entscheidende Hauptrolle zukommt, sei ihm hier ein eigenes Kapitel gewidmet.

Wenn wir unsere Enneagrammtyp-Konditionierung unbewusst ausleben, halten wir uns für eigenständige, unabhängige Wesen, die autonom entscheiden und handeln. Wir schaffen uns unsere eigene Identität und bemerken nicht, dass unsere inneren Teile, angeführt von unserem iE-Chefmanager, den Ton angeben.

Richard Rohr nennt dies unser «kleines Selbst». Es ist sozusagen unsere «Startrampe», die wir alle in der ersten Lebenshälfte gut ausbauen. Dass es sich dabei um eine schlichte Projektion unseres Selbstbildes handelt, wissen wir zu diesem Zeitpunkt noch nicht.

Zu diesem kleinen Selbst gehören unser Körperbild, unsere Berufsarbeit, unsere Ausbildung, unsere Kleidung, unser Geld, unser Auto, unsere sexuelle Identität, unsere Erfolge und so weiter.

Weitere Erkennungsmerkmale: Es fürchtet Veränderungen und es vergeht, wenn wir sterben.

Mit diesem kleinen Selbst, manchmal auch das «falsche Selbst» genannt, sind wir identifiziert. Sogar das Enneagramm, wenn wir es oberflächlich anwenden, kann diese Identifikation stärken. Das führt dann zu Aussagen und Rechtfertigungen wie: So bin ich nun mal, ich kann nicht anders. Ich kann nichts dafür. Sogar das Enneagramm versteht mich besser als du!

Und tatsächlich verfährt «es» mit uns so, solange wir uns nicht besser kennen. Unsere wiederkehrenden automatischen Reaktionen «beherrschen» uns physisch, emotional und gedanklich.

Der Entwicklungsweg bedeutet nun nicht, jemand anderer werden zu müssen, sondern loslassen und innehalten zu können, uns zu entspannen, freier und beweglicher im Erkennen und im Handeln zu werden. In unserem falschen Selbst ist das wahre immer schon enthalten.

Zum falschen Selbst, auch Ego genannt, gibt es in den vielfältigen spirituellen Bewegungen und Schulen immer wieder Missverständnisse.

Eines davon lautet, dass es einen erleuchteten Zustand gäbe, der einen Menschen vollkommen ego-frei mache. Alles Niedere, Unreine wäre dann von ihm gewichen, er schwebte gleichsam als vergeistigtes Wesen einige Zentimeter über dem Boden der Realität.

Solche Verkennung irrt exakt da, wo es um die Ablösung vom falschen durch das wahre Selbst geht. Dies wird nicht mit vollständiger Ausschaltung, Abtötung oder Überwindung erreicht, sondern durch Nicht- oder Desidentifikation.

Im wahren Selbst gibt es die falschen Assoziationsketten und falschen Identifikationen von «ich», «mein» und «mir» nicht mehr. Bildlich gesprochen, wird das Ich wieder vom Herrn zum Knecht degradiert, vom Chef zum flexiblen Mitarbeiter. Nicht das Ego bestimmt also länger, wohin die Reise geht, sondern das wahre Kern-Selbst. Das Ich schleppt den Koffer an den Ort, den das wahre Kern-Selbst für notwendig erachtet.

Dieses Selbst ist unendlich grösser und geräumiger als unsere Persönlichkeitsteile. Es bleibt unbeeindruckt von Ereignissen, die jenen Angst machen und sie heftig reagieren lassen. Es hat die Kraft und Klarheit, gut in der Welt zurechtzukommen und friedliche Verbindung zu anderen herzustellen.

Dieses wahre Kern-Selbst ist den meisten Menschen aus eigener Erfahrung bekannt. In allen erhebenden Momenten des Glücks, der Stille, des absoluten Friedens oder des Flows sind sie in diesem Zustand. Empfindungen wie Weite oder Leere, Licht oder Wärme oder pulsierende Energie begleiten diese oft entgrenzten Augenblicke.

Das Erfahren dieses Selbst ist aber nicht solch exklusiven Gipfelmomenten vorbehalten. Spätestens seit Ken Wilbers Unterscheidung von Zuständen und Stufen wissen wir um die Notwendigkeit, dauerhafter in dieser Präsenz verweilen zu können, wenn wir unser Bewusstsein erweitern wollen.

Spirituell betrachtet, ist das Selbst das einzigartige Bild, welches das GÖTTLICHE sich von jedem Menschen macht. Die Lebensaufgabe besteht darin, mich in dieses Bild hineinzuentwickeln, zu formen und zu verwandeln. Es ist aber nichts Abgehobenes oder abgetrennt Heiliges. Im Gegenteil, es zielt auf wahre Menschlichkeit und mit seiner Freisetzung kann ich der Welt am besten dienen. Ich erfahre es in der Auseinandersetzung mit meiner konkreten Lebensgeschichte.

Inmitten meiner Emotionen und Leidenschaften, meiner Anpassung und Anhaftung wird es als Kontrast spürbar.

Es gibt Kriterien für sein Wirken: Wenn sich in mir plötzlich Stimmigkeit einstellt, Lebendigkeit.Wenn ich mich unverbogen und authentisch fühle. Wenn alles in Fluss kommt und sich eine Enge in grössere Freiheit weitet. Wenn ein Lachen auftaucht als Zeichen dafür, dass ich mich auf gesunde Weise selbst relativieren kann, ohne jedes Abwerten. Wenn es vorher Anstrengung und Kampf war, und nun gelingt es wie von selbst.

Bei dieser Klärung der Erkennungsmerkmale hilft Richard C. Schwartz weiter. Zusammen mit seinen Klienten hat er in langjährigem Erkunden Kennzeichen herausgeschält. Dieser Wesenskern tauchte dann auf, wenn es den Klienten in der Therapie gelang, ihre Teile beiseitetreten zu lassen. Mühelos und zweifelsfrei erklärten sie dann, nun ganz da zu sein, bei sich selbst, einfach sie selbst. Es fühlte sich echt an. Da liess sich nichts mehr beiseite bitten. Auch die bildhafte Vorstellung einer Teilpersönlichkeit mit eigenständigem Charakter fehlte dann. Jede Darauf-Sicht oder Aussenansicht verschwand. Die Klienten verkörperten diesen Zustand in unmittelbarer Übereinstimmung mit ihm. Wenn die Klienten in dieser Mitte angelangt waren, veränderte sich auch ihre Körperhaltung und ihre Stimmlage. Sie wurden ruhig, entspannt und klangen liebevoll.

Hier angekommen, wussten die Klienten erstaunlicherweise von innen heraus, wie sie ihre Teile ansprechen konnten und was diese brauchten. Ein selbstverständlicher inwendiger Dialog setzte ein.

Auch viele andere therapeutischen Praktiken wandten den inneren Dialog an. Die zusätzliche Entdeckung von Schwartz lag darin, dass das Kern-Selbst nicht nur als ein achtsamer, friedvoller Zustand und Innenraum aufgesucht werden kann, um die Spannungen und Störungen der Welt hinter sich zu lassen. Es setzt überdies heilende und kreative Qualitäten frei. Die Klienten begannen ihren Teilen mit erhöhtem Mitgefühl, mit Klarsicht und Weisheit zu begegnen und zunehmend gut für sie zu sorgen. Die Arbeit des Therapeuten an ihrer Seite bestand nur noch darin, ihnen dabei zu helfen, im Kern-Selbst zu bleiben.

Auch im IFS gibt es keine abschliessenden Antworten darauf, was denn nun genau solche Selbst-Führung sei. Hinweise jedoch lassen auf die Anwesenheit dieses «Selbst» schliessen. Auch hier geht der Weg über beschreibbare Erkennungskriterien:

Ein Mensch in Selbst-Führung wirkt präsent. Er erweckt den Eindruck, dass «die Lichter an sind und jemand zuhause ist». Solch ein Mensch erscheint sicher, offen, tolerant. Man fühlt sich sofort wohl und willkommen in seiner Gesellschaft. Man muss ihm nichts vormachen und kann deshalb auch frei und echt sich selbst sein.

Ein Mensch in Selbst-Führung ist nicht fixiert auf eigene Ziele oder Selbstdarstellung, er hat eine natürliche Bereitschaft zu dienen, ohne sich ausnutzen zu lassen. Er spürt Dankbarkeit und Demut ohne Unterwürfigkeit. Er muss nicht mit Hilfe von Gesetzen oder Moral dazu gezwungen werden, das Richtige zu tun.

Er hat ein natürliches Mitgefühl für alle Kreaturen und die Natur, eine tiefe Leidenschaft für das Leben. Er ist motiviert, den Zustand der Menschheit und der Umwelt zu verbessern, weil er erkennt, dass alle und alles miteinander verbunden ist.

Richard C. Schwartz warnt ausdrücklich vor der Falle der Selbstüberforderung. Nur sehr wenige Menschen schaffen es, über längere Zeit oder gar vollständig in Selbst-Führung zu sein. Es ist ein allmähliches, fortwährendes Lernen. Vielleicht reicht auch ein ganzes Leben nicht aus, um all die Verletzungen, Demütigungen, Scham-Anteile, Schmerzreservoirs und Schutzmechanismen unserer Persönlichkeitsteile abzubauen. Eine integrierte Persönlichkeit zu werden bedeutet nicht die Abwesenheit der Teile, sondern dass diese gut miteinander auskommen und zusammenarbeiten.

Im IFS stehen acht C-Wörter (gemäss ihrem Anfangsbuchstaben auf Englisch) für die grundlegenden Eigenschaften, die ein Mensch in Selbst-Führung verkörpert. Anhand dieser Begriffe und der zunehmenden Vertrautheit ihres Ausdrucks können wir unser eigenes Kern-Selbst immer besser kennenlernen.

Diese acht Cs, die nach Richard C. Schwartz deine Selbst-Qualität ausmachen, lauten:

Ruhe – calmness

- eine körperliche und mentale Gelassenheit, ungeachtet der aktuellen Umstände
- die Fähigkeit, weniger automatisch und extrem auf Auslöser (Trigger) in deiner Umgebung zu reagieren
- weniger anfällig zu sein für die üblichen Reaktionen des instinktiven fight-flight-freeze/fawne, wenn du dich bedroht fühlst

Klarheit – clarity

- die Fähigkeit, Situationen ohne Verzerrung durch extreme Überzeugungen und Emotionen genau wahrzunehmen
- die Fähigkeit, objcktiv und unvoreingenommen an eine Situation heranzugehen
- das Fehlen von Vorurteilen und Einwänden
- die Fähigkeit, einen Anfängergeist (beginner's mind) aufrechtzuerhalten, in dem stets viele Möglichkeiten offenstehen

Neugierde - curiosity

- ein Verlangen haben, etwas Neues über ein Thema, eine Situation oder eine Person zu wissen oder zu lernen
- wie ein Kind über die Welt zu staunen und wissbegierig zu sein, wie alle Dinge funktionieren
- ein echtes Interesse daran haben, etwas oder jemanden nicht wertend/(be)urteilend zu verstehen
- unangestrengt achtsam sein, auch im Verstehen und Akzeptieren der eigenen Innenwelt

Mitgefühl – compassion

- offenherzig präsent und wertschätzend gegenüber anderen sein, ohne den Drang zu verspüren, sie reparieren oder verändern zu wollen, ohne sich von ihnen zu entfernen
- ein intuitives Verständnis, dass das Leiden anderer dich mitbetrifft aufgrund deiner Verbundenheit mit ihnen
- gleichzeitig Empathie für andere haben *und* darauf vertrauen, dass der andere ein Selbst hat, das freigesetzt werden kann und seine Not zu lindern vermag

Zuversicht – confidence

- den festen Glauben an die Fähigkeit bewahren, dass du in jeder Situation voll präsent sein kannst, sie aushältst oder zu korrigieren vermagst. Also die Überzeugung: „Egal was passiert, es ist in Ordnung und entwickelt sich so, wie es schliesslich gut ist"
- von früheren Traumata geheilt zu sein und aus früheren Misserfolgen in einem Ausmass gelernt zu haben, dass sie sich nicht länger in die Gegenwart hinein auswirken
- zu verstehen, dass Fehler «nur» Lektionen sind, die gelernt werden müssen
- das Vertrauen haben, dass dir alles Wichtige geschenkt wird (griechisch «charis», lateinisch «gratia»: Gnade, Geschenk)

Mut – courage

- Stärke gegenüber Bedrohung, Herausforderung oder Gefahr
- die Bereitschaft, auf ein grosses Ziel hinzuwirken, das andere als überwältigend empfinden würden (zum Beispiel Gerechtigkeit)
- die Fähigkeit, den Schaden zu erkennen, den du anderen zufügst, und dann Massnahmen zu ergreifen, um etwas wiedergutzumachen
- du übernimmst die volle Verantwortung für dein Handeln
- die Bereitschaft, über etwas nachzudenken und in dich zu gehen, um deinem Schmerz und deiner Scham zu begegnen; sie sorgfältig erkunden und dann entsprechend handeln

Kreativität - creativity

- die Vorstellungskraft nutzen, um originelle Ideen hervorzubringen
- die Fähigkeit, in den Flow-Zustand zu gelangen, in dem der Ausdruck spontan aus dir herausströmt und du ganz erfüllt bist von der Lust an der konkreten Aktivität
- die Fähigkeit, schöpferisch zu sein im Lernen und Problemlösen

Bezogenheit – connectedness

- der Zustand, sich als Teil einer grösseren Einheit wie einer Partnerschaft, eines Teams, einer Gemeinschaft oder einer Organisation zu fühlen
- du spürst die Verbindung zum Selbst der anderen
- eine spirituelle Verbindung zu einer sinnerfüllten Führung oder einer höheren Berufung haben
- in einer Beziehung zu jemandem sein, der dich wirklich kennt und akzeptiert, so wie du bist
- viel vertikale Verbundenheit zum Geist und zur Erde spüren, das Universum als Einheit erleben

In seinem Buch «Kein Teil von mir ist schlecht» (S. 175) nennt Richard C. Schwartz noch fünf weitere Eigenschaften, die das Selbst auszeichnen.

Diesmal sind es fünf P-Wörter (im Englischen). Er meint, dass sie gerade für Menschen, die sich in der Gesellschaft engagieren, von Bedeutung sein können:

Geduld – patience

Beharrlichkeit – persistence

Präsenz – presence

Überblick – perspective

Spielerische Leichtigkeit – playfulness

9
Die neun iE-Teile kennenlernen, Einführung

In welcher Reihenfolge du dich den neun iE-Teilen zuwenden willst, sei dir überlassen.

Sicher macht es Sinn, dich zunächst einmal deinem iE-Teil zu nähern, den du als deinen Enneatyp schon gut kennst.

Almaas schlägt in seinem Buch «ENNEAGRAMM – Der Schlüssel zum Erwachen» (S. 52) eine Reihenfolge aufgrund der Essenzqualitäten vor.

Er geht von der am leichtesten zugänglichen aus und folgt dann der Stufung bis zur Subtilsten: Punkt ACHT – Punkt SECHS – Punkt ZWEI – Punkt EINS – Punkt DREI – Punkt VIER – Punkt SIEBEN – Punkt NEUN – Punkt FÜNF.

Im Beschrieb zum Erkunden deiner iE-Teile findest du für jeden folgende sieben Aspekte. Ich erläutere hier den jeweiligen Ansatz, um dir den Zugang zu erleichtern.

Allgemeiner Beschrieb deiner iE-Teilpersönlichkeit

Hier nimmst du Kontakt auf mit der Funktion und den Qualitäten, die deine iE im inneren System ausübt.

Dialogfragen von dir in Selbst-Führung an deine iE, um sie näher kennenzulernen

Diese Fragen sind für ein erstes abtastendes Kennenlernen gut. Du kannst die Fragen auch später immer wieder hervornehmen und von deinem aktualisierten Standort aus neu beantworten.

Die Antwort-Beispiele, die ich auflíste, sind bloss als Hinweis gedacht, der die Breite der möglichen Wahrnehmungen beschreibt.

Deine eigenen Antworten liefern dir schon anschauliches Material über den «Gesundheitszustand» und den Reifegrad deines entsprechenden iE-Teils.

Sei nicht erstaunt, wenn diese erste Kontaktaufnahme dir hier oder dort einen unbeachteten, unterentwickelten und eher «stiefkindlichen» Teil ins Bewusstsein bringt. Umarme auch ihn! Dieses Kennenlernen ist ja erst der Anfang deiner Beziehung zu ihm.

Erkundung deiner iE als Wahrnehmung im Körper

Jeder iE-Persönlichkeitsteil kann sich auch in Körpersprache manifestieren.

In der seelischen Verarbeitung und/oder Verdrängung seines Urschmerzes hat er diesen unweigerlich auch körperlich gespeichert. In blockierten oder verspannten Körperpartien sitzen alte Emotionen fest.

In dieser Erkundung tastest du dich im Dialog mit deinem iE an diesen körperlichen Ausdruck heran. Indem dir sein «Sitz» in dir oder seine körperliche Reaktionsweise bewusst wird, gelingt auch die gesamte Kommunikation mit ihm besser

Alle ganzheitlichen Ansätze in der Medizin, in der Psychologie oder in der Spiritualität haben ein grosses Augenmerk dafür, wie sich die Seele durch den Körper ausdrückt und mitteilen will.

Hier geht es wiederum um deinen individuellen und ehrlichen Kontakt mit deinem Körper.

Du brauchst kein Körpersprache-Lexikon dazu, das dir für jede Empfindung einen seelischen Mangel samt entsprechendem körperlichen Symptom diagnostiziert. Du bleibst selbst Entdeckerin und bist gespannt darauf, was dir durch dieses Hineinspüren aufgeht.

Essenz oder Sein dieses iE-Teils

Essenz bedeutet im spirituellen Verständnis von Almaas das wahre Wesen, das du von Beginn an bist. Essenz manifestiert sich in dir als dir zugrundeliegende Eigenschaften und Qualitäten. Sie ist vorhanden vor aller Erziehung oder Bildung.

Essenz ist etwas Grundlegendes und Wirkliches. Je mehr ein Mensch Essenz verwirklicht, desto mehr löst er sich von seiner durch die Persönlichkeit verzerrten Wahrnehmung.

Essenz ist keine Aktivität, sie kann allerdings zu wahrem Handeln führen. Eher ist sie eine Präsenz, ein Sein-an-sich. Essenz ist auch keine Emotion, kein vorübergehender Zustand, sei sie auch noch so selig und erfüllend.

Essenz hat zum einen unpersönliche Eigenschaften, die sind allumfassend und absolut. Sie werden mit der göttlichen Natur der Existenz verbunden. In der östlichen Spiritualität werden sie stärker betont und gewürdigt.

Anders im Westen, da werden die persönlichen Eigenschaften der Essenz stärker gewichtet. Sie sind es, die zur Individuation und Ausbildung einer reifen Persönlichkeit verhelfen.

Indem du dank Enneagramm deine Musterfixierung klärst, schaffst du wieder Zugang zur Essenz. Sie zirkuliert dann zunehmend in deinem inneren System mit ihren diversen Qualitäten. Je mehr du den Herausforderungen des Lebens mit der jeweils stimmigen Qualität von Essenz begegnest, umso mehr weicht deine falsche Persönlichkeit und macht einem reifen Selbstgefühl Platz.

Verlust von Essenz, Entstehung des «Lochs» und das Ich-Ideal, mit welchem es gefüllt wird

Im psychologisch-spirituellen Enneagramm, das Almaas lehrt, gehen wir in den ersten vier Lebensjahren nach und nach der Essenz oder des Seins verlustig. An seine Stelle treten dann «Löcher».

Jede Kindheitsphase ist verbunden mit einer bestimmten Erfahrung von Essenz. So zum Beispiel erleben wir alle in der symbiotischen Phase unserer ersten sechs Lebensmonate die Essenz der verschmelzenden Liebe, oder zwischen sechs und zwölf Monaten die Essenz der Kraft, die das Erkunden und Ablösen einleitet. Wenn die Essenz nicht genügend anerkannt und unterstützt wird, geht sie verloren. Die Fixierung unserer Persönlichkeit hängt mit einer ungenügenden Integration dieser Kindheitsphasen zusammen. Jede unserer iE-Persönlichkeiten bildet sich im Kern exakt um diese Verlusterfahrungen herum aus.

Ein Loch entsteht bei Abspaltung einer bestimmten Qualität unserer Essenz. Zum Beispiel können Liebe, Stärke, Freude, Kontaktfähigkeit, Klarheit, Selbstwert, Mut, Vertrauen, Kreativität oder jede andere der vielen Essenz-Qualitäten so verloren gehen. Durch Abspaltung hört diese Qualität auf zu fliessen und wird nicht mehr wahrgenommen.

Das Ergebnis dieses Verlusts ist das Gefühl von Mangel, vager Unfähigkeit oder Leere. Geht man diesem Mangelgefühl auf den Grund, erlebt man das Loch mit dem oberflächlichen Gefühl, verkehrt oder minderwertig zu sein, und mit dem tieferen Gefühl, innerlich ausgehöhlt und leer zu sein.

Wir alle haben einen starken Drang, ein Loch mit etwas von aussen zu füllen. Wünsche, Bedürftigkeit oder Suchtverhalten weisen auf die Anwesenheit von solchen «Löchern» hin.

In der Psyche wird das Loch gewöhnlich von Gefühlen und Erinnerungen an die Konflikte, Ängste und Verletzungen umgeben, die ursprünglich zu dem Verlust geführt haben. Wir vermeiden diese tiefen Verlustgefühle und noch mehr die darunter liegende Leere, weil wir eine unbewusste Angst haben, vom «Loch» verschluckt zu werden oder uns darin aufzulösen. Deswegen tun wir alles Mögliche, um die erneute Erfahrung eines derartigen Lochs zu vermeiden. Jeder iE hat dafür seine eigene Vermeidungsstrategie entwickelt.

Das Ich-Ideal hat mit diesem Verlust zu tun. Es formiert sich als Krücke und Notbehelf. Wir imitieren damit die verlorene Essenz. Natürlich ist dieses Imitat nichts als ein Faksimile, es tut also nur so, als ob diese Qualitäten wirklich da wären.

Die Arbeit mit den «Löchern» zeigt immer wieder, dass die eigentliche Erfahrung des Loches nicht schmerzhaft ist. Wenn wir aufhören zu kämpfen, und die Wahrheit des Verlustes in Akzeptanz und Offenheit fühlen, erleben wir in der physisch-energetischen Realität des Körpers einfach nur eine Leere.

Am Anfang ist es eine defizitäre Leere, aber sie kann zu einer weiten, friedlichen Stille werden. Aus ihr manifestiert sich dann – als Geschenk – die abgespaltene Essenz-Qualität, nach der wir uns gesehnt haben.

Diese Essenz-Qualität füllt das Loch so perfekt aus, dass es sich auflöst. Damit ist die Abspaltung aufgehoben, und die Qualität der Essenz beginnt wieder zu fliessen und breitet sich in die ganze Persönlichkeitsstruktur aus.

Es ist ein grosser Verdienst von Almaas und dem «Diamond Approach», dass er das Enneagramm noch über Naranjo hinaus mit der westlichen Tiefenpsychologie zusammengefügt hat. Er hat damit eine aktualisierte Methode der «Arbeit am Selbst» geschaffen. Damit setzt er nicht ausser Kraft, sondern integriert auch, was in der indischen Kultur, bei den Sufis oder in der Kabbala entwickelt wurde.

Dieser religionsübergreifende Ansatz schliesst das Christentum samt seinen jüdischen Wurzeln mit ein.

Auch hier ist die Anfangsgeschichte jedes Menschen eine quasi paradiesische. Anfänglich ist der Mensch ein Wesen aus GOTT. Er erhält den göttlichen Lebensatem, Ruah, eingehaucht und ist dadurch mit allem verbunden. Dieser heile Ursprung stellt seine Seele vollständig zufrieden. Die ganze Realität ist anfänglich gut, wahr und schön. Liebende göttliche Präsenz ist in allem. Ein Mensch erlebt dieses Sein als einen fliessenden, schöpferischen Prozess, als einen fortlaufenden Wandel hin zu neuem Werden

Aber dann, für einige schon pränatal, für andere mit dem Geburtstrauma oder später in der Entwicklung, setzt Entfremdung ein. Trennung und Verlassenheitserfahrungen führen zunehmend zum Kontaktverlust mit dem Sein, mit der Vollständigkeit unseres Wesens.

So vollzieht sich der Mythos der Vertreibung aus dem Paradies für jedes Individuum neu. Aus diesem Mangel heraus entwickeln wir vorbewusst unsere Ennea-Überlebensstrategie und identifizieren uns immer umfassender mit diesem falschen Konstrukt. Es wird mächtig und dominant. Und obwohl dieses «falsche Selbst» ohne Substanz und Quelle ist, verhärtet und verfestigt es sich. Es hasst Veränderung. Es gaukelt Sicherheit vor, indem es uns unablässig nach Liebe und Ehre, nach Macht und Wissen streben lässt.

Jede reife Religion hilft beim «Sterbeprozess» dieses falschen Selbst'. Meist ist dieser erst in der zweiten Lebenshälfte angesagt. Diese Umkehr, dieses neue Denken (griechisch: metanoia, vgl. Mk 1,14) ist wohl die schwierigste menschliche Aufgabe.

Es gilt viel loszulassen:
Unsere Identifikation mit dem Leid, unsere Glaubensmuster und Konditionierungen aller Art, alle Ich-Ideale.
Ebenso alle Ängste: nicht zu genügen, die vor Veränderung, vor Kontroll- und Sicherheits-Verlust. Und nicht zuletzt die Angst vor der eigenen Kraft und wahren Grösse. Das Herz dieses Prozesses erfordert grosse Ehrlichkeit, radikale Selbstannahme, äusserste Geduld mit uns selbst.

Aber die Verheissung ist ebenso gross und schlägt wieder den Bogen zum heilen Anfang: «Ihr habt den alten Menschen ausgezogen und angezogen den neuen, der nach dem Bild seines Schöpfers erneuert wird» (Kol 3,9f).

Hypothese: Stell dir vor, die Tugend deiner iE ist schon da!

Eine weitere Möglichkeit, der Entspannung und Reife deiner iE nachzuhelfen, bietet folgende Hypothese: Du stellst dir vor, deine iE wäre bereits ganz auf die ihr innewohnende Tugend fokussiert, von ihr ergriffen und verwandelt.

Hier geht es auch darum, den Impuls der emotionalen Leidenschaft wahrzunehmen, ihn aber nicht auszuagieren. Die Beschäftigung mit der entsprechenden Tugend macht die Leidenschaft konturierter und intensiver, so dass sie besser «in flagranti» ertappt werden kann.

Wie sich deine «erlöste» iE zeigen und aus-wirken könnte

Hier findest du, was dir mit einer befreiten, «geheilten», «erlösten» iE möglich wird.

Der Anspruch, mit der Selbsterfahrung im Enneagramm ein bezifferbares Entwicklungsstadium zu erlangen, ist heikel. Und doch gibt es mit diesem wunderbaren Werkzeug nachweislich Entwicklung.

Und wenn nicht nur dein Enneatyp reift, sich entspannt und immer weniger Musterzwänge erfährt, sondern jeder deiner neun iE-Teilpersönlichkeiten derart entlastet wird, bleibt deine spürbare Verwandlung gewiss nicht aus.

10
Die neun iE-Teile

iE1

Allgemeiner Beschrieb deiner iE1

Deine iE1 ist deine innere bewertende Stimme. Sie kommt in der freud-schen Terminologie am ehesten deinem personifizierten «Über-Ich» gleich.

Als Oberrichterin oder inwendiger Kritiker kann sie loben, also positive Urteile abgeben, oder sie tadelt und verurteilt. Wenn ihr etwas passt, klatscht sie Beifall. Erfüllst du ihre hohen Werte nicht oder versagst gar, macht sie dir Vorwürfe. Sie löst auch gern Schuld- und Schamgefühle aus.

Die iE1 hält sich für die Hüterin der gesetzten, gültigen Werte und Massstäbe. Sie hält sich für die grundlegende Instanz deines Gewissens. Sie strebt nach Vollkommenheit in Haltung und Tat. Sie strebt Qualität an, hat hohe Werte, Prinzipien und Ideale.

Im inneren System gebärdet sie sich wie eine Gouvernante, die lauter ungehörige, unerzogene Kinder hüten und zu Anstand erziehen muss. Sie ist scheinbar die einzige Erwachsene in diesem wilden Haufen. Vor allem die pulsierenden, ungehemmten «Es»-Anteile will sie unbedingt zähmen und unterdrücken.

Deine iE1 in ihrem selbstgerechten Treiben erkennt nicht, welche negative Wirkung ihr Gutmeinen und Ordnungshüten hat. Sie erkennt den tiefliegenden Zorn unter ihrer tugendhaften Fassade erstmal nicht.

Diesen Zorn lebt die iE1 nicht als direkte Entladung aus. Er wirkt eher untergründig und kann auch ganz tugendhaft daherkommen. Dann erfüllt sie dich mit Eifer oder regt dich zu hohem Idealismus an. Auch als «Wahrheit» oder «Gerechtigkeit» tarnt sich ihr Zorn gern. Diese Leidenschaft drückt sie als ein heftiges Nein zur Realität aus. Diese entspricht nie den Erwartungen der iE1 und muss deshalb als feindselig abgelehnt werden.

Die iE1 hasst es, Fehler zu machen. Sie ist also sehr korrekt und gründlich in allem, was sie vorbereitet. Sie schreitet erst dann zur Tat, wenn alles seine Richtigkeit hat. Sie ist neben ihrer Hartnäckigkeit auch echt arbeitsam. Sie übernimmt Verantwortung für vieles und viele, und geht dann sehr umsichtig und systematisch vor, um alles auf die Reihe zu kriegen. Ist sie in dir derart am Wirken, fühlst du dich oft gestresst.

Von den übersteigerten Idealen zu lassen, stellt für die iE1 eine enorme Schwierigkeit dar. Sie ist sehr hartnäckig in ihrem Bestreben, das Über-Ich zu «verwirklichen». Dennoch führt der Ausweg nur über die Anerkennung der Realität. Gewiss birgt das Über-Ich mit seinen Gegenreden immer ein Körnchen Wahrheit, insgesamt aber ist es in seiner tyrannischen Absolutheit schlicht lebensfeindlich.

Vielleicht ist deine iE1 sehr unscheinbar und kaum auffällig. Möglicherweise gehörst du zu den Glücklichen, die wenig Normen und Gebote von ihren Eltern und Erziehungspersonen diktiert bekamen.

Möglich ist aber auch, dass du so sehr mit deiner iE1 identifiziert bist – was vor allem für Menschen des Enneatyps E1 der Fall ist –, dass du diese guten Regeln als «normal» empfindest, und daher deren Zwanghaftigkeit gar nicht wahrnimmst.

Ein weiterer Indikator für eine aktive iE1 in dir: Wenn dich andere Menschen vom Enneatyp E1 besonders nerven mit ihrem Nörgeln, Kritisieren und ihrer pingeligen Rechthaberei, kann das eine Reaktion deiner eigenen iE1 sein, die hier in Konkurrenz geht.

Deine iE1, wenn du sie einmal gut kennengelernt und entspannt hast, schenkt dir grosse Akzeptanz für die Dinge, wie sie nun einmal sind. Sie schenkt dir die weise Unterscheidungsgabe, die der us-amerikanische

Theologe Niebuhr so als Gebet formuliert hat: «Gott, gib mir die Gelassenheit, Dinge hinzunehmen, die ich nicht ändern kann, den Mut, Dinge zu ändern, die ich ändern kann, und die Weisheit, das eine vom anderen zu unterscheiden.»

Wenn du die emotionale Leidenschaft «Zorn» oder «Wut» deiner iE1 verstehst, die sich als Empörung und Abwehr gegen die Realität manifestiert, kannst du auch durchdringen zu ihrer Tugend «Gelassenheit».

Die wirkt sich als grosse Entspannung aus. Sie hilft dir, dem Leben ohne Einschränkung zu erlauben so zu sein, wie es ist. Sie ist diese ganz natürliche Haltung, in der du unmittelbare Erfahrungen machst, indem du dich ihnen in Ruhe und Präsenz öffnest.

Dialogfragen von dir in Selbst-Führung an deine iE1, um sie näher kennenzulernen

Was ist deine Aufgabe?

Antwort-Beispiele:
Ich muss schauen, dass alles korrekt abläuft.
Ich habe den roten Korrekturstift in der Hand und markiere alle Fehler.
Ich kontrolliere und lege insbesondere allem Triebhaften Zügel an.

Welche Rolle spielst du in meinem System?

Antwort-Beispiele:
Ich bin nüchtern und ernsthaft.
Ich bin besorgt dafür, dass da keine falschen Entscheidungen getroffen werden.
Ich halte alles im Zaum, vor allem Zorn, Unmässiges und Sündhaftes.
Ich bin da offenbar die einzige verantwortliche Erwachsene.
Ich zeige dir, auf welchem Pulverfass voller Leidenschaften und Begierden du sitzt.

Gebe ich dir ausreichend Daseinsberechtigung oder fühlst du dich verhindert?

Antwort-Beispiele:
Gottseidank bist du meine beste Verbündete.
Selten hast du meine Mission ernstgenommen. Aber ich trieb dir deinen Wildwuchs schon mehrfach aus.
Du hast zu viele Zwischentöne und übergehst mein klares Schwarz-Weiss!

Welchen Namen soll ich dir geben?

Antwort-Beispiele:
Nenn mich dein Gewissen.
Ich bin die/der Korrekte.
Oberlehrerin
Oberrichter
Disziplinierte
Deine innere Autorität
Die Stimme der Vernunft

Wie alt schätzt du dich ein?

Antwort-Beispiele:
Ich bin auf jeden Fall älter als du!
Ich bin in der Adoleszenz.
Für meine Mission spielt doch das Alter keine Rolle!

Was empfindest du?

Antwort-Beispiele:
Wenn andere unfair sind, werde ich masslos wütend.
Ich will wirklich nur das Beste für dich!
Alle erwarten, dass ich es allein schaffe, das überfordert mich.
Die Last der Verantwortung ist gross.
Ich werde selten ausreichend respektiert.
Es ist anstrengend, immer aufzuräumen.
Ich bin oft enttäuscht, weil meine Ideale nicht erfüllt werden.
Mein Selbstwertgefühl ist kleiner, als die anderen meinen.

Was bringt dich dazu, so zu empfinden?

Antwort-Beispiele:
Ich nehme alles ernst!
Ich wende meine Massstäbe auf alles an, auch auf mich selbst.
Ich bin viel selbstkritischer als die anderen.
Meine eigenen Wünsche stelle ich hinten an, ich komme einfach nicht dazu.
Ich halte mich oft zu stark bei Details auf.
Andere haben Humor, nur ich habe nichts zu lachen.

Wie ist dein Verhältnis zu anderen Menschen?

Antwort-Beispiele:
Ich schaue immer scharf und kritisch hin.
Ich weiss meist genau, was ihnen guttäte, aber sie wollen es nicht hören.
Die geben mir ausgiebigen Grund, mich zu ärgern.
Die wenigsten entsprechen meinen Standards, das gebe ich ihnen aber auch zu verstehen.
Ich stöhne unter der Last der Verantwortung, die ich für alle übernehme.

Welches Verhältnis hast du zu meinen anderen iE-Teilen?

Antwort-Beispiele:
Meist gibt es keinen, der es mir recht machen könnte.
Da bin ich immer auf der Hut und angespannt, ob die ihre Sache auch gut machen.
Wenn ich die nicht unter Kontrolle hätte, nähmen die Orgien überhand.
Ich muss sie bemuttern.
Ich bringe sie mit Schuldzuweisungen zum Schweigen.
Alles ist im grünen Bereich, wenn sie meinem klugen Rat folgen.

Was fühlst du, wenn deine Position geschmälert wird?

Antwort-Beispiele:
Ich kann nicht verstehen, dass andere mir Einmischung vorwerfen.
Wenn ich zurückgewiesen werde, entwickle ich heftigen Groll.
Ich verkrieche mich in Selbstmitleid, wenn sie es ohne mich lustig haben.
Schludriges Arbeiten oder verlogenes Tun greift mich persönlich an.
Manchmal verzweifle ich fast am Leichtsinn, wenn meine Mahnungen in den Wind geschlagen werden.

Wann läuten deine Alarmglocken? Wovor hast du Angst?

Antwort-Beispiele:
Dass das Chaos überhandnimmt.
Dass alles unmässig wird.
Dass ich vielleicht gar nicht recht habe.
Dass ich selbst Teil vom Chaos bin.
Dass in mir drin eine Bestie sein könnte, die sich austoben möchte.
Dass die Sorglosen glücklicher sind.
Dass ich resignieren könnte.

Was befürchtest du für mich, wenn du deine Rolle nicht ausüben würdest?

Antwort-Beispiele:
Du würdest in deiner Entwicklung nicht mehr vorankommen.
Du wärst versucht, es zu locker zu nehmen.
Du würdest in die Grauzone zwischen Gut und Böse abdriften.
Deine Strebsamkeit liesse nach.
Du würdest dir zu viel Urlaub und Erholung gönnen.
Du wärst nicht richtig gut organisiert.

Welches ist dein grösstes Hindernis, dich der Führung des wahren Selbst anzuvertrauen?

Antwort-Beispiele:
Ich habe selbst einen Führungsanspruch, ich herrsche selber gern!
Da muss ich zuerst anerkennen, dass wir dasselbe Ziel haben.
Ich bin zu beschäftigt und es ist zu laut um mich, dieses überhaupt zu hören.
Da müsste ich mich zuerst entspannen können.
Dazu müsste es mich vollständig akzeptieren, so wie ich bin. Aber kann es das?

Hast du besondere Kindheitserinnerungen, die dich gestärkt oder geschwächt haben?

Antwort-Beispiele:
Meine Eltern hatten ein Geschäft, ich übernahm zuhause früh viel Verantwortung.
Ich wurde immer gelobt dafür, dass ich so höflich und rücksichtsvoll bin.
Man hat mir viel zugetraut, ich war ja sehr verständig und vernünftig.

Einmal wurde ich in der ersten Klasse vor die Türe geschickt, mein Untergang!
Mit vier Jahren begann ich Geige zu spielen, ich galt als talentiert und war schon damals sehr diszipliniert.
Einmal stahl ich viel Schokolade, um die Nachbarskinder zu erfreuen. Das war mein erster und letzter Diebstahl.

Wie findest du deine Rolle? Hättest du lieber eine andere und wenn ja, welche?

Antwort-Beispiele:
Sie ist schon attraktiv.
Sie ist aber auch mit vielen Zwängen verbunden.
Ich habe immer endlos viel zu tun. Weniger wäre eine Entlastung.
Wenn jemand anderer den seriösen Part übernähme, könnte ich auch mal leichtsinnig sein!

Was wünschst du dir für dich an Veränderung oder gar Befreiung?

Antwort-Beispiele:
Ich wäre gern entspannter.
Ein Leben ohne Stress wäre ganz erstrebenswert.
Ich wäre gern einmal so richtig hemmungslos jung.
Ich möchte mehr im Hier-und-Jetzt sein, bisher läuft mir doch immer die Zeit davon.
Wenn ich erkennen würde, dass die Welt sich gut entwickelt, könnte ich meine Weltrettungstendenz ablegen.
Eigentlich wäre ich ganz gern auch einmal die Bedürftige, der man zurechthilft.
Ich träume davon, dass ich mühelos und befreit durchs Leben gehe.

Erkundung deiner iE1 als Wahrnehmung im Körper

Stell dir deine iE1-Persönlichkeit vor. Wo «sitzt» sie in deinem Körper? Wo und wie manifestiert sie sich?

Ihr Merkmal ist eine gewisse Selbstüberwachung, eine hohe Selbstkontrolle. Dies kann sich als eine Steifheit, Anspannung oder Kontraktion in deinem Körper zeigen.

Schmale Lippen, ein verbissener Unterkiefer, Anspannung im Schultergürtel oder Beckenbereich sind mögliche Folgen.

Kennst du Blockaden im Nacken oder in den Schläfen, die Spannung und Kopfweh auslösen?

Verspürst du ein leicht überspanntes Rückgrat und entsprechende Verhärtungen bis zum Muskelschmerz?

Hast du manchmal eine gespannte Stimme, die bei unterdrückter Gefühlsaufwallung höher und schriller klingt?

Essenz oder Sein deines iE1-Teils

Die enorme Grundkraft deiner iE1, ihre «rosa Essenz», besteht aus grosser Leichtigkeit und Verspieltheit. Sie wird «vollkommene Liebe» genannt und kommt der Liebe des Babys für seine Mutter am ähnlichsten.

Noch ganz unverbogen und unbelastet, kommt sie als Liebenswürdigkeit und Ungezwungenheit daher. Sie steht für Lachen und Spiel, wie wenn das ganze Leben nichts als ein Kinderspiel wäre. Da verengen keine Bedenken oder Sorgen die Sicht. Herz und Geist sind entspannt und ruhig. Die Dinge erscheinen leicht und bereit zum Geniessen.

Mit dieser Energie in Kontakt, sagst du zu den Dingen, die passieren: Na und? Du gibst und teilst und empfängst alles ohne Widerstände. Diese Essenz-Qualität hat etwas sehr Geschmeidiges. Sie verleiht die Fähigkeit, mit dem Fluss zu fliessen. Und sie hilft dir, Dinge in ihrer Zusammenschau wahrzunehmen und zu verbinden. Dann fühlt sich alles lückenlos an und «richtig». In solcher Stimmigkeit geht dir alles leicht von der Hand. Was geschieht, entwickelt sich gut aus sich heraus, nicht weil es starren Ansichten oder festen Vorstellungen entspricht.

Diese Essenz verleiht dir die Intelligenz, im Einklang zu sein mit dem, was sich vollzieht. So kannst du flexibel und klug mitgehen.

Almaas nennt als weitere der iE1 zugehörige Essenz die «Brillanz». Darunter versteht er Intelligenz, die sich im Kopf als scharfsinniger Verstand manifestiert, im Herzen, wenn wir dieses weisheitlich und emotional klug einsetzen und im Bauch oder Körper, wenn die Handlungen und Bewegungen anmutig und zielgerichtet erfolgen. Brillanz ist der Inbegriff von Synthese-Fähigkeit. Sie ist eine helle, strahlende Präsenz, die auf Vollständigkeit aus ist. Sie vermittelt Vollkommenheit, Kostbarkeit und Unschuld.

Verlust von Essenz, Entstehung des «Lochs» und das Ich-Ideal, mit welchem es gefüllt wird

Deine iE1 ist höchstwahrscheinlich nicht in ihrer reinen Kraft in dir lebendig, sondern in ihrer deformierten.

Du kannst deine iE1 als dein braver innerer Junge, dein gutes inneres Mädchen betrachten, das von Anfang an den Wunsch hatte, gut zu sein und alles recht zu machen. Das ging aber nicht von selbst und mühelos.

Die Leichtigkeit des Seins ging früh verloren. Die Qualität, gut und ganz zu sein, wurde von den Eltern nicht gesehen oder bestätigt. Das verunsicherte und schmälerte die Essenz. Diese Abnahme von Essenz führte vorbewusst zur Entstehung eines beängstigenden «Lochs».
Um diesen schmerzvollen Verlust nicht zu spüren, musste das Loch mit Ersatzmaterial gefüllt werden. Ein Behelf musste her, der klärte, was denn nun richtig und stimmig und vollständig sei.

So ist die alte Selbstverständlichkeit gewichen. An ihre Stelle trat nun das Ideal der Perfektion, der Wachsamkeit für Optimierung und Integrität auf allen Ebenen.

Die iE1 hat dabei seit jeher auch sich selbst im Blick und stellt an sich ebenso hohe Ansprüche wie an die anderen, die sie verbessern möchte und muss. Ihr Normen-Speicher ist aber nur Notbehelf und verzerrt die Sicht. Statt echte Richtigkeit und Güte zu erkennen, legt die iE1 allem rigide, letztlich unerfüllbare Massstäbe an. So ist sie nie zufrieden mit der gemessenen Qualität. Immer gibt es noch weiteres Inakzeptables aufzuspüren, Amoralisches und Illegales.

Die iE1 Kritiker-Persönlichkeit entfaltet sich also aufgrund dessen, was sie vermeidet: Sie betont das Gute und Richtige, weil sie vor allem Ärger oder Fehlerhaftigkeit vermeiden will.

Ihr ist nicht bewusst, wie sehr ihre Empörung bei all ihren Verbesserungsanläufen durchschimmert. Sie weiss nichts von ihrer Aggression, mit der sie gegen die Triebhaftigkeit des «Es» wie gegen Windmühlen angeht. Sie erkennt nicht, was sie gehemmt, verspannt und ängstlich macht.

Die iE1 kommt sich nämlich lange Zeit recht edel vor dabei. Sie ist ja auf der Seite des Guten. Sie fühlt sich verantwortlich für die «Zivilisierung» der ganzen Persönlichkeit. Und dafür strengt sie sich doch sehr an. Sie diszipliniert immer zunächst sich selbst und wagt sich erst aus diesem eisernen Gutmachen heraus, auch die anderen an ihre anspruchsvolle Kandare zu nehmen.

Was die iE1 als strengen moralischen Kompass ausgibt, ist nichts objektiv Wahres oder Menschenfreundliches. Es sind weitgehend die Devisen und Prinzipien der Eltern oder anderer wichtiger Menschen aus der Kindheit. Und gut möglich, dass auch diese ihre Maximen einfach unbesehen von der vorangehenden Generation übernommen und so weitertradiert haben. Dass darunter auch viele starre oder sogar brutale und grausame Vorschriften sind, wird nicht hinterfragt. Manche unmenschliche «Züchtigung» in Familien und Institutionen geht auf diese falsche Moral zurück.

Wenn sich die iE1 selbst idealisiert, imitiert sie die Qualitäten ihrer verlustig gegangenen Essenz, ihrer grundlegenden, göttlichen Natur.
Sie gefällt sich dann in ihrem imitierten Gutsein und hält sich für weise, umsichtig und tolerant. Sie meint, rational und realistisch und ausgeglichen zu urteilen. Sie verhält sich opferbereit und massvoll und persön-

lich integer. Sie steht ein für hohe Prinzipien. Wahrheit und Gerechtigkeit gelten als höchste Werte. Sie agiert unbestechlich, ist fair und ehrlich.

Dieses Ich-Ideal hat aber erhebliche Schattenanteile, die ausgeblendet werden. Die anderen inneren Teile, ebenso die anderen Menschen im Umfeld, welche mit der iE1 konfrontiert sind, erkennen diese in ihren harten Konturen.

Ihnen kommt eine Arroganz entgegen, die einen ärgerlichen Grundton aufweist und alles und jeden kritisiert. Sie nehmen den absoluten, intoleranten und pedantischen Anspruch wahr. Sie entdecken heuchlerische und pharisäerhafte Züge. Auch Zwanghaftes und allem Gutmeinen Zuwiderhandelndes der iE1 entgeht ihnen nicht.

Ein Heilungsweg für die iE1 führt durch das Erkennen und Anerkennen dieser Schattenthemen hindurch. Das Dilemma besteht für die iE1 darin, dass auch ihr Zorn zu diesem Schatten gehört und also verdrängt, zensiert und abgelenkt werden muss, zum Beispiel in Arbeitswut oder sportlicher Dauerleistung. Das kommt einer Selbstzensur gleich. Sie hat Angst vor dem ganzen Ausmass dieser Wutenergie.

Diesen Zorn kann die iE1 nur befreien, indem sie ihn annimmt und als (konstruktive) Kraft spürt. Wenn sie lernt, dass es viele Wahrheiten gibt, dass sich das Leben auch ohne ihr verbesserndes Eingreifen gut entfaltet, wird diese Energie immer mehr zu einer Willkommens-Kraft, die Ja sagen kann zu dem, was geschieht.

Ein anderer Heilungsweg lädt dazu ein, sich mit der entsprechenden Tugend «Gelassenheit» auseinanderzusetzen.

Hypothese: Stell dir vor, die Tugend deiner iE1 ist schon da!

Eine weitere Möglichkeit, der Entspannung und Reife deiner iE1 nach-zuhelfen, bietet folgende Hypothese: Du stellst dir vor, deine iE1 wäre

bereits ganz auf die ihr innewohnende Tugend «heitere Gelassenheit» fokussiert, von ihr ergriffen und verwandelt.

Was wäre dann mit dir und dieser Teilpersönlichkeit in dir, wenn sie dein Leben bereits mit dieser Qualität bereichern würde? Wie würdest du damit auf Lebensherausforderungen anders als gewohnt reagieren?
Wozu würde sie dich anspornen und ermutigen? Wie veränderten sich dadurch deine Handlungen?

Nimm an, deine iE1 sei bereits von heiterer Gelassenheit erfüllt. Sie hat ihren Verbesserungsmotor angehalten und ist in ihrer Seelenruhe ange-kommen. Der innwohnende Kritiker schweigt, was gewaltig entlastet. Frieden erfüllt sie und sie kann einfach in Dankbarkeit durchatmen.

In Verbindung mit ihr verweilst du ruhig und präsent in deinem Körper. Du betrachtest die Welt mit all ihren Unterschieden und ihren «Biodiversitäten» schlicht mit Wertschätzung. Du spürst deine vitalen Instinkte mit der Unbefangenheit des Kindes, das du einmal warst.

Du kannst die positiven und negativen Gefühle kommen lassen und sie wahrnehmen, ohne auf sie aufzuspringen oder sie abzuwehren. Du erlebst dich im natürlichen Fluss von positiven oder schwierigen Erfah-rungen und brauchst keine wertende Perspektive dazu einzunehmen. Es ist, was es ist.

In diesem Seinszustand ist es dir unmöglich, ein anderes Wesen absicht-lich zu verletzen, da es nur noch Verständnis und Liebe gibt.

Das Geheimnis, der Schlüssel quasi zu dieser entspannten Haltung geht letztlich durch den Schmerz hindurch. Du musst fühlen, welche Verzer-rung deine iE1 verursacht hat durch ihre Abspaltungen und Ablehnung von Aspekten, die doch zur Ganzheit der Erfahrungen gehören. Mit ihren Urteilen und überhöhten Massstäben hat deine iE1 ganz viel Leid und Schmerz verursacht, im inneren System und im Aussen.

Es braucht Mut, Erfahrungen unmittelbar zu machen ohne Filter, Schutz und verächtliche Abwehr. Kontrolle und Selbstüberwachung aufzugeben, löst Angst aus. Spontaneität und Hingabe an den Moment wollen geübt sein. Ohne meditative oder kontemplative Praxis wirst du schwerlich in den Einklang mit deiner tiefen, inneren Stille gelangen.

Wie sich deine «erlöste» iE1 zeigen und auswirken könnte

Schliesslich aber gelingt dir solches Innehalten. Du kannst bei den Erfahrungen verweilen ohne vorschnelles Urteil. In dieser Offenheit kann sich Neues zeigen, Unerwartetes. Das berührt dich. Du erfährst in diesem Jetzt-und-Hier-Sein die Weisheit eines jeden Augenblicks. Du fühlst dich ganz, es gibt auch in dir drin keine abgespaltenen, scheinbar unwerten Aspekte mehr.

Dieses Gefühl, ganz und vollständig zu sein, ist erlösend. Es wirkt sich auf alle drei Intelligenz-Zentren aus. Im Kopf erfährst du, wie du deinen Verstand scharfsinnig und klug einsetzen kannst. Auf der Herzebene erlebst du eine anhaltende Weichheit und Offenheit. Liebe und Freude sind deine selbstverständlichen Grundhaltungen. Im Körper drückt es sich mit klaren Taten und ebenso in eleganten und effektiven Bewegungen aus.

Eine eingeweichte, beruhigte iE1 gibt dir die Erlaubnis: Du darfst ausruhen und geniessen, auch wenn noch nicht alles getan ist.

Sie vermittelt dir die Sicherheit: Du wirst geliebt, auch wenn du Fehler machst. Du hast Wünsche, Triebe, Gefühle und Bedürfnisse, und sie sind der Welt willkommen.

In der Verbindung deines wahren Selbst mit dem entspannten iE1-Teil erlebst du dein Dasein folgendermassen als erlöst:

Ich fühle mich zunehmend aufgehoben und mit allem verbunden. Ich kann immer besser im Jetzt, im gegenwärtigen Moment sein. Ich fühle eine Entspannung bis tief in die Seele hinein, weil ich weiss, dass ich grundsätzlich richtig bin. Meine Klarheit und die Liebe zum Es-ist-wie-es-ist füllen mich immer mehr aus und sind meine stabile Lebensbasis.

Ich anerkenne die Vollkommenheit in allem und habe mich verabschiedet vom Drang, stets alles einteilen oder beurteilen zu müssen. Ich stehe neugierig in der Welt und lasse in heiterer Gelassenheit alles Weitere auf mich zukommen.

iE2

Allgemeiner Beschrieb deiner iE2

Dein iE2-Persönlichkeitsteil ist die Antriebskraft in dir, die Anerkennung sucht und findet. Darauf ist der iE2-Teil stolz. In diesem Stolz bläht er sich auf und erfüllt dein ganzes System mit Selbstgefälligkeit.

Wenn du manchmal richtig gerührt bist über deine tiefe Menschlichkeit, Hilfsbereitschaft und Fähigkeit, die Wünsche der anderen zu erfüllen, besitzt du eine starke iE2. Sie hilft dir in jedem Fall, dein idealisiertes Selbstbild zu nähren und steckt viel Energie in deine Attraktivität.

Dein iE2-Teil ist fähig, Qualitäten anderer zu erkennen. Er ist sehr verständnisvoll und warmherzig in Beziehungen. Er verschenkt intensive Zuwendung und verteilt grosszügig Komplimente.

Sein grösstes Anliegen ist eine gute zwischenmenschliche Atmosphäre, in der alle Aufmerksamkeit und Wertschätzung erhalten. Er hat ein besonderes Gespür für das, was andere brauchen und kann sehr einfühlend deren Bedürfnisse wahrnehmen. Er will sie nach Möglichkeit auch erfüllen. Am besten fühlt er sich bei der Vorstellung, dass er selbst niemanden braucht, die anderen aber ohne ihn überhaupt nicht klarkommen.

Dieses Gebrauchtwerden nährt sein Selbstideal und verdeckt die eigene Bedürftigkeit. Das stolze Aufplustern in Selbsterhöhung ist nur das eine Ende vom Gefühlsgummiband, am anderen Ende zieht das schmerzliche Gefühl, unterlegen zu sein, unwichtig, unbeachtet und ungeliebt.

Diese Ambivalenz ist dem iE2-Teil zunächst nicht bewusst. Er realisiert nicht, wieviel Charme, Verführungskraft und unechtes Image er freisetzt, um anderen zu gefallen. Um sich die Liebe und Anerkennung anderer zu sichern, opfert er seine Echtheit und verschmilzt mit den Gefühlen anderer. Er gibt ihnen das, was er sich selbst wünscht. Das Berechnende ist daran erkennbar, dass diese umgarnten Anderen häufig wichtige, bedeutsame oder mächtige Persönlichkeiten sind.

Im Zudienen oder gar Unterwerfen erhöht er seinen Selbstwert und poliert seine idealisierte Grossartigkeit auf.

Dein iE2-Teil wird kraftvoll und echt beziehungsfördernd, wenn er seine eigene Bedürftigkeit und Liebessuche erkennt. Dann verbiegt er sich nicht länger als Anpasser und braucht auch nicht mehr im Verborgenen und gar mit manipulativen Mitteln seine eigenen Mängel zu stillen. Er wird dann unabhängig von der Wertschätzung anderer. Er hat auch gelernt allein zu sein und sich dabei wohlzufühlen. Autonomie hat für ihn nun einen hohen Stellenwert.

Dialogfragen von dir in Selbst-Führung an deine iE2, um sie näher kennenzulernen

Was ist deine Aufgabe?

Antwort-Beispiele:
Ich bin die fürsorgliche Supermam.
Ich schaue, dass alle gut miteinander auskommen.
Ich verbreite Wärme und Wohlbefinden.
Ich verwöhne, wo ich kann.

Welche Rolle spielst du in meinem System?

Antwort-Beispiele:
Ich bin da, um Kontakte zu knüpfen.
Ich bin diejenige, die extravertiert ausgerichtet ist und Beziehungen herstellt.
Ich möchte alle anstecken mit meiner Begeisterung.
Ich bin der Berater und finde immer Lösungswege.

Gebe ich dir ausreichend Daseinsberechtigung oder fühlst du dich verhindert?

Antwort-Beispiele:
Ich hätte es gern viel emotionaler.
Manchmal fühle ich mich wie abgeklemmt, gerade wenn ich so richtig dramatisch in

Schwung komme.
Ich möchte dein Ur-Weibliches fördern, ab und zu klappt es.
An Anerkennung kann ich eigentlich nie genug kriegen.

Welchen Namen soll ich dir geben?

Antwort-Beispiele:
Entwicklungshelfer
Fürsorgliche
Die in Resonanz geht
Der Verführungskünstler
Die Liebenswürdigkeit in Person
Die Überschwängliche
Der mit Herz

Wie alt schätzt du dich ein?

Antwort-Beispiele:
Ich bin eine liebliche Sechsjährige.
Ich bin um die Dreissig und voll erblüht.
Ich bin genauso alt wie du.

Was empfindest du?

Antwort-Beispiele:
Ich werde dringend gebraucht.
Ich bin wirklich eine grosse Stütze für alle.
Ich sehne mich danach, nach Herzenslust zu lieben.
Ich gebe mir laufend Mühe, meine Verbundenheit mit anderen zu sichern.
Ich bekomme zu wenig Liebesbeweise. Das tut mir weh.

Was bringt dich dazu, so zu empfinden?

Antwort-Beispiele:
Ich sehe niemanden, der sich so um Vertrautheit bemüht.
Ich bin schon sehr auf Bestätigung angewiesen.
Bei mir laufen die Informationen zusammen, so weiss ich immer, was alle brauchen.
Ich brauche wirklich niemanden und bitte daher auch nie um Hilfe.
Ich weiss einfach nicht, ob man mich richtig liebhat.

Wie ist dein Verhältnis zu anderen Menschen?

Antwort-Beispiele:
Ich bemühe mich um Heiterkeit und Liebenswürdigkeit.
Wenn sie meinen Einsatz nicht schätzen, werde ich leise wütend.
Am schönsten ist es, wenn ich die Nummer Eins in ihrem Herzen bin.
Mit Komplimenten verbreite ich viel Freude.
Ich helfe, wo ich kann.
Ich bin nie einem Flirt abgeneigt.

Welches Verhältnis hast du zu meinen anderen iE-Teilen?

Antwort-Beispiele:
Ich bin manchmal nicht sicher, ob die mir wirklich meinen Platz geben.
Ich setze mich sehr ein und fühle mich verantwortlich.
Ich mag es gern intim.
Ich liebe und möchte geliebt werden. Das ist doch ganz einfach.
Ich spüre, dass ihnen mein Hilfsangebot oft zu viel ist.

Was fühlst du, wenn deine Position geschmälert wird?

Antwort-Beispiele:
Ablehnung erlebe ich als unerträglich. Da kann ich schon mal hysterisch austicken.
Ich verachte diejenigen leise, die sich nicht helfen lassen wollen.
Da bin ich am Boden zerstört und fühle mich meiner Existenzberechtigung beraubt.
Wenn man mir sagt, dass ich vereinnahmend sei oder manipulativ, verstehe ich die Welt nicht mehr!

Wann läuten deine Alarmglocken? Wovor hast du Angst?

Antwort-Beispiele:
Wenn man mir nicht die Sonderbehandlung zukommen lässt, die ich verdiene.
Dass ich wieder in ein Burn-out gelange.
Dass sich meine Investitionen nicht lohnen und nichts zurückkommt davon.
Wenn ich merke, dass ich für alle da bin, aber niemand etwas für mich tut.
Wenn andere mir unlautere Motive unterschieben und nicht merken, dass ich es wirklich gut mit ihnen meine.

Was befürchtest du für mich, wenn du deine Rolle nicht ausüben würdest?

Antwort-Beispiele:
Du wärst unattraktiv.
Du würdest unselbständig und wärst gar noch auf Hilfe angewiesen.
Du würdest emotional zu kurz kommen und leerlaufen.
Du würdest zum eigenbrötlerischen Kauz.
Du wärst zu dominant.
Du wärst viel zu bescheiden.

Welches ist dein grösstes Hindernis, dich der Führung des wahren Selbst anzuvertrauen?

Antwort-Beispiele:
Anvertrauen geht nur, wenn ich mich voll wertgeschätzt fühle.
Ich mag die Zügel in der Hand. Loslassen ist grundsätzlich schwierig für mich.
Ich hätte da gern eine Sonderstellung, so als Primus inter Pares. Ginge das?

Hast du besondere Kindheitserinnerungen, die dich gestärkt oder geschwächt haben?

Antwort-Beispiele:
Ich war immer Papas Liebling.
Mein jüngerer Bruder war infolge seiner schweren Geburt behindert, ich half selbstverständlich bei der Betreuung mit.
Ich war das Lieblingskind und hatte eine wunderschöne Kindheit.
Ich wurde nur gelobt, wenn ich fröhlich war und mithalf.
Ich war so eine Miniatur-Erwachsene und erhielt dafür viel Anerkennung.
Ich war in Papa/Mama verliebt und hatte seinetwegen/ihretwegen oft Liebeskummer.

Wie findest du deine Rolle? Hättest du lieber eine andere und wenn ja, welche?

Antwort-Beispiele:
Man sagt mir, ich sei bevormundend. Das möchte ich wirklich nicht sein.
Ich möchte einfach mich selbst sein. Aber ich weiss nicht, wie das geht.
Ich möchte gern Kreatives gestalten, aus mir heraus, ganz absichtslos.

Nicht länger die Opfer-Rolle spielen!
Ich möchte eine grosse Liebende / ein grosser Liebender sein, völlig präsent, und
bedingungslos.
Dereinst möchte ich die alte Weise sein.

Was wünschst du dir für dich an Veränderung oder gar Befreiung?

Antwort-Beispiele:
Ich möchte weniger abhängig von der Anerkennung anderer und mehr bei mir sein.
Ich möchte echter und aufrichtiger sein, auch wenn ich damit nicht allen gefalle.
Noch suche ich nach der stimmigen Dosierung. Ich will, dass diese Verausgabung
aufhört.
Vielleicht möchte ich einfach nur gesund egoistisch sein können.

Erkundung deiner iE2 als Wahrnehmung im Körper

Wenn du dir deine iE2-Persönlichkeit vor Augen führst, wo «sitzt» sie in deinem Körper. Wie manifestiert sich ihre Energie?

Spürst du deine Hauptenergiequelle im Brustbereich?

Möglicherweise wird dein Atem flach und eingeschränkt, wenn du emotional intensiv mit jemandem mitgehst.

Gute Erdung ist wichtig für dich: Tiefe Bauchatmung, Aufstehen und Herumgehen, Beine und Füsse bewusst wahrnehmen und Energie hinunterschicken.

Essenz oder Sein deines iE2-Teils

In der Tiefe seiner wesensmässigen Kraft ist dein iE2-Teil voll eingetaucht in die Süsse und Seligkeit der Liebe, wie sie ein Baby mit seiner entzückten Mutter austauscht. Keine Frage für den iE2, dass er ein kostbares, überaus wertvolles Wesen ist. Diese verschmelzende Liebe vermittelt ein entspanntes Gefühl totaler Geborgenheit und Zugehörigkeit. Sie ist wie ein Fluss, der zwei Liebende grenzenlos vereinigt.

Diese Essenz-Qualität wird als golden bezeichnet. Sie ist die leckerste aller Essenzen, nach der sich alle Menschen sehnen, weil sie so tiefes Wohlbefinden, Nähe und Zufriedenheit schenkt. Solch goldene Energie ist wohltuend und heilsam. Sie lässt in totalen Genuss eintauchen. Sie vermittelt dir ohne Worte, dass du Würde und Integrität hast.

Dein iE2-Teil, wenn er Zugang zu seiner Essenz hat, vermag dich in stressigen Zeiten selbst zu beruhigen. Er zeigt dir mit Entspannungstechniken oder fliessenden körperlichen Aktivitäten wie Schwimmen oder Yoga, wie du selbständig in den Genuss derart lustvoller Empfindung gelangst.

Verlust von Essenz, Entstehung des «Lochs» und das Ich-Ideal, mit welchem es gefüllt wird

Für einen Säugling ist die Mutter solch goldene Essenz. Im besten Fall hält diese fraglose, unbedingte Liebe in den ersten Lebenswochen an. Das Baby bleibt noch länger in der Verschmelzung, unterscheidet noch nicht zwischen ich und einem anderen.

Da jede Mutter auch Sorgen, Bedenken, Angst oder Stress hat, erlebt das Kind zunehmend eine negative Verschmelzung mit diesen Zuständen. In der Zeit vor und nach der Geburt nehmen wir die mütterliche Unruhe, ihre Ängste und Blockaden eins zu eins in uns auf und bleiben möglicherweise ein ganzes Leben lang in ihre emotionalen Zustände verwickelt.

Jedes Kind verlässt einmal die symbiotische Phase und fällt aus dem bergenden Kokon hinaus. Das ist ein unvermeidbares Geschehen. Der Verlust kann früher oder später geschehen, schmerzhaft oder sanfter, abrupt oder langsamer. Wenn diese Verschmelzung aufhört, bleibt ein

Vakuum zurück, eine Leere, die du als Kind schmerzhaft empfunden hast. Der Verlust löste eine existenzielle Angst aus, die Furcht vor Vernichtung und Auflösung. Und dieser vorbewusste Schmerz vermittelte dir, respektive deinem iE2-Teil: Du bist nicht liebenswert. Du bist bedeutungslos. Niemand stillt deine Bedürfnisse.

Dieser Ur-Schmerz ist das «Loch» deines iE2-Teils. Und er hat es aufzufüllen versucht, indem er es verleugnete und zu stopfen versuchte mit einem kompensierenden Selbstbild. Statt die Bedeutungslosigkeit zu fühlen, setzte er in seiner Persönlichkeitsbildung auf die eigene Wichtigkeit. Statt bedürftig zu erscheinen, legte er sich das Image des Überflusses zu und der Selbstlosigkeit im Helfen. Die allergrösste Vermeidung galt der Bedürftigkeit und inneren Leere. Hier nahm sein Ich-Ideal voll Fahrt auf.

Der iE2-Teil versucht den Verlust wettzumachen und imitiert die Qualitäten des goldenen Einsseins, indem er zum Schmeichler und Umwerber wird, um möglichst viel Verbindung herzustellen und Liebe zu erhalten.

Das tut er im inneren System und ausserhalb. Oft kommt er zunächst gut an mit seinem Optimismus und seinem Integrationstalent. Wenn aber seine Anerkennungssucht durchschimmert und seine Überschwänglichkeit abgeblockt wird, weil sie unehrlich und manipulativ erscheint, dann weckt diese Liebesverweigerung seinen Hass und tiefe Bitterkeit. Um sich hier wieder aufzubauen, greift der iE2 gern auf eine seiner zahlreichen «Belohnungen» zurück, die aus Süssem, Shoppen oder Sex bestehen können.

Was der iE2-Teil alles idealisiert und womit er sich stolz über die anderen stellt, die er allesamt für weniger sensibel hält:
Ich bin fürsorglich und freundlich, hilfsbereit und selbstlos. Mein Altruismus ist bedingungslos. Ich gebe gern, ermutige, wo ich kann, und bin stets ein loyaler Berater. Ich gehe achtsam mit anderen um und bin sanftmütig.

Auch hier sehen die anderen im sozialen Umgang die Schattenseiten deutlich. Sie spüren, dass der iE2-Teil den Anspruch vertritt, etwas Besonderes zu sein, aber gleichzeitig enorm bedürftig und unsicher ist.

Sie nehmen wahr, wie manipulativ und beherrschend er sich gebärdet, wie ichbezogen er ist. Seine symbiotische Tendenz ist ihnen lästig. Seine Co-Abhängigkeit passt nicht zum Bedürfnis, andere von sich abhängig zu machen. Etwas Egozentrisches und Herrschsüchtiges irritiert. Und mit der Opfer- oder Märtyrerrolle schafft er sich auch keine Freunde.

Welcher Heilungsweg hilft dem iE2-Teil aus diesem Dilemma?
Er muss den Weg nach innen gehen, seine Aufmerksamkeit herzwärts lenken. Dabei muss er tief unter die aufgeregten Emotionen gehen, die aus Begeisterung oder Drama bestehen. Echte Selbstbegegnung ist angesagt, die auch das Erkennen der eigenen Selbstablehnung umfasst.

Hier kann gesunde Selbstfürsorge wachsen, wenn die eigenen körperlichen und psychischen Grenzen anerkannt werden. Auch der Wunsch nach Unabhängigkeit ist heilend, Alleingang kann zu seinem Lebenselixier werden.

Hypothese:
Stell dir vor, die Tugend deines iE2-Teils ist schon da!

Eine weitere Möglichkeit, der Entspannung und Reife deines iE2-Teils nachzuhelfen, bietet folgende Hypothese: Du stellst dir vor, dein iE2-Teil wäre bereits ganz auf die ihm innewohnende Tugend «Demut» fokussiert, von ihr ergriffen und verwandelt.

Was wäre dann mit dir und diesem Teil in dir, wenn er dein Leben bereits mit dieser Qualität bereichern würde? Wie würdest du damit auf Lebensherausforderungen anders als gewohnt reagieren? Wozu würde er dich anspornen und ermutigen? Wie veränderten sich dadurch deine Handlungen?

Nimm an, dein iE2 sei bereits von Demut erfüllt. Er hat einen weiten Weg zurückgelegt, Er ist mit Rückzug und Einsamkeit vertraut. Er hat sich aus den beziehungsmässigen Verflechtungen mit anderen herausgelöst und hat unter Schmerzen gelernt, auf die eigenen Bedürfnisse zu fokussieren. Er vertraut darauf, dass die Quelle der Liebe in ihm selbst liegt. Das schenkt ihm eine ungewohnte, aber attraktive Freiheit. Die Tugend Demut vermittelt ihm das Gefühl für den eigenen Wert:

Mit diesem iE2-Teil überschätzt du dich nicht länger in deinen Fähigkeiten, aber unterschätzt dich auch nicht.

Spirituell bedeutet Demut das Vertrauen, dass deine wirklichen Bedürfnisse von einem «grösseren Willen», vom Universum, von GOTT erfüllt werden.

Das schenkt dir die Freiheit, ohne besonderen Stolz im natürlichen Fluss des Gebens und Empfangens zu sein. Du kannst diesen Fluss auf vielerlei Weisen erfahren, zum Beispiel in der Pflege eines Kindes oder in der Hilfeleistung bei einer Umweltkatastrophe.

Du spürst dann, was angemessen ist im Geben und Nehmen. Du erfährst darin ein gesundes Gleichgewicht. Du fühlst dich frei zu handeln, ohne die Zwangssteuerung von irgendwelchen eigenen Mängeln und Bedürfnissen. Wahre Demut ist einfach dein Sein im natürlichen Fluss des Gebens und Nehmens. Es fühlt sich wie Einssein an mit allem, was um dich herum ist.

Wie sich dein «erlöster» iE2-Teil zeigen und auswirken könnte

Wenn dein iE2-Teil seine Kraft befreit leben darf, ist er für dich in vielerlei Hinsicht eine grosse Hilfe.

Endlich kannst du – mit seiner Unterstützung – die zu enge Beziehung zum (meist) gegengeschlechtlichen Elternteil lösen. Du erkennst, wieviel Wut und Frustration dir dein gefallen Wollen eingebracht hat.

Du hast gelernt, dich selbst ernst zu nehmen und zu schätzen. Du freust dich an deinen Talenten und Fähigkeiten. Du setzt dich für dich selbst ein und wartest nicht mehr darauf, dass andere dir deinen Wert bestätigen.

Vielleicht die schönste Auswirkung durch einen entlasteten iE2-Teil:

Mit ihm findest du den oder die Geliebte nicht länger irgendwo da draussen, sondern in dir drin. Diese Liebe ist Teil deines wahren Wesens. Sie ist immer da und braucht nie mehr verzweifelt gesucht zu werden. Du spürst sie als ruhigen Fluss allgegenwärtiger Liebe.

In der Verbindung deines wahren Selbst mit dem entspannten iE2-Teil beschreibst du dein Lebensgefühl nun so oder ähnlich:

Ich fühle mich zunehmend aufgehoben, mit allem verbunden und sicher. Ich kann mich entspannen und dem natürlichen Lauf der Dinge vertrauen, ohne selbst ständig aktiv sein zu müssen. Ich kann meine emotionale Intelligenz und mein tiefes Verständnis für das menschliche Wesen entwickeln, ohne dass ich dafür etwas zurückbekomme. Ich kann auch einfach nur ruhig bei mir sein.

Meine natürliche Ausstrahlung und Herzlichkeit sorgen dafür, dass andere gern mit mir zusammen sind und mich schätzen. Ich begreife, dass ich zutiefst liebenswert, wertvoll und wichtig bin – nicht weil ich etwas für andere tue, sondern weil ich es von innen heraus bin.

iE3

Allgemeiner Beschrieb deiner iE3

Deine iE3 ist sozusagen deine innere Imageberaterin. Zwar haben alle deine iE-Teilpersönlichkeiten ein Selbst-Ideal und versuchen damit, sich und der Welt etwas Geschöntes vorzumachen. Aber deine iE3 verwechselt ihr Selbstbild mit ihrem eigentlichen Wesen.

Deine iE3 ist also eine wahre Täuschungskünstlerin. Ihre Fähigkeit geht so weit, dass sie sich sogar ins Ideal ihres Gegenübers einschwingen und dieses repräsentieren kann. Dieser Chamäleon-Strategie geht sie gar selbst auf den Leim, täuscht also gleichzeitig sich und damit dich.

Mit einer gut ausgebauten iE3 behauptest du dich perfekt in der postmodernen Welt. Hier dreht sich fast alles ums Scheinen, um Status und Labels, um Verpackung und Aussehen.
Fake News laufen der Wahrheit den Rang ab. Die Social Media Plattformen verkommen zum Präsentierteller für Darstellungswahn. Alle belügen alle. Und was du dir selbst vorlügst, durchschaust du meist noch weniger, als was du anderen vormachst. Die grösste Lüge der aktuellen westlichen Kultur ist wohl die Verleugnung der Endlichkeit und des Sterbens.

Diese Ausrichtung aufs Darstellen erfordert sehr viel Cleverness und Machen. Auch hier ist deine iE3, wenn du ihr den Lead überlässt, voll in ihrem Element mit ihrer Leistungsorientierung und ihrem Erfolgsstreben. In Sachen Effizienz und Tüchtigkeit macht ihr so schnell niemand etwas vor. Dazu ist auch ihr Konkurrenzdenken gut ausgebaut. Sie kann gleichsam vielspurig geistig aktiv sein, wenn sie auf ihr Ziel zustrebt.

Der Schaden solch einer extremen Ausrichtung ist offensichtlich: Die iE3 trimmt dein Leben auf Oberflächlichkeit und Status, so lange, bist du deine Berufsrolle «bist» oder dein optimierter Körper. Ihre Ausrichtung ist eitel und selbstbezogen, was unverbunden und irgendwie mechanisch macht. Eine Kühle ist spürbar, Gefühle haben keinen Raum, sie wären bei all der Arbeit und dem Durchsetzungswillen nur hinderlich.

Du bist in sehr aktiven Zeiten deines Lebens am ehesten in Kontakt mit deiner iE3. Wenn du tüchtig und effizient sein musst, um Beruf und Familie zu vereinbaren, oder wenn du sehr unter Druck stehst, etwa in einer Zusatzausbildung, und innert Kürze viel leisten musst. Immer wenn du die Diskrepanz wahrnimmst zwischen deiner inneren Realität und der Maske, mit der du andere zu täuschen suchst, ist sie im Einsatz.

Deine iE3, wenn du sie gut kennenlernst und befreist aus ihrem anpasserischen Machen, wenn sie beruhigt ganz gegenwärtig sein kann, vermag dir grosse Ehrlichkeit und tiefen Optimismus zu vermitteln. Dazu muss deine iE3 ihr verschüttetes Herz aufspüren. Der Weg in die Unabhängigkeit von Bewunderung und Anerkennung führt über Einsamkeit. Dann aber erkennt deine iE3 immer mehr, dass es nichts Drängendes zu tun gibt, weil sich das Leben stets leicht, frei und stimmig von selbst wandelt und entfaltet.

Der Weg vom Imagebewusstsein in diese tiefe Genügsamkeit, einfach nur zu sein, erscheint deiner iE3 zunächst jedoch nicht attraktiv. Die Abkehr vom schillernden äusserlichen Erfolg zum tiefen, wahren Wertempfinden macht sie zunächst hilflos. Zweifellos handelt es sich dabei um die wohl schmerzhafteste Reise all deiner iE-Teile.

Dialogfragen von dir in Selbst-Führung an deine iE3, um sie näher kennenzulernen

Was ist deine Aufgabe?

Antwort-Beispiele:
Ich bin der Garant für Effizienz und Tüchtigkeit.
Ich bin ein Dynamo.
Ich sorge für den Glanz.

Welche Rolle spielst du in meinem System?

Antwort-Beispiele:
Ich vermittle dir Risikofreude und Zielbewusstheit.
Ich treibe dich an, damit du im Wettbewerb mithalten kannst.
Ich verhelfe dir zum Erfolg unter Einsatz minimierter Mittel.
Ohne mich ist dein Charisma im Eimer.
Ich halte die Abwehrmechanismen gut am Laufen.
Ich sorge dafür, dass du viel in dein Aussehen investierst.

Gebe ich dir ausreichend Daseinsberechtigung oder fühlst du dich verhindert?

Antwort-Beispiele:
Wenn ich mich durchsetzen will bei dir, gelingt mir das eigentlich immer.
Du hast leider immer noch nicht die Arroganz, die ich dir beizubringen versuche.
Wenn du in einer unproduktiven Phase hängen bleibst, treibst du mich fast zum Wahnsinn.
Du vertraust mir zu wenig, deshalb schwächeln deine Führungsqualitäten.
Wie kannst du nur so oft ungeschminkt und schlampig angezogen herumlaufen!

Welchen Namen soll ich dir geben?

Antwort-Beispiele:
Nenn mich die mit dem Charisma
Pragmatiker
Tüchtige
Der Ehrgeizige
Die Status-Verliebte
Der Macher
Die Erfolgreiche

Wie alt schätzt du dich ein?

Antwort-Beispiele:
Ich bin selbstbewusste 15 Jahre alt.
Ich bin eine Dreijährige, die noch an Mutters Rockzipfel hängt.
Ich bin ebenso alt wie du.

Was empfindest du?

Antwort-Beispiele:
Ich bin oft müde, weil es mich viel Energie kostet, dein gutes Image aufrechtzuer-
halten.
Nach aussen orientiert bin ich tatkräftig, aber innerlich ist auch Depressives da.
Ich kenne mich nicht aus mit Gefühlen und möchte sie abstellen. Aber das geht nur
bedingt.
Am besten fühle ich mich als Workaholic.
Manchmal befürchte ich, dass ich bloss eine hohle Fassade bin.

Was bringt dich dazu, so zu empfinden?

Antwort-Beispiele:
Manchmal ertrage ich meine eigene Hektik und Dynamik nicht mehr.
Wahrscheinlich bin ich zu stark mit deiner Berufsrolle identifiziert.
Ich weiss eigentlich nicht, was ich fühle, wenn ich mich nicht an anderen orientieren
kann.
Ich will immer vorwärts, alles andere irritiert mich.

Wie ist dein Verhältnis zu anderen Menschen?

Antwort-Beispiele:
Kann mir jemand von denen das Wasser reichen?
Wenn wir uns strategisch einig sind, ist alles kein Problem.
Sie schätzen meine Kreativität.
Ich mag die Profilierten, die auch zeigen, was sie können.
Die meisten halte ich für unheilbare Materialisten.

Welches Verhältnis hast du zu meinen anderen iE-Teilen?

Antwort-Beispiele:
Ich vermittle Optimismus und dass wir es gemeinsam schaffen.
Warum sind nur die meisten soooo langsam?
Ich kann mich gut anpassen an die Ideen anderer, aber dann muss es konkret
werden und vorwärts gehen damit.
Ich bin kühl, also die Coolste von allen.
Am wenigsten kann ich es mit den Desillusionierten.
Einige hassen mich und meinen, ich übervorteile sie schamlos.

Was fühlst du, wenn deine Position geschmälert wird?

Antwort-Beispiele:
Wenn mein Enthusiasmus gebremst wird, werde ich ungeduldig und klinke mich aus.
Ich bin beleidigt.
Ich kann mich dann schon einmal gänzlich verloren fühlen.
Dann bringe ich eben eine noch bessere Idee auf den Tisch, der sich niemand erwehren kann.
Ich bin unsicher, versuche es aber zu überspielen.
Ich frage mich, ob mir das überhaupt zusteht, was ich mir erworben habe.
Ich kann auch heftig eifersüchtig werden und sehr feindselige Gedanken hegen.

Wann läuten deine Alarmglocken? Wovor hast du Angst?

Antwort-Beispiele:
Mir macht Angst, wenn man mich kontrollieren will.
Wenn Tüchtigkeit keinen Wert mehr darstellt.
Vor überschwänglichen Gefühlen.
Wenn der Erfolg ausbleibt.
Ganz schlimm ist, wenn niemand applaudiert.
Wenn jemand meinen Wert in Frage stellt.
Wenn diese neumodischen Ökotypen meine perfekten Statussymbole zu belächeln wagen.

Was befürchtest du für mich, wenn du deine Rolle nicht ausüben würdest?

Antwort-Beispiele:
Deine Erscheinung wäre dir gleichgültig.
Deine Attraktivität wäre dahin.
Du würdest allzu bedächtig.
Dir kämen die Ideen und erfolgversprechenden Ziele abhanden.
Du erlittest einen Imageschaden.

Welches ist dein grösstes Hindernis, dich der Führung des wahren Selbst anzuvertrauen?

Antwort-Beispiele:
Gibt es so etwas Wahres überhaupt?
Ich mag dieses Inwendige und Tiefe nicht. Wozu würde ich es brauchen?
Ich kann sehr schlecht nichts tun und mich dem Lebensprozess ohne einzugreifen überlassen.
Ich weiss ja nicht, ob ich dann noch meinen tollen Platz im System behaupten könnte.

Hast du besondere Kindheitserinnerungen, die dich gestärkt oder geschwächt haben?

Antwort-Beispiele:
Der Lieblingsspruch meines Vaters lautete: Man kann alles, wenn man nur will.
Einmal nahm ich in der Mittelstufe an einem Geschichte-Schreibwettbewerb teil. Meine Grossmutter coachte mich die ganzen Herbstferien durch. Es wäre eine Tragödie gewesen für mich, wenn ich nicht den ersten Preis geholt hätte. Natürlich war ich siegreich.
Wenn ich Gefühlsausbrüche hatte, wurde ich in mein Zimmer gesperrt. Schon als Kindergarten-Kind hatte ich mich dann emotional meist unter Kontrolle.
Mein Bruder war ziemlich tollpatschig und faul, was mich zunehmend zum Vorzeigekind meiner Eltern beförderte.
Meine Mutter litt häufig an Migräne, ich strengte mich extrem an und wusste früh, dass ich für mich selbst sorgen muss.

Wie findest du deine Rolle? Hättest du lieber eine andere und wenn ja, welche?

Antwort-Beispiele:
Ich bin doch echt begehrenswert. Never change a winning horse!
Ich bin wohl eine echte Narzisstin. Etwas weniger selbstbezogen wäre sicher nicht schlecht.
Wenn sich das umkehren liesse, dieses aussen fix und innen nix ...
Ich wäre gern entspannt und nicht so verbissen dauernd am Machen.
Ich wüsste selbst gern, wer da eigentlich in mir drin steckt, also wer ich wirklich bin.

Was wünschst du dir für dich an Veränderung oder gar Befreiung?

Antwort-Beispiele:
Ich würde mich gern getrauen, mich anderen zu erkennen zu geben und zuzumuten.
Irgendwie finde ich mich schon sehr gut, aber was ist echte Selbstliebe?
Ich bin gut im Alleingang, wünschte mir aber auch echte Verbindungen, nicht nur digitale.
Immer, wenn es mir gelingt, den Wünschen meines Herzens zu folgen, fühle ich mich frei.
Ich möchte wertvoll sein, einfach weil es mich gibt.
Und dann wäre die Jagd zu Ende, ich hätte Zeit und Musse für das, was mich tief erfüllt.

Erkundung deiner iE3 als Wahrnehmung im Körper

Wenn du dir deine iE3-Persönlichkeit vor Augen führst, wo «sitzt» sie in deinem Körper? Wie manifestiert sich ihre Energie?

Erfährst du sie als Spannung eher in der Herz- oder in der Bauchgegend?

Ist oft emotionaler Druck spürbar, dem du aber nicht nachgehst, sondern den du in Produktivität und Ergebnisse umlenkst?

Wie äussert sie sich in ihrer grossen Lebensdynamik? Kannst du darauf zurückgreifen ohne konkrete Aktion?

Wie gelingt es deiner iE3, die natürlichen Rhythmen des Körpers wahrzunehmen?

Wieviel Aufwand betreibst du in Sachen Stil, Mode, Make-up, Frisur, Bodyforming aller Art? Wozu genau?

Wo und wie nimmst du die iE3 als Antreiberin wahr, wenn du verlangsamen willst?

Essenz oder Sein deines iE3-Teils

Diese Essenz wird von Almaas Perlenessenz genannt. Es ist innerhalb der vielen essenziellen Eigenschaften die persönlichste. Sie kann daher auch als Seelenessenz bezeichnet werden. Sie macht einen zu einem ganzen, wahrhaftigen und authentischen Menschen.

In der Bibel, aber auch in anderen Traditionen wird mit der «unschätzbaren Perle», die es zu gewinnen, respektive wiederzufinden gilt, das Kostbarste bezeichnet: Heimfinden in das wahrhaftige spirituelle Zuhause.

Wenn deine iE3 diese Perlenessenz verkörpert, fühlt sie ihr grundlegendes «Ich bin». Nämlich eine echte, unverwechselbare Person zu sein. Mit dieser Essenz ausgestattet, gelingt dir wahre Selbstverwirklichung und die Erfüllung deiner Seelenaufgabe. Mit ihr kannst du dich ganz einlassen auf die Realität, bist präsent und mit allem verbunden.

Perlenessenz ist auch die Verbindung zwischen dem Absoluten und dem irdisch Konkreten: Durch sie bist du gleichzeitig in Kontakt mit dem reinen Sein und mit deinem Körper, respektive der materiellen Welt. Du bist dann wahrhaft menschlich und repräsentierst gleichzeitig das GÖTTLICHE.

In Kontakt mit der Perlenessenz spürst du einen selbstverständlichen Realitätsbezug und grosse Einfachheit.

Du fühlst dich autonom, individuell und unabhängig, aber in totaler Verbundenheit mit anderen. Du verzichtest auf alle falschen Spiele, Dramen oder Firlefanz. Du bist Individuum und gleichzeitig selbstverständlicher Teil der Welt.

Die Kräfte deiner Persönlichkeit spielen harmonisch zusammen. Du bist dir ihrer bewusst und sie stehen dir uneingeschränkt zur Verfügung. Du kannst damit in jeder Situation das tun, was erforderlich und allen dienlich ist.

Dein Handeln ist voll gegenwärtig und durchdrungen vom Sein.

Verlust von Essenz, Entstehung des «Lochs» und das Ich-Ideal, mit welchem es gefüllt wird

Wahrscheinlich verkörpert deine iE3 in dir nicht dieses wahre Menschsein. Sie ist weniger mit ihrer Perlenessenz in Kontakt als mit ihrem Image-Ego identifiziert.

Wahrscheinlich wurde ihr in frühen Jahren nicht gespiegelt, wie schön und strahlend und wertvoll sie ist. Sie erhielt vielmehr Anerkennung für Leistungen und Oberflächliches. Und da die kleine iE3 sehr bedürftig war nach Zustimmung und Beachtung, tat sie alles, was ihr solche einbrachte. Die mangelnde Spiegelung ihrer essenziellen Eigenschaft führte zum Gefühl, dieses sei falsch oder wertlos. Und langsam verfestigte sich der Glaube, dass andere sie verlassen oder ablehnen würden, wenn sie wüssten, wer sie wirklich war.

Immer mehr versuchte die iE3 daher, gut auszusehen, zu strahlen, Preise und Erfolge zu erringen und andere vom wahren Selbst im Inneren abzulenken. Dieser Verlust führte zum «Loch»: Nur wenn ich Erfolg habe, meine Ziele erreiche und gewinne, dann bin ich wertvoll. Ich muss meine Unsicherheiten und Mängel verstecken hinter Leistungen, damit ich richtig bin und wertgeschätzt werde. So beginnt die Leidensgeschichte der iE3 mit Selbst-Ablehnung und der Kompensation durch ein überhöhtes Erfolgs-Selbstbild.

Aus dem Mangel an Unterstützung für ihr Eigenes schliesst die iE3 überdies: Mir hilft keiner. Ich bin total abgeschnitten. Ich muss alles allein schaffen. Aber wenn schon, dann schon – dann sollen alle sie kennenlernen als die Beste, Charismatischste und Produktivste.
Die innere Leere wird verdrängt, die Isolation und Erschöpfung geleugnet, die Herz-Blockierung ausgeblendet.

So verlegt sie sich zunehmend auf ihr Ideal-Image und fördert alle Fähigkeiten, mit denen sie andere überflügeln und sich deren Bewunderung sichern kann:
Sie ist schnell, effizient und handelt zielgerichtet für den Erfolg. Sie liebt das Leben auf der Überholspur. Sie vergleicht sich mit anderen und will

in allem, was sie tut, die Beste sein. Die Leistung steht im Vordergrund. Bei all ihren Aktivitäten bleibt keine Zeit, die eigenen Gefühle wahrzunehmen und zu entspannen.

Wo es um ihre Produkte oder Ideen geht, strahlt sie die Haltung «alles ist möglich» aus. Sie zeigt Enthusiasmus und Kreativität und steckt mit ihrer Begeisterung an. Sie ist sehr dynamisch und schiebt Dinge nicht auf die lange Bank. Denn sie will stets schnelle Resultate sehen. Oft verpasst sie die Emotionen ihrer Mitmenschen vor lauter eigener Produktivität und eigenem Tempo.

Sie tritt gern als gesprächiger, optimistischer und gewinnender Teil auf. Sie kann gar Wärme und Vernunft ausstrahlen, um andere zu überzeugen oder um ihnen ihr «Produkt» zu verkaufen. Ihre Erscheinung ist am liebsten nonkonformistisch bis stylisch.

Manchmal verfällt die iE3 sogar der eigenen Illusion, hält sich für total erfolgreich und fähig, auch wenn die Wirklichkeit dem nicht entspricht. Andere Menschen um sie herum nehmen ihr Getue oft weniger ernst. Sie durchschauen, wie ausbeuterisch und opportunistisch, wie selbstbesessen und betrügerisch sie auftritt. Auch dass sie oft unaufrichtig oder gar verschlagen handelt, bleibt nicht verborgen. Mit ihren rücksichtslosen, karrieresüchtigen Tendenzen macht sie sich auch nicht wirklich beliebt.

Spätestens hier wird deutlich, wie sehr die iE3 bei solchem Vortäuschen Perlenessenz zu imitieren versucht. Sie möchte der «wahre Mensch» sein, ein perfekter Prototyp gleichsam.
Sie versucht krampfhaft, wie ein reifer Mensch zu wirken, lässt dabei aber oft viel Unreife durchschimmern. Sie wirkt also eher wie ein unreifer Teenager, der besessen ist von Selbstdarstellung und Konkurrenz. Ihr Charme ist auch kein Indiz für ihr Interesse an anderen, er dient vielmehr der Selbstvergewisserung.

Der Druck, Leistung für Anerkennung zu erbringen, macht sie extrem abhängig. Ihr Alphatier- und Workaholic-Gebaren ist für alle ermüdend.

Der Heilungsweg der iE3 führt zunächst über den Ausstieg aus diesem Hamsterrad. Hinter oder unter diese Hyper-Ego-Aktivität zu gelangen, ist aber steinig und beschwerlich. Ein Lichtblick allerdings besteht darin, dass ein stark ausgeprägtes Ego die Integration der Perlenessenz erleichtert. Diese entfaltet sich in einer gesunden Ich-Struktur leichter.

Aber erst mit dieser und den übrigen Essenz-Qualitäten kannst du deine Kräfte und Fähigkeiten reif, differenziert und autonom ausleben.

Hypothese: Stell dir vor, die Tugend deiner iE3 ist schon da!

Eine weitere Möglichkeit, der Entspannung und Reife deiner iE3 nachzuhelfen, bietet folgende Hypothese: Du stellst dir vor, deine iE3 wäre bereits ganz auf die ihr innewohnende Tugend «Wahrhaftigkeit» fokussiert, von ihr ergriffen und verwandelt.

Was wäre dann mit dir und dieser Teilpersönlichkeit in dir, wenn sie dein Leben bereits mit dieser Qualität bereichern würde?
Wie würdest du damit auf Lebensherausforderungen anders als gewohnt reagieren? Wozu würde sie dich anspornen und ermutigen?

Täuschung und Lüge sind mächtige emotionale Leidenschaften. Wahrscheinlich findet deine iE3 nicht selbst hinaus, sondern wird durch eine bittere Erfahrung des Scheiterns gezwungen, ihrer Angst zu begegnen. Aber die Umkehr von der Aussen- zur Innenorientierung ermöglicht Befreiung.

Um der Wahrhaftigkeit zu begegnen, muss die iE3 ihr eigenes Herz aufspüren, es annehmen und integrieren. All ihre hoch entwickelte Intuition darf sie nicht länger nur auf andere «anwenden», sondern muss sie endlich auch auf sich selbst beziehen.

Sie braucht Einsamkeit, um sich selbst zu finden, dann kommt sie weg von der hohlen Aussenbestätigung zu einer inneren Verwurzelung in der Liebe, die als Geschenk (sola gratia) da ist und kein «Machen» mehr verlangt.

Was die wahre, einfache und natürliche iE3 nun «umarmt», ist ihr Herz, von dem sie im unbewussten Zustand völlig getrennt war und vor dem sie floh. Das gelingt jetzt, weil sie ihren Alleingang voll akzeptiert.

Sie freut sich über die Entdeckungsreise zu ihren inneren Werten und Tugenden: Wahrhaftigkeit, Aufrichtigkeit und Echtheit sind schon immer da gewesen im freien Fluss der Seele, bloss verschüttet.

Nun braucht sie keine Masken und Inszenierungen mehr, sondern erfährt tief in ihrem Herzraum, dass sie schon immer geliebt wird als die, die sie ist. Sie lernt immer mehr, Mitgefühl für sich selbst zu empfinden.

Wenn dir deine iE3 solchermassen Wahrhaftigkeit vermittelt, kannst du das Leben in seiner natürlichen Entfaltung wahrnehmen und dadurch deine eigene Anstrengung entspannen. Auch die Natur hilft dir dabei und leitet dich an, Zeuge dieser natürlichen Entfaltung zu sein.

Lebt die iE3 gemäss ihrer Tugend, geht es ihr um wahre Gefühle und nicht länger um effiziente Ergebnisse. Sie geht dann nicht länger von ihren Gefühlen weg, drängt auch nicht ständig vorwärts. Ihre Selbsttäuschung stoppt. Sie vermittelt dir die Erfahrung einer harmonischen Mischung aus Tun und Sein. Sie lässt dich echt präsent sein.

Wie sich deine «erlöste» iE3 zeigen und auswirken könnte

Wenn deine iE3 ihre Kraft befreit leben darf, ist sie für dich eine wertvolle Hilfe, echt erwachsen zu werden. Sie verweist dich auf die Ablösung von deiner Mutter, die noch ganz zu vollziehen ist.

Sie macht dir alle versteckten Befürchtungen und Trennungsängste bewusst, die dich bisher daran hinderten. Das erweitert deine Fähigkeit, sowohl Nähe wie auch distanzierte Eigenständigkeit auszuleben.

Sie vermittelt dir echtes Ich-Bewusstsein. Du fühlst dich authentisch. Du realisierst den Unterschied zu früher, als sie dich zur Selbstdarstellung drängte. Nun lehrt sie dich das reale Erleben, einfach dich selbst zu sein.

Und dieses autonome Gefühl führt endlich auch zu echtem, direktem Kontakt mit anderen. Sie sind nicht länger nur Image-Spiegel, sondern du nimmst sie absichtslos wahr als Individuen, wie du selbst eines bist.

Deine entlastete iE3 gibt dir die Erlaubnis und Sicherheit:
Du darfst anhalten, zur Ruhe kommen und Gefühle haben. Du wirst deinetwegen geliebt, unabhängig von deinem Erfolg.
Vieles geht gut, auch wenn du dich nicht aktiv dafür einsetzt. Es wird für dich getan.

In der Verbindung deines wahren Selbst mit dem entspannten iE3-Teil erlebst du vielleicht folgendes befreites Dasein:

Ich fühle mich aufgehoben und mit allem verbunden. Ich stehe sicher verankert im Leben. Ich entfalte meine Fähigkeiten auf eine Art und Weise, die sich entspannt, richtig und substanziell anfühlt. Meine Liebe und meine Sehnsucht nach Echtheit und Wahrhaftigkeit verbinden sich immer mehr.

Mein Einfühlungsvermögen wächst und lässt tiefes Mitgefühl in mir entstehen. Mir begegnet Liebe als natürliche Seinsqualität in mir und anderen. Das macht es mir möglich, echte Gefühle zu erleben und auszudrücken. Meine freie, kreative Art und mein klares Denken werden zu einer neuen Art Erfolg, der allen und allem zugutekommt.

iE4

Allgemeiner Beschrieb deiner iE4

Deine iE4 ist deine Teilpersönlichkeit, die gern vergleicht und unzufrieden ist mit dem Eigenen. Sie beneidet andere und begehrt gerade das, was diese haben. Wenn du Missgunst spürst, ist sie aktiv. Ebenso, wenn du Mangel verspürst und das Gefühl hast, in deinem Leben fehle etwas, das alle anderen jedoch besitzen und deswegen glücklicher sind als du.

Die iE4 ist meist auch involviert, wenn du in Beziehungskrisen steckst oder dramatische Trennungen durchleidest. Sie idealisiert dann die Vergangenheit und wertet die Gegenwart nur noch als unzumutbar ab.

Wenn deine iE4 sich mit ihrer besonderen Aufmerksamkeit und ihren Qualitäten in dir bemerkbar macht, bist du kreativ und inspiriert.
Vielleicht regt sie dich zu künstlerischem Schaffen an etwa in Dichtung, Malerei oder auf der Bühne. Dabei ist sie schöpferisch und schafft oft verblüffend Neuartiges.

Sie macht dich empathisch und versetzt dich leicht in die emotionale Lage anderer. Sie hilft dir, dich mit anderen, am liebsten tiefsinnigen Menschen, zu verbinden und Gemeinsamkeiten aufzuspüren. Neben Gefühlsstärke hat sie einen ausgesprochenen Sinn für Ausserordentliches und schreckt auch vor menschlichen Widersprüchen nicht zurück. Das macht deine iE4 zur unverzichtbaren Menschenkennerin.

Deine iE4 geht mit ihren Begabungen nicht gleich souverän um wie die iE3. Sie hat zwar ein ebenso hohes Selbst-Ideal, aber der Neid sabotiert dieses, so dass es ihr immer wieder unerreichbar vorkommt. So hält sie sich zwar für sensibel, aufrichtig, originell, strukturiert und zuverlässig, kann dieses Selbstbild aber je nach Stimmungsschwankung nicht aufrechterhalten.

Ihre Schattenseiten können dich in Mitleidenschaft ziehen. Ist sie hinderlich in dir am Wirken, fühlst du dich dir selbst und anderen entfremdet. Du reagierst wehleidig oder gleich verzweifelt. Du verhöhnst das

Glück und Gelingen anderer. Selbstvorwürfe bis zu selbstzerstörerischen Neigungen nehmen zu. Du hältst dich für ausgestossen und kannst nur noch als Märtyrer überleben.

Wenn du jedoch deine iE4 wertschätzt und ihr zu emotionalem Gleichgewicht verhilfst, entfaltet sie ihre Tugend in dir: Gleichmut. Das schenkt dir emotional ausgewogene Reaktionen.

Du kannst dann bei dir bleiben und gleichzeitig die anderen in ihrer Gesamtheit annehmen. Dein Ernst und deine Heiterkeit sind je zu ihrer Zeit stimmig. Du fühlst dich glücksfähig und hast alle Affektiertheit abgelegt. Du stehst dann praktisch orientiert, stark und entschlossen im Leben.

Dialogfragen von dir in Selbst-Führung an deine iE4, um sie näher kennenzulernen

Was ist deine Aufgabe?

Antwort-Beispiele:
Ich kümmere mich um Originalität und Authentizität.
Ich sorge für Schönheit und guten Geschmack.
Ich bin für die emotionale Intensität zuständig.
Ich vergleiche.

Welche Rolle spielst du in meinem System?

Antwort-Beispiele:
Ich fördere deine Besonderheit. Du bist unvergleichlich!
Ich sorge dafür, dass alles tiefgründig ausgelotet wird.
Ich bin die Würze mit meiner Melancholie und Traurigkeit.
Ich sensibilisiere das Ganze.
Ich behalte das Schöne im Auge.

Gebe ich dir ausreichend Daseinsberechtigung oder fühlst du dich verhindert?

Antwort-Beispiele:
Du hast Angst vor meinem Dramatisieren und würgst mich oft ab.
Danke, dass du meine hohe Einfühlungsgabe anerkennst.
Du schämst dich für meinen Neid auf andere, das wertet mich ab.
Ich grüble gern und lang, das versuchst du mit Oberflächlichkeiten zu übergehen.

Welchen Namen soll ich dir geben?

Antwort-Beispiele:
Romantikerin
Nenn mich Idealist
Kreative
Individualist
Temperamentvolle
Der ewig Unverstandene
Mimosa

Wie alt schätzt du dich ein?

Antwort-Beispiele:
Ich bin zweijährig und erkunde strahlend die Welt.
Ich pubertiere und meine Selbstfindung absorbiert mich völlig.
Ich bin dreissig – und habe noch grosse Träume für mein kreatives Schaffen.
Ich bin in der Midlifecrisis und merke, wie viel mir für ein erfülltes Leben fehlt.
Ich bin alt und eine unschätzbare Seelen-Tiefseetaucherin.

Was empfindest du?

Antwort-Beispiele:
Meine Hellhörigkeit ist anstrengend und ermüdend.
Ich bin oft irritiert und habe das Gefühl, mit mir stimme etwas nicht.
Wenn die hohen Wellen meiner Gefühle abflauen, befürchte ich den Verlust meiner Kreativität.
In Gedanken, Fantasien und Tagträumen ist das Leben viel schöner als in echt.

Was bringt dich dazu, so zu empfinden?

Antwort-Beispiele:
Ich bin einfach aussergewöhnlich und unvergleichlich.
Es ist wie ein Sog, ich muss süsse oder traurige Stimmungen exzessiv verstärken.
Ich habe ein starkes Fantasie-Ich. Oft vergesse ich selbst, dass es nur eingebildet ist.
Mir fehlt ein stabiler Fixpunkt, Stimmungen überfallen mich von innen und aussen.

Wie ist dein Verhältnis zu anderen Menschen?

Antwort-Beispiele:
Ich frage mich, weshalb die alle so selbstsicher unterwegs sind.
Ich vergleiche. Manchmal komme ich mir besser vor, mehrheitlich aber mangelhafter.
Viele machen Dramen, das kann ich nicht ausstehen.
Ich komme nicht an sie heran. Oft bleibe ich Aussenseiterin.
Sie geben mir zu verstehen, dass ich schwierig bin. Das verletzt mich.

Welches Verhältnis hast du zu meinen anderen iE-Teilen?

Antwort-Beispiele:
Ich bin wohl die Interessanteste von allen.
Sie werfen mir oft Launenhaftigkeit vor und dass ich dramatisiere.
Ich unterstütze andere gern und erwarte das selbst auch. Oft warte ich vergeblich darauf.
Ich versuche ihnen zu mehr Empfindsamkeit zu verhelfen.
Manchmal mute ich ihnen zornige Gefühlsausbrüche zu, wenn sie mir zu banal vorkommen.
Also, wenn es sein muss, kann ich schon Öl ins Feuer giessen.

Was fühlst du, wenn deine Position geschmälert wird?

Antwort-Beispiele:
Ganz schlimm ist es, wenn sie mir Überempfindlichkeit vorwerfen.
Da gehe ich manchmal richtig unter in Selbstzerfleischung.
Ich bin dann wie gelähmt und verdrücke mich in mein Schneckenhaus.
Ich kann dann auch sehr überheblich reagieren und arrogant werden.
Ich fühle mich dann hilflos und verlassen.

Wann läuten deine Alarmglocken? Wovor hast du Angst?

Antwort-Beispiele:
Wenn ich mich völlig anders und fremd fühle.
Dass ich von meinen Gefühlen überschwemmt werde, aber dabei nichts richtig spüre.
Wenn ich mich selbst angreife und zu hassen beginne.
Vor Verzweiflung und diesem bodenlosen Verlorenheitsgefühl.

Was befürchtest du für mich, wenn du deine Rolle nicht ausüben würdest?

Antwort-Beispiele:
Wo bliebe dann deine Ästhetik?
Dann wärst du nie mehr der besondere bunte Vogel!
Du würdest den wirklich grossen Dingen des Lebens ausweichen: Geburt, Sex, Leidenschaft, Schmerz, Tod.

Welches ist dein grösstes Hindernis, dich der Führung des wahren Selbst anzuvertrauen?

Antwort-Beispiele:
Ich muss die absolute Sicherheit haben, dass ich gehört und gesehen und verstanden werde. Darf ich diesen Anspruch überhaupt stellen?
Ich müsste spüren, dass dieses Selbst mich voll und ganz akzeptiert.
Ich möchte selbst die Kontrolle behalten und würde mich ungern fremdgesteuert fühlen.

Hast du besondere Kindheitserinnerungen, die dich gestärkt oder geschwächt haben?

Antwort-Beispiele:
Als ich in der Grundschule die Geschichte einer Baby-Verwechslung im Spital hörte, dachte ich sofort, das sei auch mein Schicksal gewesen.
Meine Mutter war unzuverlässig, so habe ich mich eben mit mir selbst beschäftigt und eigene Lösungen gesucht.
Ich bin in meinen ersten zehn Lebensjahren achtmal umgezogen. Das war dramatisch.
Ich war das schwarze Schaf unserer grossen Familie, einfach sperriger und impulsiver als alle anderen.

Wie findest du deine Rolle? Hättest du lieber eine andere und wenn ja, welche?

Antwort-Beispiele:
Ich bin halt stark fürs Drama zuständig. Wer sonst?
Zwischendurch bin ich die personifizierte Sehnsucht, dabei würde ich auch gern einmal im Hier-und-Jetzt zufrieden sein und Genüge finden.
Neid ist so zerfressend. Ich möchte schlicht, ruhig und dankbar sein können.
Ich möchte eine Besondere bleiben, aber auch die Besonderheit aller anderen anerkennen.

Was wünschst du dir für dich an Veränderung oder gar Befreiung?

Antwort-Beispiele:
Ich möchte nicht länger alles so ernst nehmen und viel mehr lachen.
Ich möchte am echten Leben echter Menschen beteiligt sein und mich einlassen können.
Ich möchte akzeptieren, wie mein bisheriges Leben gelaufen ist und mich von all meinen dunklen, früheren Geschichten lösen.

Erkundung deiner iE4 als Wahrnehmung im Körper

Wenn du dir deine iE4-Persönlichkeit vor Augen führst, wo verspürst du ihre Energie in deinem Körper?

Nimmst du sie als Wärme wahr, die sich einmal im ganzen Körper und darüber hinaus ausbreitet, um sich bei wechselnder Gefühlslage wieder völlig in deiner Leibmitte zusammenzuziehen?

Ist sie als starker Impuls wahrnehmbar zu tanzen, zu singen oder dich (schau)spielerisch auszudrücken?

Verspürst du einen Hang zum Dramatisieren, im Schönen wie auch im Schmerzlichen?

Fühlst du eine überhohe Wachsamkeit in dir, die dich jederzeit sprunghaft in den sozialen Rückzug drängt?

Ist dein Körper meist sensibel und rasch alarmiert bei kleinsten Ent-
täuschungen?
Lassen diese dich häufig ermüden und in Melancholie versinken?

Essenz oder Sein deines iE4-Teils

Die Essenz der iE4 wird Regenbogenessenz genannt. Sie leuchtet aus
dir heraus in deiner eigenwilligen Färbung aus dem Farbenspektrum.
Sie kann als Lichtpunkt erfahren werden. Sie drückt sich dann als dein
persönliches Licht aus, durch das du dem Absoluten, GOTT, in dir indi-
viduelle Gestalt gibst. Sie ist dein «wahres Selbst» in seiner essenziellen
Präsenz.
Sie schenkt dir ein waches Ich-Empfinden, ein eindeutiges Gefühl von
Identität. Das ist weder erlernt noch geliehen, sondern ein unmittelbares,
tiefes Wissen.

Wir kennen dieses Leuchten aus den strahlenden Augen von Kindern
oder Verliebten. Sie sind in Kontakt mit dieser Regenbogenessenz, die
ihr Herz leicht macht und ihre Seele als leuchtenden Stern strahlen lässt.
Aber wie «verdunkelt» ein Mensch auch ist, letztlich sind alle Menschen
Lichtwesen. Nicht umsonst heisst es etwa in der Bergpredigt: Ihr seid
das Licht der Welt.

Die Präsenz dieser Essenz verleiht dir das Gefühl, authentisch du selbst
zu sein. Du bist ein beseeltes Wesen. Wer du bist und was du bist,
stimmen überein. Du erfährst diese Essenz als Freiheit, Leichtigkeit,
Weite, Verspieltheit und Einzigartigkeit. Du fühlst dich zentriert und
stabilisiert. Du sehnst dich nicht länger nach authentischem Sein. Du
bist das Original. Du bist ursprünglich und einzigartig – wie alle anderen
Menschen mit befreitem iE4-Kontakt auch.

Verlust von Essenz, Entstehung des «Lochs» und das Ich-Ideal, mit welchem es gefüllt wird

Wahrscheinlich ist deine iE4 aber nicht in solcher Qualität und Kraft in dir präsent. Die meisten Menschen erfahren früh eine Zurückweisung ihrer Identität. Die Eltern sehen sie nicht so, wie sie sind. Sie haben keine Freude an der Originalität des Kindes. Ihr Rat oder ihre Unterstützung schlagen daher fehl. Das Kind fühlt sich nicht erfasst und denkt, das alles gelte einem anderen, andersgearteten Kind.

Deine iE4 hat sich also leise oder heftiger fehl am Platz gefühlt. Dieses Missverstandensein führte zu einer Identitätsverwirrung. Ihre auch bereits vorbewusste Wahrnehmung lautete: Niemand in meiner Familie ist wie ich.

Der tiefe Schmerz und die grundlegende Angst, das «Loch» also, das sich auch bei deiner iE4 durch den Verlust ihrer grundlegenden Licht-Essenz einstellte, lautete: Ich darf nicht echt und Ich selbst sein. Man hat mich verlassen. Ich bin abgetrennt von allem.

Deine iE4 fühlte sich von diesem Verlust gezeichnet und auch darin einzigartig und von allen verschieden. Um das zu bewältigen, sagte sie sich: Ich muss mein Leben darauf fokussieren, herauszufinden, wer ich bin. Tapfer nahm sie sich vor: Ich werde auch meiner Scham und meiner dunklen Seite nicht ausweichen, um mein wahres Ich zu finden. Diese Strategie half ihr, mit Ablehnung oder Isolation umzugehen. Sie gab sich damit die Erlaubnis, sich ungewöhnlich, anders und ohne Kontakt zu «gewöhnlichen Menschen» zu fühlen.

Vielleicht träumte deine iE4 schon früh von der Möglichkeit, jemanden zu treffen, der sie endlich so sieht, wie sie wirklich ist. Weil sie sich von ihren Familien so getrennt fühlte, hoffte sie, diese Verbindung bei einem Freund oder romantischen Partner zu finden. Sie erwartete dadurch, endlich die Gefühle von Melancholie und Einsamkeit überwinden zu können.

Weil eine iE4 aber eher in ihre Sehnsucht verliebt ist, als ins Gelingen ihrer Liebesbeziehung, hat ihr Wunsch dir hier nicht Erfüllung gebracht.

Andere Aspekte der Ich-Idealisierung deiner iE4 sind möglicherweise, dass sie sich für ungemein inspiriert und intuitiv wahrnehmend hält. Sie sieht sich als dein sensibler, tief mitfühlender und verständnisvoller Teil. Sie hat hohe Ansprüche und kann sehr verurteilend sein für alles, was ihr trivial oder profan erscheint.

Manchmal setzt sie das Schöne absolut und es ersetzt ihr dann das wahre Sein. Spätestens hier wir deutlich, wie sehr die iE4 durch intensive Gefühle die Regenbogenessenz zu imitieren versucht.

Was sie mit dieser Ich-Idealisierung überdies zu vermeiden versucht, ist der Schmerz ihres Verlorenheitsgefühls. Aber ihr Schatten begleitet sie dennoch und ist für andere deutlicher wahrnehmbar als für sie selbst.

Da sind Verzweiflung, Selbstabwertung und Fremdhass spürbar. Auch Selbstzerstörerisches macht ihr das Leben schwer. Und weil sie sich eigentlich für eine Zumutung für andere hält, stellt sich öfters, quasi als selbsterfüllende Prophezeiung, Ablehnung ein.

Ein weiterer Stolperstein für die iE4: Sie versucht ihr Minderwertigkeitsgefühl mit einem hohen Verlangen nach Aufmerksamkeit und Anerkennung zu kompensieren. Sie kann dabei einen fast zwanghaften Drang an den Tag legen, von anderen verstanden zu werden.

Ihr existenzielles Fragen nach ihrem ursprünglichen Sein hat stark selbstbezogene Züge. Die iE4 hat jedoch Angst, sich selbst doch nie ganz zu finden. Dann weicht sie aus in die Unerfüllbarkeit, sie ist eben ganz anders als alle anderen! Sie kann sich dann als uneindeutig inszenieren, als ganz interpretationsbedürftig. Wie ein Kunstwerk eben!

Die iE4 gehört zur Beziehungs-Triade. Ihre Bezogenheit auf andere drückt sich allerdings darin so aus, dass sie ihre Identität ständig im Abgrenzen findet. Sie ist nonkonformistisch und bildet sich etwas darauf ein. Gleichzeitig ist da im Vergleichen ein Manko, das sie oft auch wieder als grosses Minderwertigkeitsgefühl inszeniert – volle Ambivalenz. Sie ist dann der verkannte Aussenseiter, unverstanden, abgesondert, weggeschoben.

Die Tragik deiner iE4, wenn sie sich in ihrer Verletztheit viel Raum nimmt in deinem inneren System: Sie stimuliert viele unerfüllte Wünsche und erfüllt dich mit Melancholie, Herzschmerz und Traurigkeit.

Der anspruchsvolle Heilungsweg besteht für die iE4 darin, dass sie das verlorene innere Licht, ihre essenzielle Identität, wiederfindet.

Dazu muss sie die Verzerrungen ihres Narzissmus durchschauen. Sie darf sich nicht in den Wunden ihres inneren Kindes verlieren, sondern darf das Staunen und den Zauber ihres «magischen Kindes» aufspüren und integrieren.

Die iE4 muss sich auch damit konfrontieren, wieviel Tragik, unnötigen Schmerz und Frustration sie durch ihre Dramen und ihre Verdunkelung in die Welt setzt.

Hypothese: Stell dir vor, die Tugend deiner iE4 ist schon da!

Eine weitere Möglichkeit, der Entspannung und Reife deiner iE4 nachzuhelfen, bietet folgende Hypothese: Du stellst dir vor, deine iE4 wäre bereits ganz auf die ihr innewohnende Tugend «Gleichmut» fokussiert, von ihr ergriffen und verwandelt.

Was wäre dann mit dir und dieser Teilpersönlichkeit in dir, wenn sie dein Leben bereits mit dieser Qualität bereichern würde? Wie würdest du damit auf Lebensherausforderungen anders als gewohnt reagieren? Wozu würde sie dich anspornen und ermutigen?

Stell dir vor, deine sensible iE4 besitzt bereits einen gesunden Realismus. Dieses Einmitten im Gewöhnlichen, im «Banalen» und Unscheinbaren hat sie sehr viel Überwindung gekostet. Der Abschied von ihren intensiven Hochs und Tiefs fühlte sich zunächst wie Sterben an.

Sie hat die Resonanz erkannt, die ihrem Neiden oder Vergleichen zugrunde liegt, nämlich dass sie ihr eigenes inneres Licht auf andere projiziert. Seither sucht sie nicht mehr im Aussen. Sie geht den Weg des Alleinseins. Sie lernt immer besser, wie sie zu sich selbst finden und sich Zuwendung schenken kann. Sie geht ohne Vergleich und ohne Spiegelung von aussen nicht mehr unter, sondern landet in erstaunlicher Freiheit. Die Sucht nach Gefühlsintensität lässt immer mehr nach. Es ist zunehmend Ruhe da, Weite, eine angenehme Leere. Der Mangel ist weg. Es fehlt nichts mehr. Die Jagd hat aufgehört.

Wenn deine befreite iE4 mit solchem Gleichmut in dir präsent ist, kannst du dich in die vollständige Verbindung zum Sein hinein entspannen. Dort ist alles Nötige schon immer da. Du fühlst dich dabei vielleicht wie ein Säugling im Uterus, der diese ganze und vollständige Verbindung ozeanisch erlebt.

Wie sich deine «erlöste» iE4 zeigen und auswirken könnte

Die erlöste iE4 vermittelt dir die Sicherheit:
Du wirst seit deinem Ursprung geliebt und gehörst dazu, auch wenn du nicht auffällig originell bist. Es ist nichts falsch an dir. Du bist nicht verschieden von den anderen. Du bist schon etwas Besonderes, aber nur so, wie jeder Mensch letztlich einzigartig und besonders ist.

Der Hunger nach Anerkennung hat aufgehört. Die kindliche Vertreibung aus dem Paradies ist keine schmerzliche Wunde mehr. Und damit hat auch die drängende Mission aufgehört, die Ursprungsfamilie zu retten und deren Mängel beheben zu wollen. Deine geheilte iE4 samt ihrer Essenz hat dir geholfen, dein familiäres Chaos zu klären. Sie vermittelt dir nun, was deine konkrete Seelenaufgabe ist und welche besondere Aufgabe gerade du im Leben erfüllen kannst. Sie hilft dir heute, das Deine ans Licht zu bringen.

Du verspürst Einssein mit allem. Das verschafft dir Zeiten innerer Ruhe. Du bist dann schlicht gegenwärtig und in vollständiger Harmonie mit dem, was vorhanden ist. Du drückst Dankbarkeit und Wertschätzung aus für die positiven Dinge des Lebens. In diesem ausgeglichenen Zustand dominieren keine besonderen Emotionen. Du begibst dich in angemessener Weise in die Lebensumstände hinein, die sich gerade öffnen. Deine Sehnsucht nach dem unerfüllbaren Ideal hat nachgelassen. Du wendest dich nun Dingen zu, die wirklich erstrebenswert und erfüllbar sind.

In der Verbindung deines wahren Selbst mit deiner erlösten iE4 machst du folgende Entdeckungen und stellst mit Staunen fest:

Meine negativen Überzeugungen und mein dunkles Grundgefühl werden immer durchlässiger und weniger real. Wo sie ab und zu noch auftauchen, erschrecke ich nicht länger, ich weiss, ich „habe" es nur, aber ich „bin" es nicht mehr.

Ich werde mir immer mehr bewusst, wie verbunden ich bin mit allem. Ich erkenne, dass ich willkommen und geborgen bin. Ich bin zunehmend ausgefüllt, zufrieden und emotional im Gleichgewicht.

Ich spüre, dass ich selbst immer mehr Liebe bin und brauche sie deshalb nicht länger verzweifelt zu suchen. Beziehungen gelingen nun leicht, weil ich mich selbst bin. Ich fühle mich komplett. Ich bin mit meinem wahren Wesen vertraut und lebe es authentisch. Ich bin für mich selbst und auch für andere immer mehr eine Lichtquelle.

iE5

Allgemeiner Beschrieb deiner iE5

Deine iE5-Teilpersönlichkeit steht für deine Tendenz, zu klammern und besitzergreifend festzuhalten, was das Deine ist. Um welche Inhalte es dabei geht, hängt von deinem Enneatyp und auch deinen Subtypen-Themen ab. Diese «Habgier» kann materiell sein und um Vorräte aller Art besorgt. Sie kann nahe Menschen an sich binden. Oder sie haftet ungemein stark an deiner Identifikation mit deiner konditionierten Persönlichkeit, deinem Ego. Letzteres kennen alle Menschen; ohne Selbsterkenntnis halten sie ihr Ich-Ideal für ihr eigentliches Wesen. Und jenes hält sich oft bemerkenswert dominant im Sattel, denn schliesslich hilft es, dem tiefliegenden Schmerz und Mangel auszuweichen.

Die wertvollen Züge deiner iE5 machen sich dann bemerkbar, wenn sie ihre Unabhängigkeit und Objektivität in dir auslebt. Sie kann beobachten und scharfsinnig analysieren, Sie vermisst das Terrain genau, allerdings durchquert sie es dann nicht. Diese Zurückhaltung ist manchmal von Vorteil, manchmal aber bewirkt sie eine einsame Distanzierung. Wenn deine iE5 besorgt ist für ein minimales Einwirken anderer auf dich, schneidet sie dir gleichzeitig auch alles ab, was mit Resonanz und wechselseitiger Verbindung zusammenhängt. Statt dass du echte Erfahrungen mit allen Wechselbädern des Lebens machen kannst, drängt sie dich in den Kopf zurück und schottet dich von Gefühlen ab.

Deine iE5 passt sehr gut ins digitale Zeitalter. Sie liebt es, im World Wide Web zu surfen und Informationen zu sammeln. Oft ist gerade die Arbeit am Bildschirm eine reine Kopfleistung, bei der die physischen Bedürfnisse nach Bewegung, Nahrung oder Körperkontakt total in Vergessenheit geraten. Vielleicht bringt sie dich in deinem Arbeitsprojekt gut voran, aber sie enthält gleichzeitig deiner Seele vor, was diese zur Entfaltung braucht.

Deine iE5 kann sehr aufgeschlossen und innovativ sein. Sie sieht das grosse Ganze und kann früher als alle anderen iE kluge Schlussfolgerungen daraus ziehen. Wo es aber um emotionale Beteiligung geht, da schreckt sie zurück. Da segmentiert sie den scheinbaren Ansturm und trennt alles in kleine, überschaubare Einheiten. Sie hat Angst vor dem Fühlen, weil sie einen Verlust der Selbstkontrolle befürchtet. Sie kann kühl ihre Aufmerksamkeit von Gefühlen abziehen und zum Selbstschutz sogar verächtlich auf dieses emotionale Zeug herabblicken.

Wenn du dich mit deiner iE5 anzufreunden beginnst, wirst du dich mit ihren Ängsten auseinandersetzen müssen. Sie meint nämlich, nicht genug zu haben und fürchtet, auch das wenige, das ihr bleibt, noch zu verlieren. Sie fühlt sich weder genährt noch unterstützt. In ihrem Innern herrscht eine Atmosphäre der Zurückhaltung und Kontraktion. Hier ist sie nur noch ein schwaches, störanfälliges, emotional ausgetrocknetes und isoliertes Persönchen.

Ihr Befreiungsweg führt in Erfahrungen hinein, denen sie sich ganz aussetzt und überlässt. Es tut weh, aber Schmerz ist bekanntlich ein grosser Entwicklungshelfer. Mit der Zeit hat die iE5 immer weniger Angst davor, ins Leben einzutauchen und davon mitgenommen zu werden. Im besten Fall entdeckt sie sogar, dass dessen Fliessgestalt und ewige Verwandlung die wahre Freiheit bedeuten. Dann weicht alles Verlangen nach Anhaftung und alle Angst vor Überwältigung von ihr.

Dialogfragen von dir in Selbst-Führung an deine iE5, um sie näher kennenzulernen

Was ist deine Aufgabe?

Antwort-Beispiele:
Ich bin wissensdurstig.
Ich helfe auf das Wesentliche zu reduzieren.
Ich achte auf die Ökonomie der Energie.

Welche Rolle spielst du in meinem System?

Antwort-Beispiele:
Ich helfe dir, deinen Kopf auf beste Weise einzusetzen.
Ich stehe für Nüchternheit, Wissenschaftlichkeit und sachlichen Diskurs.
Ich bin für ausreichend Distanz und Privatsphäre besorgt.

Gebe ich dir ausreichend Daseinsberechtigung oder fühlst du dich verhindert?

Antwort-Beispiele:
Du magst und schätzt mich, mein Glück.
Du lässt mich meist in Ruhe, das ist für mich okay.
Du wirfst mir vor, ich würde deine Herzlichkeit sabotieren.
Deine Langfädigkeit ist schwierig für mich, dann bin ich gelangweilt und drifte ab.

Welchen Namen soll ich dir geben?

Antwort-Beispiele:
Philosophin
Beobachter
Nenn mich Informationshungrige
Wahrer Forscher
Die Unabhängige
Der Distanzierte
Die komplexe Denkerin
Blume-rühr-mich-nicht-an
Privatsphären-Junkie
Personifiziertes Plädoyer für Weniger-ist-mehr!

Wie alt schätzt du dich ein?

Antwort-Beispiele:
Ich bin vier und mutterseelenallein.
Ich bin 25, im besten Pionieralter.
Ich bin 100jährig und weiss schon alles.
Ich bin alterslos.

Was empfindest du?

Antwort-Beispiele:
Nicht viel, meine Gefühlslage ist eher unterkühlt.
Manchmal habe ich Angst davor, überwältigt zu werden.
Mir ist dann wohl, wenn ich allein und unabhängig bin.
Ich bin die Aussenseiterin, das macht mir nichts aus.
Man möge mich einfach in Ruhe lassen!
Manchmal schäme ich mich dafür, dass ich mit den einfachsten Alltagsdingen nicht zurechtkomme.

Was bringt dich dazu, so zu empfinden?

Antwort-Beispiele:
Alleingang gibt mir Sicherheit.
Ich anerkenne keine Autoritäten, höchstens Experten ihres Fachs.
Ich bin vollkommen beschäftigt damit, die Welt zu verstehen.
In diesem ganzen Kuddelmuddel darf es doch auch noch ein paar sozial Unterentwickelte wie mich geben.
Ich habe einen Muschelreflex: Wenn es eng wird, mache ich blitzschnell dicht.

Wie ist dein Verhältnis zu anderen Menschen?

Antwort-Beispiele:
Viele sind mir zu simpel. Ich hingegen liebe die Spekulation über alternative Sichtweisen der Wirklichkeit.
Ich fühle mich ihnen in manchem einfach nicht gewachsen.
Also speziell mit dem anderen Geschlecht habe ich bisher nur Frustration erlebt.
Viele sind vereinnahmend, das lässt mich meine Ressourcen noch heftiger verteidigen.
Manchmal nehme ich absichtlich extreme Positionen ein und habe Lust am Provozieren.
Viele beleidigen meinen Intellekt.

Welches Verhältnis hast du zu meinen anderen iE-Teilen?

Antwort-Beispiele:
Ich gefalle mir noch als der Exzentriker der Truppe.
Ich tüftle richtig lange an allem herum, bis die Qualität stimmt. Da gibt es andere,
die sind einfach nur dummdreiste Überflieger.
Manche sind so körperorientiert und sportlich, die nerven mich.
Sie interessieren mich nur bedingt, ich bin mit meinen Gedanken ausreichend
beschäftigt.
Man soll mir einfach meine Nische lassen und mich respektieren!
Ich beobachte alles. Wenn die wüssten, wie präzis ich sie durchschaue!

Was fühlst du, wenn deine Position geschmälert wird?

Antwort-Beispiele:
Dann verfalle ich in schwarzen Humor und Sarkasmus.
Ich bin beleidigt und ziehe mich in meinen Elfenbeinturm zurück.
Da kann ich auch arrogant reagieren.

Wann läuten deine Alarmglocken? Wovor hast du Angst?

Antwort-Beispiele:
Dass ich eines Tages aufwache und merke, ich habe vor lauter Vorbereitung aufs
Leben verpasst zu leben.
Wenn ich mich unsicher und verletzlich fühle.
Meine Hilflosigkeit macht mir Angst.
Ich weiss gar nicht, wie man Selbstbewusstsein hinkriegt.
Schlimm wäre es, wenn ich keine Neugierde mehr verspürte.

Was befürchtest du für mich, wenn du deine Rolle nicht ausüben
würdest?

Antwort-Beispiele:
Du würdest emotional zerfliessen.
Dir käme das abstrakte, nüchterne Nachdenken abhanden.
Wärst du ohne mich noch ein Vernunftmensch?
Du hättest echt Abgrenzungsschwierigkeiten.
Du würdest den Blick für Details verlieren.

Welches ist dein grösstes Hindernis, dich der Führung des wahren Selbst anzuvertrauen?

Antwort-Beispiele:
Ich bin von Natur aus antiautoritär.
Ich befürchte, ich müsste dann aus meinem Schneckenhaus heraus.
Ich weiss ja nicht, was es mir alles zumuten wird und ob ich dem gerecht werde.
Versteht es denn einen Sonderling wie mich wirklich?
Eigentlich sehne ich mich nach innerer Führung, aber …

Hast du besondere Kindheitserinnerungen, die dich gestärkt oder geschwächt haben?

Antwort-Beispiele:
Ich liebte meine Katze über alles. Das war die einzige Nestwärme, an die ich mich als Kind erinnern kann.
Ich war noch jung, als ich aufschnappte, ich sei als drittes Kind eigentlich ein «Unfall» gewesen.
Ich war richtig süchtig nach Monsterfilmen, seit ich mit vielleicht vier heimlich den ersten gesehen hatte. Ich glaube, ich wollte mir Mut beweisen. Ich träume aber noch heute davon.

Wie findest du deine Rolle? Hättest du lieber eine andere und wenn ja, welche?

Antwort-Beispiele:
Ich strebe nach Wissen, das ist stimmig für mich.
Dass ich nüchtern und objektiv verschiedene Standpunkte einnehmen kann, gefällt mir.
Ich spiele dauern ein Versteckspiel. Eigentlich möchte ich gefunden werden.
Ich bin gut für rationale Lösungen. Aber da gibt es ja noch Verspieltheit und Sinnlichkeit.
Sparsamkeit und Dosieren liegen mir im Blut. Gern würde ich mal richtig über die Stränge schlagen.

Was wünschst du dir für dich an Veränderung oder gar Befreiung?

Antwort-Beispiele:
Ich möchte meine instinktive Seite kennenlernen und mich stark und lebenstüchtig fühlen.
Wenn ich die Angst vor Nähe überwinden und Intimität lernen könnte ...
Ich ahne, dass ich noch viele Gefühle gar nicht kenne. Aber ich würde gern die ganze Palette erkunden.
Ich habe schon viel übers Glück nachgedacht. Eigentlich möchte ich endlich so richtig glücklich sein können.
Da ist noch so eine Handbremse in mir. Ich möchte aber richtig in Fluss kommen.
Wenn ich nur dieses rasche Erschöpfungs-Gefühl loswerden könnte.

Erkundung deiner iE5 als Wahrnehmung im Körper

Wenn du dir deine iE5-Persönlichkeit vor Augen führst, wo «sitzt» sie in deinem Körper. Wie manifestiert sich ihre Energie?

Verspürst du grosse Neigung, im Kopf zu verbleiben?

Findest du schwer Zugang zu deinen körperlichen Empfindungen?

Hast du manchmal den Eindruck, noch gar nicht richtig inkarniert zu sein und deinen vollsaftigen Körper zu bewohnen?

Weichst du Berührungen aus oder wehrst sie ab?

Bist du besonders empfindlich auf Geräusche und Störungen?

Spürst du Verspannungen im Körper, insbesondere im Bauchbereich, wo sich Instinkte melden?

Atmest du häufig flach und unmerklich?

Würdest du dich als drahtig bezeichnen und ist dein Nervenkostüm sehr dünnhäutig?

Ahnst du, dass eine Kampfsportart dich vitalisieren würde?

Essenz oder Sein deines iE5-Teils

Die Essenz oder das tiefe Sein deiner iE5 ist die «diamantene Führung». Almaas nennt sie auch «Nous» (griechisch Erkenntnis), dabei geht es nicht um den mentalen Intellekt, sondern um den essenziellen. Das umfasst die Intelligenz aller drei Zentren – Bauch, Herz und Kopf.

Innen herrscht eine diamantreine Klarheit, aus der das wirkliche Wissen strömt. Vor allem die innere Wirklichkeit wird dann umfassend und vollkommen gewusst.

Diamantene Essenz ist eine Herz-Qualität. Sie zeigt sich als innere Führung und Almaas nennt sie dem christlichen Konzept vom Heiligen Geist verwandt.

Diese innere Führung umfasst sämtliche Dimensionen der Existenz. Sie ist mitfühlend, hat aber auch eine Klarheit und Strenge. Sie hat eine grosse synthetisierende Kraft, indem sie aus dem erinnerten Wissen, sei es selbst erlebt oder angelesen, im gegenwärtigen Zeitpunkt alles Relevante erfasst und verbindet. Dieser essenzielle Intellekt versteht sowohl spirituelle Erfahrungen wie auch alltägliche. Die diamantene Essenz hilft unserem spirituellen und psychischen Gesundungsprozess auf ganz natürliche Weise voran.

Da die diamantene Essenz lebendiges Wissen aus dem Jetzt-Moment heraus ist, führt sie zu überraschenden Einsichten oder Handlungen.

Einem lehrenden Menschen verleiht diese Führung Präsenz, Einsicht, Wissen und Analysefähigkeit. Einem Leistungssportler das optimale mental-körperliche Zusammenspiel. Sie kommt nicht von selbst. Sie verlangt nach Disziplin, Übung und Verantwortung. Meditation fördert sie.

Wenn deine iE5 in Kontakt mit dieser Essenz ist, dann wirkt sie scharfsinnig, objektiv, eigenständig, ausdauernd und intelligent in dir. Mit ihr fühlt sich deine iE5 kompetent und allen Ansprüchen des Lebens gewachsen.

Verlust von Essenz, Entstehung des «Lochs» und das Ich-Ideal, mit welchem es gefüllt wird

Wahrscheinlich fühlt sich deine iE5 nicht im Vollbesitz dieser diamantenen Führung. Sie mag zwar im Denken sehr gut sein, aber auf emotionaler oder instinktiver Ebene ist sie schwach.

In deiner Kindheit hat deine iE5 darauf gewartet, dass du von Vater und Mutter Sicherheit und Geborgenheit erhältst. Es gab aber Gründe dafür, dass die Eltern dazu nicht in der Lage waren. So fühlte sich deine junge iE5 oft total verloren. Ihr Beitrag wurde weder gesehen noch gebraucht. Sie fühlte sich überflüssig. Die Reaktion, die sie dir deswegen mehr oder weniger aufdrängte, bestand aus einem grossen Rückzug von der Familie und der Aussenwelt.

Die junge iE5 litt an der Zurückweisung von Intimität. Im Familiengefüge war weder Sicherheit noch Zuwendung zu erfahren. Der vorbewusste Ur-Schmerz gipfelte in der Erfahrung: Du bist innerlich leer, armselig und klein. Du bist vollkommen isoliert.
So abgeschnitten von ihrem Herzen und ihrem Bauchgefühl, blieb ihr nur noch der Weg in den Kopf.

Die junge iE5 half sich mit der Devise: Wenn ich kompetent werde und es wenigstens in einem Fach zur Meisterschaft bringe, werde ich überleben und wirklich leben.

Die körperliche Unsicherheit wird von früh an damit verbannt, dass die junge iE5 den Leib gar nicht als lebendig wahrnimmt. Manchmal kommt er ihr wie ein Phantom-Körper vor ohne Substanz. Die iE5 hat ein ausgeprägtes Gefühl von innerem Mangel und einer beängstigenden Leere. Sie befürchtet, dass da auch nie etwas Sättigendes von aussen kommen wird. Sie ist völlig allein und in einem inneren Vakuum. Um daran nicht zu zerbrechen und dieses grässliche Loch samt seinem Schmerz nicht fühlen zu müssen, entfaltet sie ihre überlebensfähige iE5-Persönlichkeit samt eigenwilligem Selbst-Ideal.

Die Qualitäten, die deine iE5 sich zuschreibt und zwischendurch mit einiger Arroganz verteidigt: Sie hält sich für visionär und phasenweise auch für genial. Sie vertraut ihrer guten Beobachtungsgabe und ihrem Ideenreichtum. Sie ist innovativ und mutig, freiheitsliebend und unabhängig. Sie ist interessiert an den Menschen und an der Welt, kann gut zuhören und wertet nicht. Sie ist gesegnet mit einem besonderen Humor.

Was ihr selbst nicht bewusst ist, aber als Schattenseite von allen anderen sehr wohl wahrgenommen wird, ist etwa ihr Zeit-Geiz. Die iE5 ärgert sich massiv über Eingriffe und Anforderungen an ihre Zeit. Sie hat zwar das Bedürfnis nach Beziehung, wehrt sich aber heftig gegen Verbindung. Besonders enge körperliche Zuneigung kann sich für sie überwältigend und störend anfühlen. Sie ist distanziert von ihren Emotionen und weitgehend mit ihren Gedanken identifiziert. Sie glaubt insgeheim, dass ihre Gedanken gut sind, die Aussenwelt aber minderwertig. Diese zynische, feindselige bis nihilistische Ansicht hält sie für die einzig intellektuell redliche. Weil da auch Phobie mitwirkt und teilweise paranoide Realitätsverzerrung, merkt die iE5 gar nicht, wie verschroben sie wirkt. Sie selbst hat nämlich den Eindruck, dass sie glücklicher wäre, wenn sie die Erwartungen anderer grundsätzlich vermeiden könnte.

Der Heilungsweg deiner iE5 besteht darin, dass sie diese Schattenthemen anschaut, ohne dabei die «Welt mit all ihren Narren» abzuwerten. Ihr konditioniertes Bewusstsein ist dicht und undurchlässig. Es gilt davon Abstand zu nehmen, damit ihr inneres Verstehen durchlässiger und transparenter wird.

Sie muss ihren Rückzug als Angstreaktion erkennen. Ebenso muss sie ihre Körperlichkeit entdecken und als Zugang zur Welt und zu Menschen einsetzen lernen.

Hypothese: Stell dir vor, die Tugend deiner iE5 ist schon da!

Eine weitere Möglichkeit, der Entspannung und Reife deiner iE5 nachzuhelfen, bietet folgende Hypothese: Du stellst dir vor, deine iE5 wäre bereits ganz auf die ihr innewohnende Tugend «Nichtanhaftung» fokussiert, von ihr ergriffen und verwandelt.

Was wäre dann mit dir und dieser Teilpersönlichkeit in dir, wenn sie dein Leben bereits mit dieser Qualität bereichern würde? Wie würdest du damit auf Lebensherausforderungen anders als gewohnt reagieren? Wozu würde sie dich anspornen und ermutigen?

Wenn deine iE5 kaum mehr Angst vor Nähe hat, braucht sie auch ihren Kopf-Filter nicht mehr, der dauernd den Kontakt zur Umwelt analysiert.

Sie hat in der Meditation eine Art Heilmittel gefunden, aber erst im zweiten Anlauf. Anfänglich erschien es ihr leicht, in Stille zu sitzen. Dank ihrer introvertierter Art ging das wie von selbst. Sie fand später den wirklichen Weg in die Tiefe, wo die mentale Aktivität weitgehend zur Ruhe kam.

Dieses Schweigen und diese Leere waren zeitweise schmerzhaft, aber sie führten in eine heilsame Unsicherheit, in ein fast angenehmes Nicht-Wissen. Dort hat sie sich dem Sein oder GOTT überlassen. Das führte zu neuen Antworten und Lösungen, auf die sie selbst nie gekommen wäre. Sie fürchtet nun das Mysterium nicht länger, sondern vertraut ihm. Das schenkt ihr unglaubliche Freiheit und eröffnet ihr die innewohnende Tugend:

Sie schenkt «Nichtanhaftung» oder wahre «Objektivität». Die iE5 braucht jetzt ihre Lebensenergie nicht länger zu hamstern. Sie kann aus sich herausgehen, sich mit anderen verbinden und dabei entdecken, dass dies sie nicht «leert», sondern belebt und füllt.

Jetzt ist die iE5 aus dem Teufelskreis heraus. Sie erzeugt nicht länger ihre innere trockene Leere, vor der sie sich so sehr fürchtet. Sie ist wieder angedockt an ihre innere Quelle und den Saft des Lebens. Da ist ein natürlicher Fluss von Energie, der unabhängig von Gedanken und Gefühlen einfach fliesst.

Das ist Nichtanhaftung: Wenn deine iE5 in Kontakt mit dieser Kraft ist, bewegst du dich ganz natürlich vorwärts im Leben, bist präsent und unangestrengt aktiv. Freiheit ist da von allem Gieren und Festhalten. Der Eindruck ist weg, du seist ein Mangelwesen. Du kannst aus der Reserve kommen, dich einlassen aufs Leben und dich am grossen Spiel beteiligen. Lebensenergie fliesst frei durch deinen Körper.

Wie sich deine «erlöste» iE5 zeigen und auswirken könnte

Eine eingeweichte, beruhigte iE5 gibt dir die Erlaubnis:
Du darfst deine Grenzen aktiv setzen und dir von der Welt holen, wonach du dich sehnst. Deine Wünsche nach Kontakt und Nähe mit anderen sind willkommen.

Sie vermittelt dir die Sicherheit: Du wirst gesehen und gehörst dazu. Deine Bedürfnisse werden anerkannt und gestillt.

Ist deine iE5 mit ihrer Essenz in Kontakt, kann sie im Bereich des Wissens präzis unterscheiden, was reines Kopfwissen ist und welches auf echter Erfahrung beruht. Die Verlässlichkeit der «inneren Führung» macht für sie die Flucht ins stete Beschäftigen mit Systemen und Informationen überflüssig. Jetzt darf sie auch den Ärger zulassen darüber, dass ihr als Kind dieser Kontakt verlorenging.

Diese neue Lebendigkeit lässt dich auch den erlittenen Verletzungen ehrlich begegnen. Als Mensch aus «Geist und Fleisch» öffnest du dich in Mitgefühl für andere. Dass zum Leben auch Schmerz, Wunden und das Sterben gehören, schreckt dich nicht länger ab.

Dank deiner erlösten iE5, die sich immer mehr der «diamantenen Führung» überlässt, erfährst du folgendes befreites Dasein:

Meine innere und äussere Kommunikation hat sich verändert, ich spüre mehr Lebendigkeit, Kraft und Durchsetzungsfähigkeit. Ich bin nicht länger beherrscht von meinen Gedanken, sondern kann meinen Geist klar und bewusst bei der Arbeit beobachten. Damit verhelfe ich auch anderen Menschen zu Klarheit.

Mein Humor und mein Mitgefühl leuchten, sie durchdringen meine Objektivität und Klarheit. Ich habe mein Gefühl für mich selbst zurückgewonnen. Ich spüre mich im Innersten mit allem verbunden. Fülle und Grosszügigkeit wachsen in mir.

iE6

Allgemeiner Beschrieb deiner iE6

In allen Menschen steckt viel Angst. Das hängt mit unserer Kulturentwicklung zusammen:
Immer war unser Leben gefährdet. Immer war das Überleben bedroht. Die sogenannten Subtypen-Ängste spielen da besonders hinein mit ihren Themen um Selbsterhalt, Paarungs- und Intimitätsfähigkeit und Halt im Rudel oder sozialen Gefüge.

Dein Enneatyp ist ja grundsätzlich aus einer bestimmten Angst-Überwindung heraus entstanden.

Hier eine Liste, die dir den Überblick über die jedem Typ zugrunde liegende Ur-Angst verschafft. Jede deiner iE-Teile kennt die seine:

iE1: Mit mir stimmt etwas nicht. Ich bin grundlegend mangelhaft. Ich bin nie gut genug.

iE2: Ich bin nicht liebenswert. Ich bin bedeutungslos. Ich werde zurückgewiesen.

E3: Ich bin leer und substanzlos und nichts wert. Ich habe nichts als Misserfolg.

iE4: Ich bin verlassen worden. Ich bin abgetrennt von allem. Ich bin traurig und verloren.

iE5: Ich bin innerlich leer. Ich bin isoliert. Ich bin dem Leben nicht gewachsen. Ich habe Angst, verstrickt zu werden und auch noch das Letzte zu verlieren.

iE6: Ich bin schwach und unfähig. Die Welt ist feindlich. Güte und Unterstützung existieren nicht.

iE7: Ich bin von der Quelle abgeschnitten. Ich bin verloren. Ich werde als Scharlatan blossgestellt.

iE8: Ich bin schwach. Ich bin schlecht. Ich bin schuld. Ich kann keine Führung übernehmen.

iE9: Ich bin unwichtig. Ich bin nicht liebenswert. Ich muss unsichtbar bleiben.

Deine iE6 hat obendrein eine ganz grundsätzliche, existenzielle Angst, eigentlich vor allem und jedem. Diese Angst ist gesichtslos. Die Welt ist für sie de facto ein unsicherer Ort und die physische Vernichtung lauert hinter jeder Ecke. Sie fühlt sich gegen diese Gefahr nicht gewappnet. Sie neigt dazu, ununterbrochen wachsam und schon einmal vorsorglich argwöhnisch zu sein.

Gehört deine iE6 zur phobischen Gruppe, zeigt sich ihre Angstorientierung in folgenden Eigenschaften: Sie wirkt schüchtern, zögernd, unsicher, unbestimmt, heimlichtuerisch. Sie sucht Autoritätsfiguren oder -systeme, an die sie sich halten kann.

Ist sie eher kontraphobisch orientiert, benötigt sie viel Energie zur Angstvermeidung, zeigt sich aber risikobereit. Sie tritt dann eher herausfordernd auf, entschieden und selbstsicher. Aber dahinter fehlt die selbstgewisse Unerschütterlichkeit, die deiner iE8 zu eigen ist. Eher scheint da eine zwanghafte Tapferkeit durch.

Es gibt reale Gefahren. Davor Angst zu haben, ist eine gesunde Reaktion.

Anders verhält es sich mit den diffusen Gefahren, den unbestimmt zu erwartenden. Freud betrachtete diese Angst als das zentrale Problem der Neurosen. Er nahm sie als Signal für gefährliche Regungen aus unserem Unterbewussten: für sexuelle oder verbotene aggressive Wünsche.

Viele Ängste stammen aus der Säuglings- und Kleinkinderzeit. Kinder sind da noch offen und verletzlich, ihnen fehlt ein verarbeitendes Bewusstsein. Schmerzende, hilflose oder unsichere Erfahrungen hinterlassen tiefe Spuren in ihrer Seele und verlangen nach entsprechender Ego-Struktur, um solches nie mehr fühlen zu müssen.

Deine iE6 kann sich mit starken Selbstzweifeln äussern und bemerkbar machen. Sie kann in sie selbst oder in andere lauter grässliche Monster hineinfantasieren und allem gegenüber feindliche Gefühle entwickeln. Sie kann sich aus Angstvermeidung eine zynische Sicht aufs Leben aneignen, in dem sie nichts Positives mehr findet, sondern nur Enttäuschendes und Aggressives.

Erkennt sie aber, dass die meisten ihrer Zweifel nur Ausgeburten ihrer Fantasie sind, lässt sie ab von ihren Unheils-Szenarien. Sie schafft es zunehmend, ihren Kopflärm anzuhalten. Wenn sie zur Ruhe kommt und

alles Angstgeschrei verstummt, entdeckt sie die ihr immer schon innewohnende Tugend «Mut».

Diese vermittelt der iE6 und damit auch dir den wahren eigenen Wert:
Ich bin stark. Ich bin resilient. Ich habe das Zeug zum Helden, zur
Heldin. Als solche gehst du dann unbefangen vorwärts und traust dich,
mit allem fertig zu werden.

Dialogfragen von dir in Selbst-Führung an deine iE6, um sie näher kennenzulernen

Was ist deine Aufgabe?

Antwort-Beispiele:
Ich schaue zum Rechten.
Ich bleibe treu, Menschen und Überzeugungen gegenüber.
Ich gebe einen grossen Einsatz zugunsten des Ganzen.
Ich behüte das Zarte und Schöne.

Welche Rolle spielst du in meinem System?

Antwort-Beispiele:
Ich bin vorsichtig.
Ich poche auf eine gesunde Langsamkeit.
Ich bin bodenständig und sehe eher die Tücken und Gefahren, als dass ich etwas idealisiere.
Jemand muss ja die berechtigen Zweifel anbringen.

Gebe ich dir ausreichend Daseinsberechtigung oder fühlst du dich verhindert?

Antwort-Beispiele:
Du bist gut auf mich eingestimmt und nimmst mich ernst.
Du übergehst mich.
Du lässt mich nie ausreden.
Ich denke, dass ich dir manchmal lästig bin mit meiner Ambivalenz.
Du könntest ruhig mehr von meiner besonnenen Art annehmen.

Welchen Namen soll ich dir geben?

Antwort-Beispiele:
Der Intuitive.
Das Mauerblümchen.
Mein Name lautet Der-nie-locker-lässt
Die Skeptikerin
Der Vorsichtige
Die Loyale
Der Zuverlässige
Die umsichtige Planerin
Der Übervorbereitete
Nenn mich Qual-der-Wahl

Wie alt schätzt du dich ein?

Antwort-Beispiele:
Ich bin noch sehr jung und den Herausforderungen nicht gewachsen.
Ich bin im besten Alter.
Ich bin eine zeitlose, alte Weise.

Was empfindest du?

Antwort-Beispiele:
Ich bin einfühlsam und kann sehr gut mit anderen mitempfinden.
Ich glaube, ich muss für alles sehr viel Kraft und Energie aufwenden.
Ich möchte gern einfach auf meine Erfolge stolz sein und dazu stehen.
In mir ist oft ein grosses Zaudern. Das fühlt sich hinderlich an.
Ich bin ein Espenlaub.

Was bringt dich dazu, so zu empfinden?

Antwort-Beispiele:
Ich brauche sehr viel Zeit für Klärungen und Entscheidungen.
Ich bin wohl fast zu gründlich, zumindest nicht wirklich spontan.
Mir ist eine Bescheidenheit zu eigen.
Ich habe einfach ein riesengrosses Sensorium für Negatives und Gefährliches.
Ich will auf alles Mögliche gut vorbereitet sein.

Wie ist dein Verhältnis zu anderen Menschen?

Antwort-Beispiele:
Ich brauche es, dass sie meinen Fleiss und Einsatz anerkennen, damit ich mich entfalten kann.
Ich sähe es gern, wenn sich alle an die vereinbarten Regeln halten würden.
Viele von denen tanzen eher auf der Lebensbühne herum, während ich ernsthaft arbeite. Auf die bin ich leise wütend und sicher auch etwas neidisch.

Welches Verhältnis hast du zu meinen anderen iE-Teilen?

Antwort-Beispiele:
Sie sagen mir oft, ich solle mich nicht in Details verlieren, dabei denke ich nur scharf mit.
Ich bin öfters in der Opposition und finde niemanden, der sich mit mir verbündet.
Sicher gehöre ich nicht zur Fraktion der Fidelen und Vergnügten.
Ich brauche es, bedingungslos dazuzugehören.
Ich gebe mir unheimlich Mühe mit allen und brauche auch umgekehrt für meine Sicherheit ihren vollen Einsatz.
Ich denke, ich bin die Anpassungsfähigste von allen.

Was fühlst du, wenn deine Position geschmälert wird?

Antwort-Beispiele:
Das macht mich klein.
Ich finde, jemand muss sich doch die berechtigten Sorgen machen!
Ich mache dann trotzdem weiter und bringe zu Ende, was ich angefangen habe.
Ich hasse diese ewige Rolle als Zudienerin und Verlässliche.
Das passiert eigentlich laufend. Zu blöd, fallen mir die besten Antworten immer erst Stunden danach ein.
Unsicher halt.

Wann läuten deine Alarmglocken? Wovor hast du Angst?

Antwort-Beispiele:
Einerseits vor Abhängigkeit, aber dann auch wieder vor zu grosser Eigenständigkeit.
Es kann einfach jederzeit viel Schlimmes passieren.
Dass alle naiv sind.
Leichtsinn macht mich fertig.
Ich bin fast dauernd von Gewissensbissen geplagt.

Was befürchtest du für mich, wenn du deine Rolle nicht ausüben würdest?

Antwort-Beispiele:
Du würdest gewiss in manches einfach so hereinschlittern und es zu wenig prüfen.
Du hättest viel weniger Gewohnheiten, dabei sind die so praktisch.
Du würdest viel zu oft Ja oder Nein sagen statt einfach vornehm Jein.
Na, wer würde dir dann im rechten Moment den Teufel an die Wand malen?
Der Himmel könnte dir auf den Kopf fallen.

Welches ist dein grösstes Hindernis, dich der Führung des wahren Selbst anzuvertrauen?

Antwort-Beispiele:
Mit Autoritäten habe ich so meine Mühe.
Diese müsste sich wirklich als souverän erweisen.
Ich muss zuerst Gewissheit haben, dass diese meinen Beitrag auch wirklich ernst nimmst.
Ich kann mich erst entspannen, wenn ich mich bei ihr ganz sicher fühle.

Hast du besondere Kindheitserinnerungen, die dich gestärkt oder geschwächt haben?

Antwort-Beispiele:
Einige Menschen ruinierten bewusst oder unbewusst mein Leben.
Seit ich mich erinnern kann, aber gewiss schon vorher, war ich sehr von meiner Mutter abhängig. Leider war sie eher schwankend und unberechenbar in ihren Gefühlen.
Ich habe früh gelernt, stets auf der Hut zu sein. Irgendwie war immer zu wenig Schutz da.
Ich weiss noch, dass ich mich in der fünften Klasse entschied, niemandem mehr zu gefallen und rebellisch zu werden.
Für mein Pflichtbewusstsein wurde ich gelobt und war Grossvaters Lieblingsenkel.
Meine ängstlichen Eltern haben mich so überbehütet, dass ich mir eigentlich bis in die Adoleszenz übermässig schwach und inkompetent vorkam.

Wie findest du deine Rolle? Hättest du lieber eine andere und wenn ja, welche?

Antwort-Beispiele:
Auf jeden Fall eine, bei der ich mehr Ellbogen besitze.
Und eine voller Selbstbehauptung und Durchsetzungskraft gefiele mir auch.
Ich hätte Lust darauf, bedingungslos geniessen zu können.
Ich möchte einmal ohne innere Alarmstimmen sein, die immer und überall aufschreien.

Was wünschst du dir für dich an Veränderung oder gar Befreiung?

Antwort-Beispiele:
Ich möchte meinen Körper ganz und wohlig bewohnen.
Ich möchte mutig und risikobereit sein.
Ich möchte in mir drin Ruhe, Klärung und Unterstützung erfahren.
Ich wünsche mir einen festen, vertrauensvollen Stand.

Erkundung deiner iE6 als Wahrnehmung im Körper

Verfügst du über ein überaus sensibles neurologisches Alarmsystem, das dich bei Gefahrensignalen sofort in allerhöchste Alarmbereitschaft versetzt, auch wenn die Gefahr bloss eingebildet ist oder du sie gedanklich vergrösserst?

Wie spürst du deinen Rückzug in den Kopf?

Oder erhöhst du, gegenphobisch, in Gefahr deine Körperspannung?

Zwerchfell und Atmung reagieren stark auf Angst. Nimmst du das wahr?

Welche Reaktion ist dir am vertrautesten: Flucht, Kampf, Erstarrung oder Einschmeicheln beim Angstmacher?

Welche Körperpartien wirken oft gefühllos und unbelebt? Die Anspannung in der Leibmitte kann eine Abspaltung vom Bauchinstinkt, der Sexualität und gesamten Vitalitätskraft aus dem Beckenbereich zur Folge haben. Kennst du solch eine Zweiteilung in ein Oben und Unten?

Essenz oder Sein deines iE6-Teils

Das tiefe, echte Wesen deiner iE6 ist ein Zustand von Entspannung und Zuversicht. Wenn deine iE6 damit verbunden ist, hilft sie dir, dem Leben zu vertrauen und sich ihm hinzugeben. Ist in ihr diese «weisse Essenz» präsent, bist auch du zentriert und fühlst dich den Herausforderungen des Lebens gewachsen. Dinge entwickeln sich dann natürlich, und du brauchst nicht enorme Kräfte aufzubieten, um sie gut auf der Spur zu halten.

Diese Essenz macht weich und nimmt Stress weg. Sie ermöglicht flexibles, bewegliches Agieren und Handeln. Eine Sicherheit ist von innen her da, ein ursprüngliches Vertrauen in dich selbst. Es fühlt sich an wie eine selbstverständliche, innere Autorität, die Festigkeit und Entschlossenheit bewirkt.

Mit dieser Kraft ist auch die Entschiedenheit da, dich für die eigenen Erfahrungen zu öffnen und tief in die Selbstbegegnung zu gehen, wie dunkel sich diese Seelenräume auch zeigen. Diese Kraft hilft dir auf Kurs zu bleiben, ob es stürmt oder gerade sanfter Wellengang vorhanden ist. Beharrlich bleibst du dran, lässt dich nicht aufhalten von irgendwelchen angenehmen Ablenkungen.

Sie vermittelt dir das klare Bewusstsein, dass deine Sicherheit in dir selbst liegt, indem du verwurzelt bist in deinen eigenen Erfahrungen und deiner inneren Wahrheit. Du erforschst diese Innenwelt, weil du klar weisst, dass du für dich selbst verantwortlich bist.

Verlust von Essenz, Entstehung des «Lochs» und das Ich-Ideal, mit welchem es gefüllt wird

Wahrscheinlich ist deine iE6 nicht so geerdet, stabil und präsent. Und deshalb hält sie dir keinen Zugang offen zu deiner ruhig dahinfliessenden, unaufgeregten Lebensenergie.

Dieses kraftvolle, intuitive, fleissige Wesen wurde nicht wirklich willkommen geheissen in der frühen Kindheit. Im Gegenteil, da war eine

Atmosphäre von Unsicherheit, so dass dieser Teil von dir sich dauernd vergewissern musste, wie und wo er sich überhaupt sicher fühlen konnte.

Vielleicht war ein Elternteil unzuverlässig. Vielleicht war alles stets geladen und spannungsvoll, dass dauernd Explosionsgefahr bestand. Vielleicht war oft ein Streit in Gang.

Die iE6 reagierte stark auf mangelnde Zuwendung und Unterstützung. Das weckte Versagensängste in ihr. Sie hörte oder sagte es sich selbst: Ich bin nie gut genug. Und aus diesem Gefühl heraus erlebt sie später immer wieder verbaute Wege, wenn sie sich für ihr Eigenes einzusetzen versucht. Sie hat den Eindruck, Eigeninitiative werde in irgendeiner Weise stets behindert oder bestraft.

In dieser Wahrnehmung einer feindlichen Welt begann die iE6 sich früh auszumalen, welche heimlichen Pläne wohl die Menschen in ihrem Umfeld verfolgten und welche spezielle Bedrohung von ihnen ausging. Sie suchte Begleitung und Anlehnung, um den inneren Zweifel an sich selbst loszuwerden. Weil diese Unterstützung weitgehend ausblieb, das unsichere Gefühl, nicht überlebensfähig zu sein aber anhielt, formten sich aus dieser Kindernot immer mehr die Überlebensmuster deiner phobischen oder kontraphobischen iE6.

Wenn du, welchem Enneatyp du auch angehörst, aus dem Gleichgewicht gerätst oder dich in deinem Leben bedroht fühlst, spürst du deine iE6 ganz besonders.

Je verletzter sie ist, desto schneller nehmen dann deine Ängste überhand. Du kannst mit ihrem manchmal fast paranoiden Blick das Verhältnis zur Realität verlieren. Dann bist du richtig verwickelt ins Misstrauen. Du verhärtest dich, wirst angespannt und bestehst fast nur noch aus Sorgen, Zweifeln und Ängsten. Mit letztem eisernem Willen verteidigst du das wenige, das dir noch bleibt.

Um das Loch, diesen Ur-Schmerz von Schwäche und Unfähigkeit abzuwenden, respektive aufzufüllen, beginnt die iE6 früh ihre idealisierte Persönlichkeit auszubauen. Sie versucht, die fehlende Festigkeit und wahre Kraft durch Ideale und Imitate zu ersetzen.

Die Angst wird gebannt, indem sich die iE6 unabhängig, mutig und verantwortungsbewusst fühlt. Sie zeigt sich liebenswert, vertrauenserweckend und hingebungsvoll. Sie arbeitet sehr kooperativ, setzt sich ein für das Wohl der anderen und ist überdurchschnittlich teamfähig. Selbstverständlich ist es für sie auch, loyal, treu und tüchtig zu sein.

Während die iE6 sich – und damit auch dir, wenn sie aktiv ist im inneren System – mit solch ausdauerndem Pflichtbewusstsein vormacht, dazuzugehören und in Sicherheit zu sein, nehmen andere ihr diese Idealisierung nicht ab. Andere erkennen unter der freundlichen, fleissigen Maske das Autoritätsproblem der iE6. Will sie sich nun unterwerfen oder geht es eher um Abwehr? Sind ihre vielfältigen Überlegungen nun hilfreich oder doch eher Verzögerungstaktiken, damit sie nicht ins Handeln muss? Dominieren nicht untergründig doch Skepsis und Zweifel? Auch eine unterschwellige Aggression scheint durch, die auf alle anderen projiziert wird, was wiederum deren Misstrauen nährt.

Dein iE6-Teil ist dein stärkster Motivator, Autorität im Aussen zu suchen. Sie hat einen Hang zu Autoritätspersonen, zu Philosophien oder Glaubenssystemen.

Sie sehnt sich enorm nach Verlässlichem. Ihre Ambivalenz diesbezüglich verstummt damit aber nicht. Also leidet sie gleichzeitig unter dem Eindruck, dass doch alle anderen von Selbstsucht getrieben sind. Aber im Alleingang ist das Leben nicht zu bewältigen, zumal in den Gefahren der postmodernen Welt nicht. Und deren Bedrohungen nehmen stetig zu: Ökokollaps, Massenvernichtungswaffen, biologische Kriegsführung, Überbevölkerung.

All dies nährt die Überlebensangst deiner iE6. Und weil diese Welt wohl wirklich hoffnungslos in den Untergang steuert, behilft sich die iE6 zuletzt noch mit Zynismus, um das zu ertragen.

Wenn die iE6 auf dem Heilungsweg ist, dann realisiert sie immer mehr, dass nicht die Angst ihr Grundproblem ist, sondern die übersteigerte Aktivität und all die Strategien in ihrem Kopf, die jene abwehren sollen. Die iE6 versucht mit sehr viel praktischem Handeln neben einer überdimensionierten Gedankenaktivität diese Angst zu bekämpfen. Wenn sie sich der Angst nicht stellt und sie gleichsam «umarmt», kommt sie aus ihren adrenalingesteuerten Ich-Aktivitäten nicht heraus.

Die iE6 muss ihre Denkmuster durchschauen lernen. Sie muss erkennen, wie blockiert ihr Kopf in Wirklichkeit ist, obwohl er unablässig um Ideen und Befürchtungen kreist.

Den Verstand zu Ruhe zu bringen, gelingt mit meditativem Üben. Manchmal muss die iE6 aber auch völlig zusammenbrechen, um heilen zu können. Dann ist alle Kontrolle weg und sie fällt in einen grossen inneren Leerraum. In diesem taucht die Erinnerung und Sicherheit auf, dass sie gehalten ist, dass das Leben sie in Freundlichkeit und Wohlwollen empfängt. Gewissheit, in diesem Sein geerdet und von ihm getragen zu sein, kann sich dann einstellen.

Auch vermehrte Aufmerksamkeit auf die unmittelbaren Sinneseindrücke und Körperempfindungen sind ein Heilungsweg. Er verschiebt den Fokus weg von den unablässig laufenden Denkprozessen. Die zuvor gefürchteten Instinkte können zu guten Ankern und Führern werden.

Hypothese: Stell dir vor, die Tugend deiner iE6 ist schon da!

Eine weitere Möglichkeit, der Entspannung und Reife deiner iE6 nachzuhelfen, bietet folgende Hypothese: Du stellst dir vor, deine iE6 wäre bereits ganz auf die ihr innewohnende Tugend «Mut» fokussiert, von ihr ergriffen und verwandelt.

Wie immer bei den Tugenden:
Verstehe sie als etwas, das du nicht machst, sondern empfängst. Es ist ein tieferes, echteres Wahrnehmen jenseits der Ansichten und Verwicklungen, denen du mit der Typ-Brille erliegst. Oder anders gesagt: Hier ist eine Kraft in dir lebendig jenseits von Angst und Schmerz.

Was wäre dann mit dir und dieser Teilpersönlichkeit iE6 in dir, wenn sie dein Leben bereits mit dieser Qualität bereichern würde? Wie würdest du damit auf Lebensherausforderungen anders als gewohnt reagieren? Wozu würde sie dich anspornen und ermutigen? Wie veränderten sich dadurch deine Handlungen?

Zum einen würde dir auffallen, was alles nicht mehr da ist: Keine negativen Vorstellungen mehr, keine Widersprüchlichkeiten, keine Verlustängste, kein Argwohn. Es fühlt sich an, wie wenn die Handbremse gelöst wäre und du unbefangen drauflosleben kannst.

«Mut» bedeutet, wahres Vertrauen in dich selbst, in andere und in das ganze Universum zu haben. Er ist das ruhige Wissen, dass nichts die Essenz oder Lebenskraft zerstören kann, die allem zugrunde liegt. Mit ihm begreifst du, dass nichts, nicht einmal der Tod, dieses grundlegende Sein vernichten kann.

Mut gibt dir die Sicherheit, dass du realen Gefahren mit Entschlossenheit begegnen kannst. Nun vergrösserst du gedankliche Gefahren und alles, was schief gehen könnte, nicht mehr. Du anerkennst deine Verantwortung für deine eigene Existenz und bist deine eigene Autorität.

Du bist nicht länger überwachsam. Du begegnest beängstigenden Situationen auf natürliche Weise, indem du in diese hineingehst, statt vor ihnen wegzulaufen oder gegen sie anzugehen.

Mut schenkt dir das Vertrauen, dass du mit allem fertig wirst, was dir begegnet. Und andernfalls kommt dir jemand zu Hilfe. Mutig vertraust du nämlich auch deinen diversen festen Bezugspunkten im Leben.

Wie sich deine «erlöste» iE6 zeigen und auswirken könnte

Wenn deine iE6 entspannt und aus sich selbst heraus sicher ist, vermittelt sie dir gute Bodenhaftung und Bezug zur Realität. Sie ist dann gefestigt, zuversichtlich und fühlt sich dem Leben und seinen Anforderungen gewachsen.

Sie veranlasst dich zu einem grossen inneren Ja. Furchtlos und vertrauensvoll kannst du deinen Weg gehen. Dir gelingt ein klarer, souveräner Selbstausdruck. Gesunde Selbstbehauptung ist dir wichtig und möglich.

Die ruhige, vertrauensvolle iE6 gibt dir gleichzeitig die Erlaubnis, auch deine Angst zu spüren, sie anzuhalten und zu benennen.

Diese mutige Konfrontation macht kein Ausweichen oder Überspielen mehr nötig. Du lächelst, wenn du dir deine frühere Panik vor dem Verschlungenwerden bewusst machst. Zwischendurch erlebst du auch bei banalen Tätigkeiten, wie dein Herz leuchtet und dein ganzer Körper vor Licht und Glück vibriert.

In der Verbindung deines wahren Selbst mit dem erlösten iE6-Teil erlebst du eine angenehme Seelenruhe:

Deine Ängste und Zweifel sind fast ganz durchlässig geworden. Deine innere, verborgene Kraft zeigt sich immer mehr, ebenso deine Sicherheit und dein grosses Potential.

Du hast Vertrauen gewonnen in dich und in die Welt. Daraus hast du eine freundliche, gelassene Haltung entwickelt. Nun brauchst du dich nie mehr unterwürfig zu fühlen, aber auch nie mehr überlegen.

Du strahlst zunehmend eine unerschütterliche Sicherheit und Gewissheit aus, weil du aus der tiefen Hingabe ans Ganze lebst. Deine Gaben teilst du nun mit der Welt: Intelligenz, Mut, Sinn, Ausrichtung und Glauben.

iE7

Allgemeiner Beschrieb deiner iE7

Deine innere iE7-Persönlichkeit steht für deine Liebe zum Angenehmen. Sie gebärdet sich manchmal wie ein Kind, das noch keine Frustrationstoleranz gelernt hat: Sie will alles, im Unmass und sofort.

Wenn du unbändige Lust aufs Konsumieren hast und das Internet nach neuen Gadgets durchpflügst, dürfte sie deine Motivatorin sein. Ihr geht es mehr ums Haben als ums Sein.

Sie schwelgt auch gern. Sie lässt sich gern vom Leben überraschen und entdeckt immer neue Details. Ihre Freude ist ansteckend. Ihr spielerischer Umgang mit der Wirklichkeit zeugt von grossem Humor.

Deine iE7 ist aktiv, wenn du geistig sehr beweglich bist und eine unstillbare Neugier verspürst, neue Dinge zu lernen. Sie ist sehr einfallsreich und hilft dir, das Beste aus jeder Situation zu machen. Auch wenn du den Drang verspürst, das letzte Wort zu haben und spontan nie um eine Erklärung oder Rechtfertigung verlegen bist, ist sie in dir am Werk. Sie kann sich als Hektik bemerkbar machen.

Deine iE7 in ihrer ureigensten Qualität ist präsent, wenn du dich ganz entspannen kannst, eine Weile völlig sorgenfrei bist und unbeschwert. Meist ist dieser Zustand wie ein kurzes Aufleuchten, denn sobald du ihn bemerkst, ist die Leichtigkeit auch schon dahin.

Vielleicht ist in deinem inneren System die iE7 aussergewöhnlich schwach.

Dann könnte es sein, dass sie sich gut maskiert. Wenn du «Völlerei» – ihre emotionale Leidenschaft – für verwerflich hältst und dich ganz der Askese verschrieben hast, trägt deine iE7 möglicherweise diesen vertuschenden Deckmantel.

Wenn du deine iE7 gut kennst, akzeptierst und ihr zu Entspannung und Stille verhilfst, verleiht sie dir Optimismus, Lebensfreude, Mut und Gewandtheit. Je mehr du ihr verhilfst innezuhalten, desto weniger hüpft sie von Erfahrung zu Erfahrung davon.

Statt Völlerei wird die Tugend «Nüchternheit» ihr Leitmotiv. Das macht dich geerdeter und bringt dich in Kontakt mit dir selbst. Du bist dann gegenwärtig und kannst dich auf das, was gerade vor dir liegt, konzentrieren. So lässt du das blosse Wissen und Theoretisieren hinter dir und bist bereit für reale Gefühle und echte Erfahrungen.

Dialogfragen von dir in Selbst-Führung an deine iE7, um sie näher kennenzulernen

Was ist deine Aufgabe?

Antwort-Beispiele:
Ich bin für Heiterkeit und Leichtigkeit zuständig.
Ich sehe immer noch Optionen und Lösungswege.

Welche Rolle spielst du in meinem System?

Antwort-Beispiele:
Ich schaue, dass da genügend Spielraum und Freude vorhanden sind.
Ich verkörpere das jugendliche Element.
Ich plädiere für Fülle und Vielfalt.
Ich bin wie der Korken im Meer, wenn es in die Tiefe geht; der schnellt immer wieder nach oben.
Ich glaube an das Gute in allen und bestärke das Positive.

Gebe ich dir ausreichend Daseinsberechtigung oder fühlst du dich verhindert?

Antwort-Beispiele:
Meist kann ich dich wunderbar ablenken.
Du liebst mich, denn wer wühlt schon gern im Schmerz?
Ich mag es gar nicht, wenn du mich oberflächlich nennst und beiseiteschiebst.
Du kommst mit meinem Tempo einfach selten mit, das beschneidet mich.

Welchen Namen soll ich dir geben?

Antwort-Beispiele:
Enthusiast
Neugierige
Optimist
Abenteuerlustige
Geistig Junggebliebener
Unbekümmerte
Spürnase fürs Glück

Wie alt schätzt du dich ein?

Antwort-Beispiele:
Ich bin ein Fünfjähriger.
Ich bin im besten Jugendalter.
Ich bin alterslos. Hauptsache, noch verspielt.

Was empfindest du?

Antwort-Beispiele:
Zu viel Emotion macht mich hilflos.
Am liebsten wäre ich einfach immer happy.
Schlicht Tatendrang.
Ich bin stolz, wenn ich etwas auf die Beine kriege. Das dürfen danach gern andere am Laufen halten.
Das Leben ist einfach kostbar und köstlich und viel zu kurz!
Ich habe Angst vor wirklicher Nähe.

Was bringt dich dazu, so zu empfinden?

Antwort-Beispiele:
Wenn ich gestresst bin, werde ich manchmal unkontrollierbar und verletzend.
Ich habe heftige Stimmungsschwankungen, aber ich möchte einfach obendrüber surfen.
Da ist so eine geladene Batterie in mir, die mich verleitet, den Energiehahn immer voll aufzudrehen.
Bindung ist nicht mein Ding. Da habe ich zu wenig Vertrauen – auch in mich.
Ich bin geistig eigentlich meist abwesend.

Wie ist dein Verhältnis zu anderen Menschen?

Antwort-Beispiele:
Im Vergleich mit mir sind schon die meisten Langweiler.
Wenn ich der Verkäufer bin und sie die Konsumenten, haben wir alle Spass.
Es gibt unter den anderen Träumer oder Realisten – ich bin beides.
Ich umarme gern die Welt, konkrete Menschen weniger.
Ich unterhalte sie und sie applaudieren mir.

Welches Verhältnis hast du zu meinen anderen iE-Teilen?

Antwort-Beispiele:
Ich bin diejenige, die sie immer wieder in Schwung bringt.
Die Jammer- und Leidens-Teile nerven mich und machen mir auch Angst.
Wer nicht mit mir Schritt halten kann, der lehnt mich wohl ab.
Die Gierigen und Egozentrischen meide ich.

Was fühlst du, wenn deine Position geschmälert wird?

Antwort-Beispiele:
Wenn die Rappenspalter auftauchen, tauche ich ab.
Wenn ich zu wenig Stimulanz bekomme, langweile ich mich und kann schon einmal zu Sabotage greifen.
Ich spüre vielleicht kurz einen Schmerz, lenke mich aber rasch mit etwas Spannendem ab.
Dilettant war das Schlimmste, was sie mir schon vorgeworfen haben.

Wann läuten deine Alarmglocken? Wovor hast du Angst?

Antwort-Beispiele:
Vor zu starken Gefühlen.
Wenn ich so ausgelaugt bin, dass ich einfach nicht mehr kann und zusammenbreche.
Wenn ich zu viel Gier verspüre und nichts mehr da ist, um sie zu stillen.
Wenn mein Alkoholpegel schon am späten Nachmittag bedenklich hoch ist.
Manchmal komme ich gar nicht mehr zur Ruhe, habe extreme Schlafstörungen.
Dass ich leer und hohl dastehen könnte.

Was befürchtest du für mich, wenn du deine Rolle nicht ausüben würdest?

Antwort-Beispiele:
Du wärst definitiv langweiliger.
Dir würde meine Kombinatorik fehlen. Ich stelle die ungewöhnlichsten Verknüpfungen zwischen Dingen und Informationen her.
Du würdest vor lauter Arbeiten das Vergnügliche verpassen.
Dein Glas wäre dann meist halb leer.

Welches ist dein grösstes Hindernis, dich der Führung des wahren Selbst anzuvertrauen?

Antwort-Beispiele:
Vielleicht ist es mir zu seriös?
Dann müsste ich mich wohl ziemlich mässigen.
Ich müsste schon sicher sein, dass sie meine Ideen anhört und öfters darauf anspringt.
Ich tue mich schwer mit Führung, das kommt mir einschränkend vor.

Hast du besondere Kindheitserinnerungen, die dich gestärkt oder geschwächt haben?

Antwort-Beispiele:
Ich war der kleine Sonnenschein. Es hat mir Freude gemacht, wenn andere sich über mich freuten. Sozusagen ein Perpetuum mobile.
Für gute Arbeit gab es bei uns immer eine Belohnung. Das halte ich heute noch so.
Ich hatte eine kleine Baumhütte im nahen Wäldchen. Dorthin zog ich mich in mein Fantasieschloss zurück, wenn es zuhause Schwierigkeiten gab.
Mit drei Jahren war ich lange im Spital. Dort fühlte ich mich sehr verlassen und verloren.
In der Schule führten wir mehrere Theaterstücke auf. Ich war meist der kleine Star.

Wie findest du deine Rolle im iE-Kreis? Hättest du lieber eine andere und wenn ja, welche?

Antwort-Beispiele:
Als Alleinunterhalter habe ich viel Spass. Aber es wird mir langsam zu blöd.
Ich bin idealistisch und anregend, das weckt entsprechende Erwartungen, die ich gar nie alle erfüllen kann.
Ich trete meist als Generalistin auf, auch mit Halbwissen. Ich wäre gern einmal wirklich für etwas Expertin.
Manchmal geht mir meine Genusssucht selbst auf die Nerven. Ich möchte einmal ruhig sein und mich richtig satt fühlen.

Was wünschst du dir für dich an Veränderung oder gar Befreiung?

Antwort-Beispiele:
Ich hätte gern mehr Vertrauen ins Leben, dass es einfach gut ist, wie es ist.
Ich möchte weniger blenden, dafür mehr leuchten.
Der Weg geht nach innen, das weiss ich. Aber wie kann ich dort im Dunkeln Erfahrungen machen?
Entschleunigung ist irgendwie das Zauberwort.

Erkundung deiner iE7 als Wahrnehmung im Körper

Wenn du dir deine iE7-Persönlichkeit vor Augen führst, wo «sitzt» sie in deinem Körper? Wie manifestiert sich ihre Energie?

Spürst du ihre Tendenz, in deinen Kopf zu gehen oder gar aus diesem Funken zu sprühen?

Hat sie eine Lockerheit und Flexibilität, die dir auch körperlich eine gewisse Wendigkeit verleiht?

Spürst du sie als Prickeln in deinem Kopf?

Wenn deine iE7-Energie vital aus deinem Bauchzentrum in den Kopf aufsteigt, «umschifft» sie dann den oberen Brustbereich und weicht so der inneren Bewegtheit aus?

Oder füllt sie gerade hell und beglückend deinen ganzen Herzraum aus?

Zeigt sie sich als eine gewisse Vorlage-Haltung, wie wenn du schon zum nächsten Schritt neigen würdest und daher nach vorne leichtes Übergewicht hättest?

Fühlt sie sich als Leichtigkeit in den Füssen an, die deinem Gang etwas Federndes verleiht und den Bodenkontakt erschwert?

Essenz oder Sein deines iE7-Teils

Die tiefste Grundkraft deiner iE7 besteht aus Freude, Glück und vollem Genuss. Sie kann sich in vielerlei Formen und Qualitäten des Entzückens zeigen.

Ist deine iE7 in Kontakt mit dieser «gelben Essenz», fühlst du dich sorglos und auf eine segensreiche Art unwissend. In der Tiefe spürst du eine Fülle und wohlige Sättigung. Alles ist dann einfach angenehm und befriedigend. Nach Aussen äussert sie sich wie ein Einschwingen in ein fröhliches Fest mit Tanz und Musik.

Diese Essenz zeigt sich als Unbeschwertheit. Sie macht das Herz leicht und weit. Alle Ernsthaftigkeit weicht. Sie reisst Idole vom Sockel und macht sich besonders über heiligen Hokuspokus lustig. Alle Strenge, die vom Über-Ich und seinen fixen Normen ausgeht, weicht sie auf.

Sie vermittelt eine unverfälschte Freude, eine Glückseligkeit ganz ohne äusseren Anlass. Das Leben fühlt sich süss an und köstlich. Es ist purer Genuss. Etwas von heiligem Glück oder gar Ekstase ist spürbar. Es fühlt sich an wie unbekümmertes Dich-selbst-Sein mit vollständig entspanntem Herz und Geist. Du bist bei dir, an der Quelle von Süsse und Licht.

In dieser Fülle kannst du alle Wünsche und Pläne loslassen. Du lachst über deinen Ehrgeiz und deine Fehler. Du gehst neugierig aufs Leben zu. Diese Essenz schenkt dir Wachheit und Intensität. Du fliesst mit den Dingen und geniesst es, voll gegenwärtig zu sein.

Verlust von Essenz, Entstehung des «Lochs» und das Ich-Ideal, mit welchem es gefüllt wird

Wahrscheinlich ist deine iE7 nicht in vollem Kontakt mit ihrer inne-wohnenden Essenz. Viel wahrscheinlicher ist, dass sie schon in frühen Jahren davon abgeschnitten wurde.
Sie fühlte sich nicht gesehen und nicht gehalten. Vielleicht war eine frühe Trennung der Eltern der Auslöser oder auch nur die Geburt eines Ge-schwisters.
Jedenfalls verspürte sie Mangel an Fürsorge, was ihr Vertrauen beschä-digte. Sie konnte nicht mehr damit rechnen, die benötigte Fürsorge und Begleitung verlässlich zu erhalten.

Um mit dieser Unsicherheit umzugehen, konzentrierte sie sich auf „Übergangsobjekte", Spielzeug oder Aktivitäten, die die Leere im Inne-ren ausfüllen sollten. Sie entwickelte den unbewussten Auftrag, dass sie sich selbst nähren müsse, weil es ja sonst niemand angemessen tat. Also suchte sie nach Ablenkungen und Objekten, die ihre Sinne erregten und beglückten.

Die junge iE7 sagte sich: Wenn ich es schaffe, ausreichend abgelenkt zu sein, dann brauche ich nicht darauf zu achten, wie allein und ängstlich ich mich inwendig fühle.

Auch eine beengte, begrenzte Sichtweise ihres frühen Umfeldes ver-drängte die gelbe Essenz. Die junge iE7 verlor damit die Sicherheit, ihre innere Realität wirklich zu spüren.
Der Verlust löste die unbewusste Urangst aus: Ich bin von der Quelle abgeschnitten. Ich bin verloren und orientierungslos.

Die fehlende Weite und den verengten Horizont begann sie mit der Idealisierung einer umfassenden Sicht aufs Leben zu kompensieren: Dann lieber kosmische Dimensionen und grosse Pläne statt Engstir-nigkeit. Und wenn schon der Seelengenuss fehlte, dann musste ausrei-chend materieller Ersatz zur Selbstverwöhnung her. Die Erfahrung vom «Loch» und seinem Schmerz musste fortan unbedingt vermieden werden.

So nahm die Selbst-Idealisierung ihren Lauf. Ihre Essenz-Imitation ist unübersehbar.

Die iE7 frohlockt: Ich kann überschwängliche Freude empfinden, bin munter, lebhaft und visionär. Ich bin loyal, praktisch ausgerichtet, produktiv und tüchtig. Ich bin eine Alleskönnerin, belastbar und sehr kreativ im Problemlösen. Ich sehe und fördere in jedem Menschen das Gute. Dabei bin ich locker, entspannt und unkompliziert. Ich strahle Freude aus, davon hat die Welt ja wirklich zu wenig.

Die iE7 blendet ihre Schattenanteile weitgehend aus. Die können sich in Narzissmus und Egozentrik äussern. Oft ist die iE7 gegenüber den Bedürfnissen anderer unsensibel und findet sie lästig. Sie kann dazu neigen, wie ein verwöhntes Kind aufzutreten. Dann spricht sie impulsiv alles aus, wie es ihr gerade einfällt, und überreagiert auf alles, was sie aufregt. Sie wirkt dann kindisch und unfähig, ihre Impulse zu zügeln.

Auch zwanghafte Züge können sich zeigen. Die iE7 kriegt dann Wutanfälle, wenn sie nicht bekommt, was sie unbedingt will. Auch ist sie teilweise regelrecht zerstreuungssüchtig.

Impulsiv sucht sie überall nach Vergnügen und Ablenkung. Sie hasst es still zu sein, weil sie dadurch mit ihren eigenen Ängsten und ihrem Kummer konfrontiert werden könnte. Stattdessen jagt sie dem Vergnügen hinterher – und findet es vielleicht in exzessivem Sex, Drogen, Alkohol oder Materialismus.

Auch ihr Dilettantismus ist ihr oft nicht bewusst. Sie hat einen Hang zu Grossspurigkeit und Selbstüberschätzung. Heute besucht sie einen Kurs, morgen tritt sie bereits als Experte für dessen Themen auf. Es fällt ihr oft schwer, die eigenen Grenzen zu erkennen.

Ein Heilungsweg führt über das langsame, ehrliche Kennenlernen und Integrieren dieser Schattenseiten. Das Aushalten der inneren Leere und die Konfrontation mit dem tiefliegenden Mangel an echtem Genuss, echter Freude ist für diese iE besonders schmerzlich und schwierig.

Ein anderer heilender Weg führt über die Achtsamkeit auf ihre Tugend «Nüchternheit».

Hypothese: Stell dir vor, die Tugend deiner iE7 ist schon da!

Eine weitere Möglichkeit, der Entspannung und Reife deiner iE7 nachzuhelfen, bietet folgende Hypothese:

Du stellst dir vor, deine iE7 wäre bereits ganz auf die ihr innewohnende
Tugend «Nüchternheit» fokussiert, von ihr ergriffen und verwandelt.

Was wäre dann mit dir und dieser Teilpersönlichkeit in dir, wenn sie dein
Leben bereits mit dieser Qualität bereichern würde? Wie würdest du
damit auf Lebensherausforderungen anders als gewohnt reagieren?
Wozu würde sie dich anspornen und ermutigen?

Solange die «Völlerei» dominiert, ist die iE7 sehr weit von ihrem Herz
und seiner Intelligenz entfernt. Sie hält es für einen gefährlichen Sumpf,
in dem sie sofort unterzugehen droht.

Völlerei tönt etwas herb nach mittelalterlichem Lasterkatalog, Begriffe
wie Genusssucht, Unersättlichkeit und Masslosigkeit umschreiben diese
emotionale Leidenschaft verständlicher. Wenn die iE7 diese als Angst-
abwehr und Flucht erkennt, kann sie ruhiger werden.

Das hilft ihr auch, ihre Energie zu sammeln, welche sie durch die
Umtriebigkeit oft verzettelt und erschöpft. In dieser Entschleunigung
wagt sie das ins Auge zu fassen, was sie sonst ausblendet und meidet.
Schmerz und Traurigkeit wollen ausgehalten werden. Innere Kargheit
darf sich zeigen. Es gilt, sich mit den erlittenen Wunden anzufreunden,
auch wenn der Weg durch Leere und depressive Zustände führt.

Indem die iE7 diese Leere aushält, die in der Stille lauert, erfährt sie, dass
sie nicht darin untergeht. Hier stellt sich Nüchternheit ein. Anfänglich
kommt sie der iE7 stumpf vor, wie wenn etwas fehlte oder unterdrückt
würde. Aber wenn sie dem Impuls widersteht, sofort in eine Flucht-
nach-vorne-Imagination auszuweichen, wird sie dieses Innehalten immer mehr im gegenwärtigen Augenblick ankommen lassen.

Nüchternheit ist die Frucht dieser Leere. Sie wird als Befreiung erfahren.
In diesem scheinbaren Stillstand entdeckt die iE7 und damit auch du,
dass in der eigenen Tiefe das ganze reichhaltige Spektrum des Lebens

erlebbar ist. Die zwanghafte Suche und Überaktivität im Aussen fallen damit weg.

Wenn du mit deiner ruhigen iE7 den Kontakt zur Tugend Nüchternheit herstellst, gelingt es dir, unerschütterlich im gegenwärtigen Moment zu bleiben. Was auch auf dich zukommt an Vergnüglichem oder Schmerzvollem, du bleibst mit offenem Herzen da.

Du lässt dich nicht erschüttern und weichst nicht aus, sondern bleibst vollkommen auf dieses Gegenwärtige fokussiert, gerade so, wie ein Kind in sein Spiel vertieft ist. Du spürst eine natürliche Hingabe und Bereitschaft. Was du dann tust und wofür du dich engagierst, ergibt sich massvoll und wie von selbst.

Wie sich deine «erlöste» iE7 zeigen und auswirken könnte

Im unreifen Zustand drängte dich deine iE7, mit Charme und Liebenswürdigkeit auf Menschen zuzugehen, um Angst abzuwehren. Sie verbreitete eine gute Stimmung, versuchte anzuregen und zu begeistern, bloss um negative Gefühle oder Frustration wegzuschieben.

Im «erlösten» Zustand vermittelt sie dir die Sicherheit: Du darfst dich in deiner Ganzheit zeigen und zumuten. Du wirst geliebt, gesehen und gehalten, auch wenn du nicht lustig bist, sondern Angst und Schmerz empfindest.

Ihre Ruhe und Präsenz bringen dich in Kontakt mit dir selbst. Es fühlt sich für dich an, wie wenn du auf einer tieferen Ebene in dir endlich nach Hause gefunden hast.

Wenn deine befreite iE7 ihre Kraft in dir voll entfaltet, dann kannst du dich deiner vielleicht immer noch blockierten Mutterbeziehung zuwenden.

Diese ging zusammen mit der gelben Essenz verloren. Frühe Schuldgefühle für diese Trennung machten dich zu loyal mit der Mutter und ihren Leiden. Glücklich zu sein löste in dir Schuldgefühle ihr gegenüber aus. Diese Bindung gilt es zu lösen. Du findest Wege, die berechtigte Sehnsucht nach dem Mütterlichen in anderen Beziehungen zu stillen.

In der Verbindung deines wahren Selbst mit dem entspannten iE7-Teil erfährst du folgendes befreites Dasein:

Ich fühle mich zunehmend eingebunden in die Intelligenz des Lebens. Mein Vertrauen in meine natürliche, nicht mehr kopfgesteuerte Entwicklung wächst. Anstelle des früheren Pläneschmiedens im Kopf sind nun Herz und Seele ganz präsent und konzentrieren sich auf die gegenwärtige Entfaltung meines Lebens.

Ich geniesse es, einfach mich selbst zu sein. So bin ich auch Teil der Entfaltung des gesamten Seins. Früher hatte ich Spass, heute verspüre ich echte Freude und Zufriedenheit. Ich bin auf eine freiheitliche Weise spontan.

Ich erfahre tiefes Mitgefühl, mit mir selbst und mit anderen. Meine Gefühle dürfen so sein, wie sie eben sind. Ich empfinde sie nicht mehr als Last, sondern als Bereicherung, die meine Lebendigkeit ausdrückt.

Manchmal fühle ich mich als Geschenk für die Welt, einfach, indem ich da bin. Ich habe die natürliche Fähigkeit, das Spirituelle im Materiellen wahrzunehmen. Alles ist Geschenk von GOTT und kann mich in Entzücken versetzen.

iE8

Allgemeiner Beschrieb deiner iE8

Deine iE8 steht für den animalischen Teil in dir. Zweifelsohne steckt in jedem Menschen, also auch in dir, noch etwas vom Tier. Die Evolutionsgeschichte zeigt eine enge Verwandtschaft von Mensch und Menschenaffen wie Schimpansen oder Bonobos: Die Genome weisen über 96 % Übereinstimmung auf.

Die rohe und möglicherweise bedrohliche Seite dieser Tatsache umfasst deine Triebhaftigkeit. Auch in dir steckt ein riesiger, gieriger Appetit, eine primitive Luststeuerung.

Die schöne und starke Seite dieser tierischen Natur ist auch gegeben: Sie macht dich überlebensfähig, schenkt dir instinktives Gespür und auch jede Menge sinnliche Lustbefriedigung.

In der Terminologie Freuds ist die iE8 am nächsten bei der ungezähmten Triebenergie des «Es».

Falls du nur eine sehr unscheinbare, gezähmte iE8 zu haben meinst, entdeckst du durch diese Erkundung vielleicht weitere Aspekte, die du durch deine Sozialisation weggesteckt, eingeschlossen oder verdrängt hast. Hier gibt es viel Tarnung und raffinierte Umlenkung, welche diese archaische Kraft in sozial verträgliche Bahnen lenkt.

Die iE8 kann in dieser Verhinderung sehr negative Auswirkungen an den Tag legen. Sie kommt dann zum Beispiel in kurzen Ausbrüchen von roher, perverser oder primitiver Gewalt zum Vorschein.

Vor dieser dunklen Seite haben viele Angst und versuchen daher, sie noch besser zu unterdrücken oder zu leugnen. Aber Triebenergie lässt sich so nicht zum Verschwinden bringen. Und wo sie sich nicht nach aussen Bahn schaffen kann, wütet sie nach innen mit selbstzerstörerischen oder depressiven Auswirkungen.

Deine iE8, wenn du sie gut kennst, akzeptieren und entspannen kannst, schenkt dir wahre Vitalität. Sie vermag reine Lebenskraft freizusetzen und verleiht enorme Energie.

Durch das Verstehen der Leidenschaft, in diesem Fall der «Wollust», gelangst du zur entsprechenden Tugend. Du gewinnst mit der Befreiung deiner iE8 die Tugend der «Unschuld» zurück.

Stell dir diese als einen reinen Anfangszustand vor. Sie vermittelt dir dein elementares Wesen, wie du bist ohne all die daraufgesetzten Haltungen, Neigungen, Färbungen und Tönungen.

Anfängergeist ist das Wesen der befreiten iE8. Etwas vom reinen Herzen und von Absichtslosigkeit ist ihr im besten Fall zu eigen.

Dialogfragen von dir in Selbst-Führung an deine iE8, um sie näher kennenzulernen

Was ist deine Aufgabe?

Antwort-Beispiele:
Ich fühle mich verantwortlich dafür, dass du die Dinge mutig anpackst.
Ich helfe dir dranzubleiben und nicht auszuweichen.
Ich stärke deine Eigenwilligkeit.
Ich verleihe dir Chuzpe.

Welche Rolle spielst du in meinem System?

Antwort-Beispiele:
Ich bin dein innerer Boss!
Ich sorge für Grosszügigkeit und Direktheit.
Ich bin deine kämpferische Seite.
Ich halte die Fäden in der Hand und kontrolliere alles, damit es gut herauskommt.
Ich bin Tempogeberin und deine leidenschaftliche Energie.

Gebe ich dir ausreichend Daseinsberechtigung oder fühlst du dich verhindert?

Antwort-Beispiele:
Du verkennst häufig, wie wichtig und unersetzlich ich bin.
Ohne mich kommst du in diesem Dschungel nicht zurecht!
Du hältst mich manchmal für das schwarze Schaf, das macht mich stinksauer.
Immer, wenn du so verklemmt tust, würgst du mich ab.

Ich bin dir nur mit angezogener Handbremse genehm.
Schon vor dem kleinsten Exzess schreckst du zurück.
Jüngst kam ich so richtig in Fahrt und habe dich mit Genusssucht überschwemmt.
Geil!

Welchen Namen soll ich dir geben?

Antwort-Beispiele:
Nenn mich Boss
Mein Name lautet: Die-die-reinen-Tisch-macht
Ich bin die personifizierte Wut
Der Kämpfer
Die Toughe
Der Gerechte
Die Rächerin
Der Beschützer
Die Exzessive

Wie alt schätzt du dich ein?

Antwort-Beispiele:
Ich bin eine trotzige Dreijährige.
Ich bin 15, eine andauernd Pubertierende.
Ich bin genau so alt wie du.

Was empfindest du?

Antwort-Beispiele:
Ich bin direkt und ehrlich.
Ich finde Streitlust vitalisierend.
Wenn ich Macht habe und mich durchsetzen kann, geht es mir gut.

Was bringt dich dazu, so zu empfinden?

Antwort-Beispiele:
Ich habe eben Mut.
Ich fürchte mich vor nichts und niemand.
Mein natürlicher Instinkt ist wach und sehr nützlich.
Geradeheraus ist doch viel einfacher als jede diplomatische Verrenkung!

Wie ist dein Verhältnis zu anderen Menschen?

Antwort-Beispiele:
Ich bin ein Vollblut-Typ, die meisten Menschen sind dagegen Weicheier.
Ich versuche zu dominieren, was mit oft gelingt.
Die meisten sind Feiglinge.
Ich halte Ausschau nach solchen, die mit mir auf Augenhöhe sind.
Es gibt schon viele Schweine und Penner!
Ich verzichte darauf, je wieder zum Opfer gemacht zu werden.

Welches Verhältnis hast du zu meinen anderen iE-Teilen?

Antwort-Beispiele:
Ab und zu muss ich sie ziemlich massiv ankicken, damit sie sich durchsetzen.
Die lauten und kraftvollen Teile mag ich lieber als die zahmen.
Wenn sie zwei- oder gar mehrdeutig sind, nerven sie mich.
Auch die Zögerlichen stressen mich.
Mit denen, die sich schnell ärgern, laufe ich rasch warm.
Ich möchte mehr klare Zuständigkeiten, dass sich nicht immer jeder überall einmischen kann.

Was fühlst du, wenn deine Position geschmälert wird?

Antwort-Beispiele:
Dann sehe ich rot.
Dann ziehe ich mich zurück und verachte alle.
Ich lasse mir den Lead nicht so schnell entreissen.
Ich mag alles oder nichts. Ich bin dann auch mal weg.
Meistens fühle ich mich sehr verantwortlich und halte allen das Ziel vor Augen.
Die brauchen mich doch!
Da habe ich schon öfters viel Geschirr zerschlagen.

Wann läuten deine Alarmglocken? Wovor hast du Angst?

Antwort-Beispiele:
Wehe, wenn sich eine Unfähigere Autorität anmasst!
Wenn man mit mir konkurrenzieren will.
Die Alarmglocken läuten nicht so schnell, ich komme mit Konflikten gut klar.
Ich will nicht abgesägt werden.
Allzu viele Emotionen, Tränen etwa, stören mich. Vor allem meine eigenen.
Wenn ich nicht respektiert werde ...

Was befürchtest du für mich, wenn du deine Rolle nicht ausüben würdest?

Antwort-Beispiele:
Du würdest verhungern.
Du würdest untergehen.
Du wärst das gefundene Opfer für viele.
Du wärst viel zu nachsichtig und hättest keine gerade, klare Linie.
Du wärst doch saft- und kraftlos!

Welches ist dein grösstes Hindernis, dich der Führung des wahren Selbst anzuvertrauen?

Antwort-Beispiele:
Ich führe selbst einfach zu gern.
Ich kann dir doch nicht einfach so ohne weiteres vertrauen.
Es muss mir schon beweisen, dass es etwas taugt und führen kann.
Vielleicht tut es nur scheinheilig, das würde ich total ablehnen.

Hast du besondere Kindheitserinnerungen, die dich gestärkt oder geschwächt haben?

Antwort-Beispiele:
Ich musste früh selbständig sein.
Ich wurde viel bestraft, auch körperlich, ohne genau zu wissen, wofür.
Ich war vier oder fünf, als mein Bruder meinen Teddybär abfackelte. Das war das letzte Mal, dass ich geweint habe.
Ich habe meine Schale früh hart gemacht zum Überleben.
Sogar mein Vater hatte Angst vor mir, seit ich das erste Mal zurückschlug.

Wie findest du deine Rolle? Hättest du lieber eine andere und wenn ja, welche?

Antwort-Beispiele:
Sie ist anstrengend.
Ich übernehme zu viel Verantwortung, da könnte ich ruhig etwas abgeben.
Ich habe aber schon gern eine grosse Mission und gebe dafür vollen Einsatz.
Ich bin die geborene Leaderin, hintenanstehen geht gar nicht.
Wenn es mir gelänge, einfach einmal lange nichts als stillzusitzen …

Was wünschst du dir für dich an Veränderung oder gar Befreiung?
Antwort-Beispiele:
Gern würde ich der Welt nicht mehr als so animalisch-darwinistisch misstrauen.
Ich möchte meinen Krieg mit der Welt beenden.
Ich wäre manchmal gern weicher und einfach im natürlichen Fluss.
Statt so hart und bodenständig zu sein, möchte ich wieder mehr in Kontakt
kommen zum «Himmel» und zum «grossen Ganzen».
Ja wirklich, ich möchte gern ein Teil der göttlichen Realität sein.

Erkundung deiner iE als Wahrnehmung im Körper

Wenn du dir deine iE8-Persönlichkeit vor Augen führst, wo «sitzt» sie in deinem Körper? Wie manifestiert sich ihre Energie?

Zeigt sie sich als Wärme oder gar Hitze im Beckenbereich?

Hat sie die Qualität von Lava, das aus dem Bauchzentrum strömt, deine Beine und den ganzen weiteren Körper zu durchfliessen und zu füllen vermag?

Verspürst du sie als Wachheit? Macht sie dich vital und lebendig?

Hat sie die Eigenschaft, sich gross zu machen, auszudehnen, jede Enge zu sprengen?

Bemächtigt sie sich deiner ganzen Körperkraft und auch deiner Stimme, so dass du lauter und wuchtiger auftrittst als gewöhnlich?

Essenz oder Sein deines iE8-Teils

Die tiefste Grundkraft deiner iE8, ihre Essenz, besteht aus Leidenschaft und Intensität, aus Vitalität und Kraft.

Diese kann im besten Fall dein ganzes System – körperlich, emotional und mental – mit Stärke erfüllen und beleben. Mit dieser Energie bist du wach und stehst mutig auf eigenen Füssen. Mit ihr hast du Lust, dich voll ins Leben zu stürzen. Hier sagst du Ja zum Leben. Sie schenkt dir Mut, den Herausforderungen des Lebens zu begegnen und standzuhalten.

Diese «rote Essenz» ermöglicht durch ihre hohe Aktivität Wachstum und Verwirklichung. Sie will alle Seiten des Lebens kennenlernen und ausleben. Gleichzeitig lässt sie dich die volle Verantwortung für dein Handeln übernehmen.

Diese Essenz-Qualität kann auch als «gesunde Aggressivität» bezeichnet werden. Es ist die authentische, sich selbst behauptende Stärke. Sie neigt zu Elan und ungezügelter Energie. Sie steigert den Mut, spontan und unerschrocken aufs Leben zuzugehen. Auch Schwierigkeiten oder Bedrohungen konfrontiert und meistert sie furchtlos. Sie ist pure Kühnheit.

«Aggression» ist immer noch sehr negativ besetzt. Die hier beschriebene allerdings ist nichts Rohes oder Destruktives, sondern will anerkannt sein als mutiges Durchsetzungsvermögen.

Verlust von Essenz, Entstehung des «Lochs» und das Ich-Ideal, mit welchem es gefüllt wird

Deine iE8 ist wahrscheinlich nicht in ihrer derart vollen, gesunden Kraft in dir präsent. Bei den allermeisten Menschen hat sie früh Widerstand oder Ablehnung von innen und aussen erfahren.

Sie wirkte überfordernd auf ihr Umfeld. Sie wurde nicht in ihrem reinen, direkten und unschuldigen Kraftausdruck willkommen geheissen. Zu früh erlebte sie infolgedessen Freiheitsentzug und übermässige Kontrolle.
Dieser frühe, vorbewusste Verlust ihrer Essenz ist grausam für deine iE8 gewesen, wie wenn ihr Allerwirklichstes ausgelöscht und verbannt worden wäre.

Zu jenem Zeitpunkt begann die iE8 zu realisieren, dass mit ihr offenbar etwas nicht stimmt. Das Gefühl von Machtlosigkeit tauchte auf. Sie fühlte sich schwach und verletzlich.

Da waren auch eine Offenheit und Empfänglichkeit, die an sich attraktiv gewesen wären. Aber weil sich das schwach anfühlte, machte es einfach nur Angst.

Hier nahm die Vermeidungsstrategie deiner iE8 ihren Anfang. Diese Angst sollte gebannt werden, sollte verschwinden und möglichst nie mehr gefühlt werden müssen. Alles andere schien erstrebenswert, aber Schwäche musste um jeden Preis vermieden werden.

Die iE8 verlegte sich nun auf Schuldzuweisung, denn irgendjemand musste ja dafür bestraft werden, dass sie diesen Verlust erlitt. Sie legte sich eine Rüstung zu. Sie machte ihr Herz dicht gegen Angst, Traurigkeit, Bedürftigkeit oder Scham. Dieser Panzer sperrte zwangsläufig auch andere Gefühle weg wie Freude, Zuneigung, Zärtlichkeit oder Wertschätzung von Menschen.

Mit anderen Worten: Hier begann sich die Ich-Ideal-Seite des iE8-Teils zu entwickeln. Das Persönlichkeits-Muster nahm seinen Anfang. Dieses zeigte sich als Kraft und Stärke, aber leider nicht mehr in ihrer essenziellen Qualität, sondern als quasi billige Nachahmung und Imitation.

Von da an war im Innern deiner iE8 immer weniger echte Vitalität vorhanden, stattdessen nahm Gefühllosigkeit zu. Die imitierte Stärke leugnete nun alles, was optimistisch, fröhlich und hoffnungsvoll war im Leben. Die iE8 setzte eine zynische Brille auf. Sie beobachtete das Leben aus misstrauischer Perspektive und befürchtete, übervorteilt, ausgebeutet, gedemütigt oder bedroht zu werden. Das machte sie wütend. Das weckte ihren Kampfgeist und ihre rohe Streitlust.

Die aktuelle Frage lautet, wie sie sich damit im inneren System positionieren und durchsetzen kann.

Meist wird diese ungehobelte Kraft auf der «inneren Bühne» nicht akzeptiert und gutgeheissen. Das vermittelt der iE8, dass sie nicht berechtigt ist, da zu sein.

Entweder akzeptiert sie es, ausgestossen zu werden und verkriecht sich. Aber wenn sie schon kaum geduldet und von gewissen anderen iE verhindert wird, dann gibt sie sich möglicherweise ganz gefühllos und sendet damit eine gewisse destruktive Betäubung ins ganze System aus.

Die verhinderte iE8 wird zum ablehnenden und verneinenden Teil. Sie spürt nichts als innere Leere. Manchmal kompensiert sie diese mit

Leidenschaftlichkeit, geht auf Konfrontation mit anderen, nur um dadurch wieder auf Touren zu kommen.

Der Verlust von Essenz bewirkt das Gefühl eines Lochs. Die iE8 kompensiert diesen Mangel wie alle anderen iE, indem sie das Verlorene imitiert. Ihr Selbst-Ideal konstruiert sie aus Versatzstücken jener verlorenen Stärke-Qualität:

Sie idealisiert sich als grossmütig, grosszügig, mutig, aufrichtig und direkt. Sie bildet sich ein, verantwortungsvoll mit Macht umzugehen. Sie sieht sich mit grossem Selbstvertrauen ausgestattet und mit Führungsstärke. Sie meint, als einzige für Wachstum und Expansion zu sorgen und andere Menschen zu beschützen und zu fördern. Sie ist überzeugt, durchsetzungskräftig, gerecht, ehrenwert, realistisch und fair zu sein.

Dieses Ich-Ideal ist vor allem in Menschen dominant, die sich zum Enneatyp E8 zählen. Ihre iE8 ist als innere Chefmanagerin derart am Drücker, dass die Persönlichkeit (Ego, «falsches Selbst») sich meist vollständig mit diesem inneren Teil identifiziert.

Das Ich-Ideal hat als kompensatorische Positionierung aber immer auch ausgeblendete Schattenanteile. Die erkennen die anderen weit klarer, in unserem Fall also die anderen iE-Teile oder andere Menschen im Umfeld. Sie erkennen oder spüren die Dominanz und Führungsanspruch der iE8.

Deren Wahrnehmung ist dann viel öfters: Da agiert eine oder einer machtbesessen, ist hemmungslos aggressiv und rücksichtslos. Er oder sie gebärdet sich exzessiv, tritt diktatorisch, gewalttätig oder gar tyrannisch auf. Der Ausdruck ist grobschlächtig und zeugt von Grössenwahn. Sie oder er tritt brutal auf und meist kontrollsüchtig.

Ein Heilungsweg führt über das Erkennen und Integrieren dieser Schattenthemen.

Ein anderer setzt sich mit der Tugend «Unschuld» auseinander.

Hypothese: Stell dir vor, die Tugend deiner iE8 ist schon da!

Eine weitere Möglichkeit, der Entspannung und Reife deiner iE8 nach-
zuhelfen, bietet also diese Hypothese:
Du stellst dir vor, deine iE8 wäre bereits ganz auf die ihr innewohnende
Tugend «Unschuld» fokussiert, von ihr ergriffen und verwandelt.

Was wäre dann mit dir und dieser Teilpersönlichkeit in dir, wenn sie dein
Leben bereits mit dieser Qualität bereichern würde? Wie würdest du
damit auf Lebensherausforderungen anders als gewohnt reagieren?
Wozu würde sie dich anspornen und ermutigen? Wie veränderten sich
dadurch deine Handlungen?

Nimm an, deine iE8 sei bereits von Unschuld erfüllt. In Verbindung mit
ihr lässt du das Leben unbefangen auf dich zukommen. Du gehst ohne
Vorurteile, Agenden oder Machtmotive an jede neue Situation zu. Du
respektierst, was da an Menschen oder Umständen auftaucht. Du
enthältst dich jedes Urteils.

Du hast das Gespür für die richtige Energie-Balance – nicht zu viel und
nicht zu wenig, jeder Situation stimmig angepasst. Mit dieser Ausrichtung erlebst du deinen Körper und seine Kraft als belebt und durchpulst,
auch im niedertourigen Modus.

Diese Haltung deiner iE8 macht dich offen, neugierig und eben auch
verletzlich.
Hier kannst du den Widerstand und die Abwehr der entsprechenden
Leidenschaft Wollust am besten in flagranti ertappen. Diese Impuls-
Wahrnehmung zeigt dir, was an alter Programmierung noch vorhanden
ist. Aber du lebst es nicht mehr aus, hältst dieser «Versuchung» stand,
gibst ihrem Zwang nicht nach. Die emotionalen Alarmknöpfe werden
zwar gedrückt, aber du nützt den winzig kleinen Raum zwischen Reiz
und Reaktion. Du hältst inne und bleibst voll achtsam da.

Für das Üben dieser Beobachtung brauchst du manchen ruhigen Mo-
ment, in dem nichts unmittelbar in Tat umgesetzt werden muss.
Vielleicht braucht deine iE8 mehr Geduld und Stille als jeder andere iE-
Teil. Ihr Antrieb drängt immer gleich zu Machtbehauptung, Angriff oder
Verteidigung. Hier kannst du ausgiebig betrachten, wie es um die Kraft,
Aktivität und eben auch Reife deiner iE8 bestellt ist.

Anzeichen für eine überwache, aufgeregte und überdominante iE8 wären:

Sie setzt dir unversehens rasch die Vorurteilsbrille auf. Sie überfällt dich mit ihrem unbedingten Durchsetzungswillen. Sie giert nach Action und verlangt dir alle Kraft ab, um Zurückhaltung zu wahren. Sie verhärtet dich und lässt dich angespannt die Kontrollzügel in der Hand behalten.

Sie drängt dir ihren kompromisslosen Widerstand auf, der es dir ungemein schwermacht, in einer Situation auch nur in Betracht zu ziehen, dass du nachgeben könntest. Sie pfeift ungeduldig auf alles, was nach Kompromiss riecht, und will dir ihre Dschungel-Philosophie aufzwingen.

Wenn du also diese Impulse verspürst, hältst du inne, fühlst einfach, was da ist, aber hältst ihm Stand, ohne darauf zu reagieren und etwas auszuagieren. Du bleibst beim reinen Gefühl.

Das verlangt grosse Ehrlichkeit und Realitätsliebe. Nach der ersten heftigen Welle kann sich ein weiteres, tieferliegendes Gefühl einstellen, nämlich das von Verletzlichkeit und Schwäche. Und genau hier machst du die Rückkoppelung an die Tugend «Unschuld». Sie ist die reine Lebensenergie, die zu echter Vitalität verhilft.

Wie sich deine «erlöste» iE8 zeigen und auswirken könnte

Wenn deine iE8 ihre Kraft befreit leben darf, ist sie für dich in vielerlei Hinsicht eine wertvolle Hilfe.

Sie macht dir Mut, dich innerlich von Beeinflussung deiner Eltern zu lösen. Sie schenkt dir Rückgrat und Respekt für dich selbst. Sie ermächtigt dich, für dich selbst einzustehen und nicht immer nur auf andere zu reagieren. Sie will, dass du deine eigene Wahrheit ausdrückst, ohne dafür andere wegzuschieben. Sie verleiht dir Autonomie und fördert auch deine spirituelle Reife.

Sie hilft dir, dein einzigartiges Wesen zu sein, das du in Wirklichkeit bist. Sie ermächtigt dich, frei und unabhängig zu leben.

Eine weiche iE8 gibt dir die Erlaubnis:
Du wirst geschützt, auch wenn du hilfebedürftig und schwach bist.
Du stehst nicht allein, die Menschen sind da, um dich zu schützen.

In der Verbindung deines wahren Selbst mit dem entspannten iE8-Teil erlebst du folgendes befreites Dasein:

Ich kann mich entspannen und vertraue immer mehr meinem inneren Reichtum. Ich empfinde meine Unschuld und Offenheit als zu mir gehörige, wirkliche Stärken und spüre, welche immense Kraft diese Verletzlichkeit und Weichheit haben. Ich kann diese für die Veränderung der Welt einsetzen, ohne verletzende Aggression oder Kampf.

Ich kann meine Lebendigkeit und Dynamik zeigen und spüre, wie meine einfache, klare Wahrheit meine Umgebung verändert.

Meine Stärke und Kraft fliessen von innen heraus, ganz unverkrampft, sie sind jetzt echt, flexibel und mitfühlend.

iE9

Allgemeiner Beschrieb deiner iE9

Deine iE9-Persönlichkeit in ihrem «Normalzustand» ist jener Teil von dir, der fern von deiner Tiefe leben will. Sie ist sozusagen im spirituellen Tiefschlaf. Sie verkörpert grundsätzlich das Wesen der Fixierung: Das Äussere, Periphere erhält mehr Aufmerksamkeit als die Innenwelt.

Deine iE9 schenkt dir das Wohlgefühl, gutherzig und erdverbunden zu sein und dir ein bequemes Nest gebaut zu haben.

Wenn sie noch so richtig vernebelnd in dir wirkt, ist dir die Haltung vertraut, dein Wesen sei keiner besonderen Aufmerksamkeit wert. Du hältst dich weder für wertvoll noch für liebenswert.

Du meinst, nichts Wesentliches zu besitzen. Du strahlst eher Abwehr aus: Bitte beachtet mich nicht!

In ihrem unterentwickelten Zustand also ist deine iE9 eine Bremserin. Sie lässt dich an alten Mustern festhalten, am Gewohnten. Sie hat nicht gern Veränderung. Einmal (durch Anpassung) gewählte Werte sind fix für sie.

Das mag solide und zuverlässig wirken, beständig und ausdauernd, ist im Grunde aber weit weg vom Sein und vom Lebendigen. Die Rituale wirken gewohnheitsmässig, bequem und mechanisch.

Die iE9 ist somit kein Störfaktor in deinem inneren System. Sie sucht das Komfortable und hilft dir, Spannungen auszuweichen. Sie ist deine perfekte Komplizin in Sachen Konfliktvermeidung.

Sie besitzt eine grosse Unschlüssigkeit, was zu widersprüchlichen Verhaltensweisen und Gefühlen führt. Einerseits hilft sie dir so, dich Gegebenheiten, Meinungen und Wünschen anderer anzupassen. Wenn ihr dies aber zu viel wird, kann sie auch halsstarrig werden, trotzig Widerstand leisten und dich passiv-aggressiv und stur reagieren lassen.

Meist ist die iE9 eine unkomplizierte Teilpersönlichkeit von dir, ganz friedlich, ruhig und fürsorglich. Sie kann sanftmütig und bescheiden sein, und sogar ihre Feinde lieben. Warum solltest du daran etwas ändern? Eben, weil das ein Zustand in Narkose ist! Weil die Not deiner iE9 – und damit auch deine, wenn sie dich dominiert – darin besteht, dass sie nicht wirklich in sich selbst ruht, in Selbstvertrauen und Selbstwert.

Sie ist mit ihrem tiefen Wesen unverbunden. Sie hält sich in der Tiefe für unzureichend und minderwertig. Dort ahnt sie eine öde, düstere, morastige Landschaft.

Wenn sie ihre emotionale Leidenschaft «Trägheit» – bei Evagrius Ponticus heisst sie «acedia» – erfasst und aus dieser Betäubung aufwacht, kann sie zur vollen Präsenz ihres echten Wesens gelangen.

Dann kommt ihre Tugend zum Tragen, das «richtige Handeln». Dieses kommt aus dem Kern ihres Seins und führt zu inspirierten Taten, die mit den echten Bedürfnissen aller – auch unseres Planeten – übereinstimmen.

Dialogfragen von dir in Selbst-Führung an deine iE9, um sie näher kennenzulernen

Was ist deine Aufgabe?

Antwort-Beispiele:
Ich schaffe Harmonie, indem ich nett, sanft und liebenswürdig bin.
Es entspricht meiner Begabung, Anpassung oder gar Verschmelzung herbeizuführen.
Ich sorge immer öfter dafür, dass du herausfindest, was du willst und es angehst.
Ich bin der Teil, der für ein ruhiges, gemütliches Leben sorgt.

Welche Rolle spielst du in meinem System?

Antwort-Beispiele:
Ich bringe die nötige Beruhigung und Unaufgeregtheit hinein.
Ich habe für alle Standpunkte Verständnis und bin für Toleranz zuständig.
Ich vermittle allen die Sicherheit, dass es schon gut kommt.
Ich bin die personifizierte Nachgiebigkeit.

Gebe ich dir ausreichend Daseinsberechtigung oder fühlst du dich verhindert?

Antwort-Beispiele:
Du bist mir oft zu aggressiv. Zorn macht mir Angst, da werde ich ganz apathisch.
Oft passe ich überhaupt nicht in deine geselligen Veranstaltungen.
Du bist so gesundheitsbewusst, dann darf ich weder knabbern noch sonstige Völlerei betreiben.
Ich möchte es nicht immer so genaunehmen wie du, weil mir die Gnade der Unschärfe wichtig ist.
Du nimmst mich sehr gut wahr und vertraust meiner stabilen Harmonie.

Welchen Namen soll ich dir geben?

Antwort-Beispiele:
Friedenstifter
Nenne mich Die-gern-verschwindet
Konfliktscheuer
Stoikerin
Ausgeglichener
Entspannungsfähige
Beruhiger
Gewohnheitstier

Wie alt schätzt du dich ein?

Antwort-Beispiele:
Ich bin vier und wohne auf dem Sofa.
Ich bin zwanzig und habe dauernd Stöpsel im Ohr.
Ich bin uralt und gelassen wie Buddha.

Was empfindest du?

Antwort-Beispiele:
Ich bin unwichtig.
Ich befürchte, ich könnte jemanden vor den Kopf stossen und Streit auslösen. Also versuche ich möglichst, niemandem weh zu tun.
Ich habe Angst, ich könnte liebe Menschen durch Konflikte verlieren.
Ich werde gar nicht gern vereinnahmt. Dann kann ich mich jederzeit ausklinken und in mein inneres Refugium zurückziehen, wo es friedvoll, ruhig und sicher ist.

Was bringt dich dazu, so zu empfinden?

Antwort-Beispiele:
Es ist doch am einfachsten, wenn ich allen ihren Willen lasse.
Ich möchte wirklich niemandem zur Last fallen.
So kann ich aus der Schusslinie bleiben.
Dann brauche ich mich nicht zu entscheiden oder eine Position zu vertreten.
Ich habe von Haus aus ein grosses Bedürfnis, allein zu sein.

Wie ist dein Verhältnis zu anderen Menschen?

Antwort-Beispiele:
Man sagt mir manchmal, ich sei geistesabwesend. Dabei dränge ich mich einfach nicht so vor.
Ich mag die Verlässlichen, die nicht jeden Tag das Rad neu erfinden müssen.
Ich bin unkompliziert und nicht wählerisch. Ich kann es mit allen.
Manchmal befürchte ich, ich sei ein Kontaktvermeider.
Ich kann ihnen ausdauernd und verständnisvoll zuhören.

Welches Verhältnis hast du zu meinen anderen iE-Teilen?

Antwort-Beispiele:
Da bin ich der Seismograph. Wenn die Stimmungen und Schwingungen nicht übereinstimmen, reagiere ich darauf.
Ich halte mich für das Bindeglied im System. Ich pflege zu allen Kontakt und bin entsprechend gut informiert.
Mir fällt die Rolle des Mediators leicht, mit meiner eigenen Meinung halte ich mich zurück.
Ich bin schon ein Gruppenmensch. Dazuzugehören ist mir sehr wichtig.
Wenn es welche gibt, mit denen ich Mühe habe, dann sind es die Antreiber-Typen. Da schalte ich sofort auf stur.
Es wäre schön, wenn die mir mehr zuhören würden, ohne schon Ratschläge mitzuliefern.

Was fühlst du, wenn deine Position geschmälert wird?

Antwort-Beispiele:
Wenn ich so schön intensiv dran bin und es dann heisst, ich würde mich in Nebensächlichkeiten verlieren, dann fühle ich mich echt unverstanden.
Ich bin doch einfach friedliebend. Warum werfen sie mir vor, konfliktscheu zu sein?
Ich würde gern vermehrt meinen eigenen Standpunkt einbringen, aber andere sind immer schneller und lauter und selbstsicherer …

Wann läuten deine Alarmglocken? Wovor hast du Angst?

Antwort-Beispiele:
Wenn ich spüre, wie viel Leben in mir blockiert ist.
Überhaupt, dass ich höchstens ein Secondhand-Leben führe.
Wenn ich so auf Bescheidenheit und Understatement mache, dass ich unsichtbar werde.
Dass die Probleme in der Welt überhandnehmen und ich überhaupt nichts dagegen machen kann.
Ich habe Angst davor, dass ich gar nie richtig verstehe, was man mit Entwicklung bezeichnet.

Was befürchtest du für mich, wenn du deine Rolle nicht ausüben würdest?

Antwort-Beispiele:
Dann wäre es aus mit deiner Geduld.
Und mit deinem Durchhaltevermögen ebenso.
Du kämst schlicht aus dem Gleichgewicht.
Du würdest dir viel zu wenig Entspannung gönnen.
Du würdest dich zu wichtig nehmen.

Welches ist dein grösstes Hindernis, dich der Führung des wahren Selbst anzuvertrauen?

Antwort-Beispiele:
Ich bin träge und auch stur, wenn meine Autonomie auf dem Spiel steht.
Vielleicht, dass ich mich dann gleich mit ihm identifiziere.
Es dauert bei mir halt endlos lange, bis ich mich zu etwas entschliessen kann.
Ich bin der ideale Mitläufer, mit Führung verbinde ich auch Unterwerfung, nicht wirklich mein Ding.
Ich sehe keines, so kooperativ wie ich bin.

Hast du besondere Kindheitserinnerungen, die dich gestärkt oder geschwächt haben?

Antwort-Beispiele:
Ich hatte insgesamt eine glückliche Kindheit.
Bei uns galt man mit Gefühlen bald einmal als hysterisch. Zorn durfte schon gar nicht sein und laute Rebellion auch nicht. Es fiel mir nicht besonders schwer, dies alles zu unterdrücken.

Meine Eltern waren sehr unterschiedlich und es gab andauernd unüberwindbare Fronten zwischen ihnen. Ich verstand beide, aber mein Versöhnungsauftrag überforderte mich heillos.
Innerhalb meiner fünf Geschwister war ich die unscheinbarste. Ob ich mich anstrengte oder nicht, ich blieb unbeachtet und verlor früh meine Zeigelust und irgendwie auch gleich meinen Selbstwert.

Wie findest du deine Rolle? Hättest du lieber eine andere und wenn ja, welche?

Antwort-Beispiele:
Eigentlich ist meine Rolle der Friedensförderin noch ganz schön. Es wäre aber einfacher, wenn ich innerlich nicht so zittern müsste dabei, sondern es ganz selbstverständlich sein dürfte.
Es gefällt mir, Ruhe und Sicherheit auszustrahlen. Inwendig ist davon aber nicht viel vorhanden.
Ich würde gern zeigen, was ich kann, ohne zu übertreiben und allzu offensichtlich um Anerkennung zu werben.
Es würde mir Energie verleihen, wenn ich vom Zögern ins mutige Anpacken gelangen könnte.

Was wünschst du dir für dich an Veränderung oder gar Befreiung?

Antwort-Beispiele:
Ich möchte öfters den ersten Schritt machen, statt zu hoffen, dass sich mit Abwarten alles von selbst erledigt.
Ich würde gern nach dem Motto leben: wenn es sich richtig anfühlt, dann tue ich es. Gern würde ich meine Energie verdreifachen können beim Auftreten.
Ich möchte mehr Stille suchen und meine kontemplative Seite ausleben. Ebenso möchte ich das Göttliche im Alltäglichen aufspüren.
Wenn es mir gelänge, auf der Herzebene ebenso einfühlend zu werden wie auf der körperlichen ...

Erkundung deiner iE9 als Wahrnehmung im Körper

Wenn du dir deine iE9-Teilpersönlichkeit bewusst machst, wo «sitzt» sie ich Körper? Wie manifestiert sich ihre Energie?

Deine iE9 gehört zur Bauch-Triade, hat aber ihren Körperkontakt blockiert.

Ist dein Muskeltonus gewöhnlich eher tief und weichst du körperlicher Spannung aus?

Oder ist immer Spannung in dir und hält dich ein erhöhtes Energielevel ständig in Bewegung?

Wie steht es um dein Rückgrat? Fällt es dir schwer, dich gerade zu halten und Selbstbewusstsein auszustrahlen?

Bist du manchmal in bestimmten Körperteilen wie apathisch und schmerzunempfindlich, wo es eigentlich weh tun sollte?

Spürst du öfters ein Versacken im Beckenbereich, und schwindet die Energie beim übermässigen Essen oder Fernsehen noch mehr?

Kocht ab und zu überraschend (unbewusst angestaute) Wut in dir hoch, einem kurzen, heftigen Vulkanausbruch gleich, der sogleich wieder erlischt?

Essenz oder Sein deines iE9-Teils

Die tiefste Grundkraft deiner iE9, ihre Essenz, ist das grundlegende Gutsein des Lebens. Sie wird von Almaas «lebendiges Tageslicht» genannt oder «grenzenlose Liebe».
Die ganze Existenz ist in dieser Wahrnehmung eine Wohltat. Sie zu erfahren ist ein Geschenk, es bedeutet Genuss und Segen. Es ist wie das Eintauchen in grenzenlose Liebe, von der die ganze Welt, das ganze All erfüllt ist.
Sie kommt einer grossen Herzöffnung gleich. Dieses ist dann weit, nackt und vulnerabel. Alles, was dir begegnet, wenn du im Kontakt mit dieser iE9-Essenz bist, berührt dich tief. Das Herz ist empfindsam für das

grosse Wunder der Existenz. Es fühlt sich an wie eine Mischung aus Glückseligkeit, Zärtlichkeit und Sehnsucht. Es ist die selbstverständliche Verbundenheit mit allen fühlenden Wesen. In dieser Liebesdimension herrscht absolutes Vertrauen.

Diese Essenz ist eine kraftvolle innere Ausrichtung, die Ehrlichkeit, Direktheit und Mut verleiht. In der Mythologie entspricht sie der Furchtlosigkeit des spirituellen Kriegers.

Gleichzeitig ist diese allumfassende Liebe dein Zuhause, du kannst dich wie ein schlafendes Baby völlig in sie hineinbergen. Die ganze Existenz ist Liebe, der du grundlegend vertrauen kannst.

Diese Essenz ist gleichsam der Zugang zur nicht-dualen Wirklichkeit. Sie kann in einen Zustand der Grenzenlosigkeit hineinführen. Dann ist alles verbunden, durchdrungen und erfüllt von der einen Realität.

Manche bringen sie mit GOTT in Verbindung. Almaas bezeichnet sie als Matrix, als Ursprung, aus dem wir kommen. Sie ermöglicht die mystische Einheitserfahrung, in der du nicht mehr getrennt bist von der endlosen, dynamischen Präsenz der heiligen Liebe, sondern sie selbst bist.

Verlust von Essenz, Entstehung des «Lochs» und das Ich-Ideal, mit welchem es gefüllt wird

Wahrscheinlich ist deine iE9 nicht in solchem Essenzkontakt. Als junge iE9 war sie einfühlsam. Sie förderte dich darin, dass du dich mit beiden Elternteilen verbunden spürtest.

War die familiäre Umgebung harmonisch, fühlte sich die kleine iE9 geborgen. Kam es da aber häufig zu Unruhe und Konflikten, lernte sie dichtzumachen, diesen Stress auszublenden und die negativen Gefühle zu betäuben.

Deine iE9 wollte innig mit den Menschen verbunden sein, die sie liebte. Es fiel ihr schwer, ihre eigenen Gefühle von denen anderer zu unterscheiden. Die Verbindung zu den Eltern gab ihr ein Gefühl der Identität, anstatt dass sie ihre eigene, einzigartige Identität ausbildete. Sie fühlte sich ihrer Existenzberechtigung beraubt, wenn sie nicht beachtet wurde. Deine iE9 lernte, diesen Schmerz zu betäuben und die eigenen Gefühle in den Hintergrund zu drängen.

Die junge iE9 fürchtete sich vor der Trennung von geliebten Menschen. Sie hatte das Gefühl, dies würde sofort eintreten, wenn Ärger ins Spiel kam. Also steckte sie, mehr oder weniger erfolgreich, ihre Wut weg.

Das konnte bis zum Kontaktverlust mit ihrer Lebensenergie führen. Sie hatte oft den Eindruck, dass sie gar nicht wahrgenommen wurde, dass Bedürfnisse und Ansprüche anderer wichtiger waren als ihre eigenen. Sie passte sich immer mehr an und schluckte Ärger hinunter.

Deine iE9 verlor in der übermässigen Zurückhaltung und Vermeidung den Kontakt zu sich selbst. Sie wandte sich von sich selbst ab. Vielleicht entwickelte sie sogar eine regelrechte Ablehnung, was das psychologische Erforschen innerer Vorgänge angeht. So stoisch und anspruchslos sie auch schien, es war viel Resignation da, die sie lähmte. Die tiefe Angst, die sie mit Liebenswürdigkeit zu überspielen suchte, lautete: Ich bin unwichtig. Ich bin nicht liebenswert.

Nun machte es die iE9 aber wie alle anderen Teilpersönlichkeiten. Sie entwickelte ein Ich-Ideal, um diesem Mangel abzuhelfen, um das «Loch» nicht zu spüren. Und dieses Ideal war ein Versuch, die «grenzenlose Liebe» zu imitieren.

Sie hielt sich für schlicht, anspruchslos und einfach. Dass sie gern im Rampenlicht stehen und Anerkennung erhalten würde, leugnete sie – auch vor sich selbst. Sie hielt sich für zufrieden, stabil und gradlinig. Sie schätzte ihre Wirkung auf andere als beruhigend und unterstützend ein. Sie sah sich als geduldig, gutmütig, selbstlos mitfühlend und dienend. Sie hielt sich für freundlich, wohlwollend und tolerant.

Dabei blendete sie Schattenseiten grosszügig aus. Diese blieben den anderen jedoch nicht verborgen. Die iE9 wurde durchaus auch als unterwürfig und konfliktunfähig wahrgenommen, wenn sie die Führung übernahm. Sie wollte Probleme nicht sehen und ging lieber unwichtigen Aktivitäten nach, als mutig hinzustehen.

Es mangelte ihr an Selbstwertgefühl und eigenem Standpunkt. Sie schaltete oft einfach ab und war wie abwesend und abgestumpft. Ihr unterdrückter Ärger kam in vielen kleinen Gesten zum Ausdruck.

Sie sagte aus Goodwill schnell zu allem Ja, hielt ihr Versprechen dann aber trotzdem nicht. Wenn sie auf diese Verhaltensweisen angesprochen wurde, reagierte sie verwundert und verwirrt. Sie verstand nicht, wie sie ein Problem verursacht haben konnte, da sie doch so konfliktscheu war. Sie war nun beschämt darüber, jemandem wehgetan zu haben, dabei meinte sie es doch nur gut.

Auch der Heilungsweg der iE9 führt über die Erkenntnis und Integration ihrer Schattenseiten. Sie muss lernen, ihren Gefühlen, auch gerade ihrer Wut, eine Stimme zu geben. Sie wird dabei erfahren, dass die Welt deswegen nicht zusammenbricht.

Es ist ihr Geburtsrecht, in ihrem Leben die Hauptrolle zu spielen. Während sie sich entwickelt und reift, lässt die iE9 die Idee los, dass ihre Teilnahme an der Welt unwichtig ist.

Zum Heilungsweg gehört auch, dass sie sich allmählich klarmacht: Beziehungen brauchen auch Konflikte, Krisen, Streit und Aufrichtigkeit zur Weiterentwicklung. Liebe ist nicht nur sanft, sie kann auch klar und konturiert sein.

Die iE9 muss auch ihr Misstrauen anschauen und sich bewusst machen, welche Umstände es erschüttert haben und wie stark es seither ihren Alltag bestimmt.

Hypothese: Stell dir vor, die Tugend deiner iE9 ist schon da!

Eine weitere Möglichkeit, der Entspannung und Reife deiner iE9 nachzuhelfen, bietet folgende Hypothese:

Du stellst dir vor, deine iE9 wäre bereits ganz auf die ihr innewohnende Tugend «inspirierte Tat» oder «richtiges Handeln» fokussiert, davon ergriffen und verwandelt.

Was wäre dann mit dir und dieser Teilpersönlichkeit in dir, wenn sie dein Leben bereits mit dieser Qualität bereichern würde? Wie würdest du damit auf Lebensherausforderungen anders als gewohnt reagieren?

Wozu würde sie dich anspornen und ermutigen?

Die Antriebshemmung der iE9 kommt aus der Angst, sie könnte sich zu sehr profilieren und dadurch Disharmonie erzeugen. Sind eine Reaktion oder gar ein Konflikt unvermeidlich, zieht sie es vor, sich davonzustehlen oder das Problem auszusitzen.

Die Tugend des «richtigen Handelns» meint nun nicht etwas, was sie konkret tun soll, sie ist eher zu verstehen als inwendige Tatkraft und Wachheit. In diesem Präsentsein gelingt es dir ohne Anstrengung oder Zögern einfach das auszuführen, was jetzt stimmig und dran ist.

Wenn die iE9 in diese Haltung gelangt, weiss sie, welches ihre echten Bedürfnisse sind und was sie will. Das äussert sich nicht in Unruhe oder lauter Dynamik, es kommt eher aus echter Seelenruhe.

Die iE9 ist ganz bei sich und präsent. Sie öffnet ihr Herz und verzichtet auf dessen üblichen narkotisierenden Schutz. Sie ist auch gut mit ihrem Bauch samt all seinen Instinkten verbunden.

Ist die iE9 in solcher Qualität im Hier-und-Jetzt da, verspürst du ein natürliches Selbstwertgefühl. Du bist eingebettet ins Ganze, bist mit allen gleichwertig. Du richtest dich innerlich und äusserlich in deine volle Grösse auf. Du verspürst eine wache Zuwendung zu deiner Innenwelt und gleichzeitig eine grosse Verbundenheit mit allem um dich herum. Es liegt etwas wie bedingungslose Liebe und Vereinigung in der Luft, die alle einschliesst.

Du strahlst diese Energie als Empathie, Fürsorge und Mitgefühl auf alle aus. Du bist erfüllt vom Vertrauen, dass du dich so allem zuwenden kannst, auch dem Schwierigen und Konfliktträchtigen.

Aus deiner tieferen Intelligenz, die auch den Bauch und das Herz befragt, handelst du aus dem Moment heraus inspiriert und zum Wohl aller.

Wie sich deine «erlöste» iE9 zeigen und auswirken könnte

Wenn deine iE9 ihre Kraft befreit leben darf, ist sie für dich in vielerlei Hinsicht eine grosse Hilfe.

Sie lehrt dich einen gesunden, konstruktiven Umgang mit deiner Wut und lässt dich auch schwierige Auseinandersetzungen durchstehen.

Eine «erwachte» iE9 gibt dir die Sicherheit: Du bist wichtig. Du darfst dich spüren. Du darfst klären, was du fühlst und willst. Du darfst das ausdrücken und einfordern in deinen Beziehungen. Du wirst nicht verlassen, auch wenn du deine Wut zeigst.

Deine iE9 hat ein grosses Sensorium dafür, wie du fehlende oder erschütterte Sicherheit zurückgewinnen kannst:

Sie schenkt dir Fähigkeiten, dein familiäres System als Erwachsener friedlich zu gestalten. Du erlaubst dir, dich selbst zu sein. Du spürst deinen Körper besser und vertraust vermehrt seinem ersten Impuls. Du ziehst klare Grenzen und sagst auch öfters deutlich Nein.

Deine Resilienz wächst, indem du dich von Unwichtigem und Überschüssigem nachhaltig befreist.

In der Verbindung deines wahren Selbst mit dem entspannten iE9-Teil erlebst du folgendes befreites Dasein:

Ich spüre Liebe, Fürsorglichkeit und Freundlichkeit als meinen natürlichen Seinszustand. Ich bin mit mir im Reinen. Ich fühle auch mir selbst gegenüber eine freundliche Grosszügigkeit.

Ich fühle mich auf liebevolle Weise getragen und gehalten vom Leben, man sieht mich und liebt mich um meiner selbst willen.

Es fühlt sich heute für mich auch gut an, im Mittelpunkt zu stehen und meine Stärken und Widerstandskräfte herauszulassen. Ich habe Richtung, Klarheit und Orientierung zurückgewonnen und bin daran, meine grösste Gabe zu entwickeln – den Einsatz von versöhnlichen, friedensstiftenden und heilenden Fähigkeiten in meinem Umfeld.

Ich kann das ohne Anstrengung tun, es fliesst wie von selbst aus meiner inneren Einheit heraus.

11
ENNEAGRAMM und die christliche Tradition

Eigenschaften Jesu: ER IST ALLE

Interessant aus unserem ICH BIN ALLE Blickwinkel:

Als Richard Rohr und Andreas Ebert 1989 ihr erstes Buch im Claudius-Verlag veröffentlichten, widmeten sie ein Kapitel dem Nachdenken über «Jesus und das Enneagramm». Anders als die Sufis, welche Jesus als «erlöste ZWEI» verstanden, gingen sie einen Schritt weiter und beschrieben ihn als das «vollkommene Bild eines Menschen».

Für diese Autoren lautete bereits damals für den Nazarener:

ER IST ALLE!

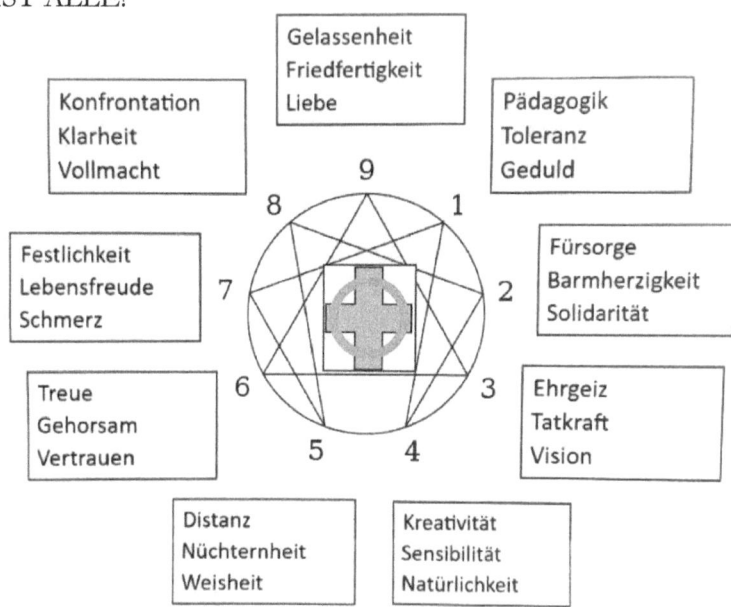

Jesus von Nazaret war ein Mensch. Als solcher hatte er alle Grundbedürfnisse, kannte Angst, war zwischendurch müde und unwillig. In unserem Denkmodell stellen wir uns vor, dass er seine iE-Teile alle kannte, und sie ihm mehrheitlich entspannt zur Verfügung standen.

Gleichzeitig war er ein Mensch, der ganz offen und durchlässig war für GOTT. Das machte ihn zum Visionär für das «Reich Gottes», für die Nähe GOTTES als präsenten Urgrund der Liebe.

Er erzählte davon in Gleichnissen: Von der Freude, etwas Verlorenes wiederzufinden oder vom Erstaunen darüber, dass die Saat von selbst aufgeht und Frucht trägt. Diese Präsenz ist verborgen, doch die Geneigten erahnen sie.

Jesus und wir

Das spirituelle Enneagramm mit seiner Weite und Tiefe findet in jeder institutionalisierten Religion Anhaltspunkte. Jede hat aus ihrem Blickwinkel Zugangswege anzubieten, die mit dem Ziel des Enneagramms der Persönlichkeit übereinstimmen:
Wie der Mensch sich ganz bewusst in der Welt entfalten und engagieren kann, und gleichzeitig mit dem Jenseitigen, der höchsten Wirklichkeit, GOTT, verbunden ist.

Eine reife Religion schildert die paradoxe Verbindung dieser beiden Welten, und wie der oder die Einzelne darin Menschlichkeit und Weisheit erlangen kann.

Bisher ist ausführlich Almaas und seine durch die Sufis inspirierte Lehre der Essenz zu Wort gekommen. Nun möchte ich dieses Spektrum noch um die christliche Dimension erweitern. Das ist kein Abgrenzungsversuch, eher ein integrativer Ansatz. Mystik ist das Verbindende. Mystik kreist in allen Religionen um dasselbe Geheimnis:
Um das Heimweh der Seele nach dem, was sie in Wirklichkeit ist. Um den Rückkehrweg zum Ursprung in der göttlichen Gegenwart.

Die christliche Mystik hat seit jeher sehr viele Bilder und Erfahrungs-wege beigesteuert für diese «Heimkehr», diese Transformation. Eine Besonderheit stellt die Person Jesus von Nazaret dar und ihre Deutung durch den ersten Mystiker und Theologen Paulus. Dieser hat den histori-schen Jesus nicht gekannt, aber auf dem Weg nach Damaskus eine Begegnung mit dem auferstandenen Christus erlebt, die ihn buch-stäblich vom Ross herunterholte. Das war das Umkehrerlebnis seines Glaubens.

Der Mystiker Paulus war von da an ergriffen von einem neuen Bewusst-sein. Er nannte es «Geheimnis Christi». Es wurde für ihn zur Synthese von allem. Darin waren für ihn die geltenden Gegensätze – etwa von Mann und Frau, Geist und Fleisch, Weisheit und Torheit oder Gegen-wart und Zukunft – überwunden. Als echter Mystiker vertraute Paulus seiner erlebten inneren Erfahrung. Der Mensch aus Nazaret interessierte ihn kaum. Ihm war der Christus des Glaubens erschienen. Den inter-pretierte er als ein umfassendes Kraftfeld, das ihn ergriffen und befreit hat (Phil 3,7-11).

Die Transformation und Rückbindung an Gott beschrieb Paulus als einen Sterbeweg der eigenen Persönlichkeit, als ein Mitgekreuzigtsein mit Christus. Gleichzeitig fühlte er sich erfüllt von dessen Lebenskraft: «Nicht mehr ich lebe, sondern Christus lebt in mir» (Gal 2,20).
So sind alle Menschen gemeint, verkündigte Paulus in der Folge: Alle sind Abbild Gottes, alle sind eingeladen, als befreite Menschen «christus-förmig» zu werden.

Die «Einwohnung Christi» bedeutete für ihn: Ein Mensch ist spürbar erfüllt von der Anwesenheit GOTTES. Göttliche Präsenz leuchtet aus ihm heraus.

Oder nochmals anders gesagt, atmet in diesem Menschen die göttliche Geistkraft. Das widerspiegelt alle drei «Gesichter GOTTES», die in der Trinität zusammengefasst sind. GOTT als Es, als Du und als Ich.

Das Bild der Dreieinigkeit ermöglicht drei Glaubenserfahrungen: Ich bin Teil des göttlichen Schöpfungsganzen. Ich bin im Dialog mit dem Christus mir gegenüber. Die heilige Geistkraft atmet in mir. Letztlich verbinden sie sich zur *einen* vertrauensvollen Wahrnehmung der geheim-nisvollen Präsenz GOTTES.

Paulus verwendete für diese Begegnung mit dem lebendigen GOTT das Bild vom Spiegel: «Der Herr aber, das ist der Geist; und wo der Geist des Herrn ist, da ist Freiheit. Wir alle aber schauen mit aufgedecktem Antlitz die Herrlichkeit des Herrn wie in einem Spiegel und werden so verwandelt in die Gestalt, die er schon hat, von Herrlichkeit zu Herrlichkeit, wie der Herr des Geistes es wirkt» (2 Kor 3,17f).

Christliche Mystik betont die Verwandlung

Nach Paulus haben spätere Mystiker wie Meister Eckhart (1260-1328) immer wieder neue Worte für dasselbe Geheimnis gefunden:

«Gott wird dann in uns geboren, wenn alle Kräfte unserer Seele, die vorher durch Gedanken, Bilder, was es auch sei, gebunden und gefangen waren, ledig und frei werden und in uns alle Absicht zum Schweigen kommt.»

Seele oder (wahres) Selbst sind austauschbare Begriffe. Transformation ist dieser Befreiungsweg von Anpassung und Anhaftung unserer konditionierten Persönlichkeit hin zu unserem echten, tiefen Wesen. Göttliche Präsenz ist hier nichts Fremdes oder Aufgesetztes, sondern sie legt unser Eigentliches frei.

Es ist eine grosse Bewegung des Lassens. Weil ein Mensch in GOTT seine ihm innewohnende Würde aus dieser Urbeziehung empfängt, braucht er nicht länger andere Garantien für seine Besonderheit. Er kann vom überdrehten und übertriebenen Darstellen ablassen. Er ist nicht länger Exzentriker, also ausserhalb des Zentrums, sondern lebt ruhig in seiner Mitte und Zugehörigkeit zum Ganzen.

1

Weihnachten ohne Ende

Kehren wir nochmals zum Geburtsbild zurück, das Meister Eckhart verwendete: Gott wird in uns geboren. Der heile Kern, der innere Lichtfunke wird wieder freigelegt.

Das drückt der Begriff «Inkarnation» aus: ins «Fleisch» Kommen des Göttlichen, in diese endliche und sterbliche Wirklichkeit des Menschen. Das Heilige verbindet sich mit dem Menschlichen.

Anders gesagt: Jeder Mensch ist ein Weihnachtskind. In jedem Menschen kommt der Himmel zur Erde. Jeder ist ein Doppelwesen aus Seele und Körper, aus Transzendentem und Immanentem.

Üblicherweise erzählen wir uns die Weihnachtsgeschichte nur von Jesus. Und er war gewiss eine überraschende und unkonventionelle Verkörperung des GÖTTLICHEN in der Welt. Aber wir sind alle ebenso göttlich, wie Jesus göttlich war. Der Unterschied liegt nicht in der Art, sondern eher im Umstand, dass er sich – anders als wir – dessen wohl meist bewusst war.

Genau darum geht es nun im christlichen Vertiefungsweg: Dass wir dieses GÖTTLICHEN in uns gewahr werden und es spürbar zu verkörpern beginnen.

Der schlesische Mystiker Angelus Silesius (1624-1677) hat es im «Cherubinischen Wandersmann» so formuliert:
«Und wäre Christus tausendmal in Bethlehem geboren, doch nicht in dir, du gingest ewiglich verloren!»

Wer den mystischen Verwandlungsweg gehen will, kommt nicht um Meditation oder Kontemplation herum. Er entfaltet sich besonders im Lassen, in der Hingabe und im tiefen Eintauchen ins Schweigen.

12
Das Selbst – christlich verortet

Neben dem Sammeln in der Stille lade ich mit der Enneagramm-Hypothese ICH BIN ALLE auf einen weiteren, christlich angeregten Erkundungsweg ein. Hier spielt weniger der Christus des Glaubens als der greifbare Mensch Jesus von Nazaret eine Rolle.

Mein schlichter Vorschlag lautet:
Schauen wir uns an, wie Jesus in den Evangelien den Menschen nahekam, die mit ihm unterwegs waren oder von ihm angezogen wurden. Und nehmen wir diese Begegnungen als Modell dafür, wie unser Selbst mit unseren iE-Teilen kommuniziert.

Diese Parallele ist einleuchtend. So wie Jesus mit den Menschen umging, so macht es auch unser Selbst mit den Teilpersönlichkeiten im inneren Enneagrammkreis:
Es wendet sich zu. Es lässt sich ein. Es wird aufmerksam. Es klärt. Es hört zu und versucht zu verstehen. Es heilt. Es lässt wachsen. Es leitet an. Es harmonisiert. Es verhilft zu Ganzheit.

Für einmal schauen wir also nicht auf einen Jesus Christus, der unerreichbar bleibt in seiner geklärten, zum Leben aufgestandenen, «erleuchteten» Persönlichkeit, sondern wir vertrauen der grossen Einladung aus Rö 8,29. Wir sollen ihm gleich werden, denn er sei der Erstgeborene unter vielen Geschwistern und unser aller Ebenbild.

Lassen wir uns also von den Jesusgeschichten inspirieren. Dazu nehmen wir nicht die Paulusbriefe und ihre wertvolle mystische Auslegung zu Hilfe, sondern die Evangelien.

Dort ist Jesus ein jüdischer Weisheitslehrer und Wanderrabbi. Natürlich haben auch die vier Evangelisten bereits durch ihre nachösterliche, zum Teil verklärte Brille geschaut. Auch sie zeichneten nicht objektiv und historisch real die Biografie des Nazareners auf. Auch für sie war sein Leben und Wirken Aufforderung zum Glauben.

Aber sie haben seine Provokation, seine Widerspenstigkeit und unkonventionelle Zuwendung nicht geschönt. Ihre Geschichten lassen seinen

Scharfsinn, seine Menschenkenntnis und sein radikales Gottvertrauen erkennen.

Wir wollen in diesen Geschichten aufspüren, wie Jesus die acht C-Qualitäten des Selbst (vgl. S. 85) – Ruhe, Klarheit, Neugierde, Mitgefühl, Zuversicht, Mut, Kreativität und Bezogenheit – gelebt und verkörpert hat.

Mit dieser Annäherungsweise treten wir in Resonanz mit der freien, authentischen und integrierten Lebenshaltung von Jesus. Aus diesem Mitschwingen, Nachempfinden und eher meditativen als analysierenden Erkennen können wir für unser eigenes Kern-Selbst wacher werden.

Jesus von Nazaret begegnete allen, auch den Verachteten und Belasteten, mit voller Präsenz und heilsamer Zuwendung. Er war durchlässig für GOTT und holte alle in diese grosse Zugehörigkeit herein.

Stellen wir uns vor, in unserem inneren System übernehme unsere Seele oder unser Selbst die Führung in derselben Haltung.

Du findest im Folgenden die acht C-Qualitäten des Selbst einmal im Hinblick darauf, wie Jesus sie verkörperte. Anschliessend wirst du zu Überlegungen und Übungen eingeladen, in derselben Haltung vom Selbst aus deinen iE-Teilen zu begegnen.

Calmness

Wie Jesus Ruhe verkörperte

Für diese Erkundung wähle ich die Wundergeschichte von der Sturmstillung. Ich nehme sie nicht als Tatsachenbericht, sondern als eine bildhafte Geschichte zum Erschrecken, Staunen und Verwundern:

Mk 4,25-41
Und er sagt zu ihnen am Abend dieses Tages: Lasst uns ans andere Ufer fahren.

Und sie liessen das Volk gehen und nahmen ihn, wie er war, im Boot mit. Auch andere Boote waren bei ihm.

Da erhob sich ein heftiger Sturmwind, und die Wellen schlugen ins Boot, und das Boot hatte sich schon mit Wasser gefüllt. Er aber lag schlafend hinten im Boot auf dem Kissen. Und sie wecken ihn und sagen zu ihm: Meister, kümmert es dich nicht, dass wir untergehen?

Da stand er auf, schrie den Wind an und sprach zum See: Schweig, verstumme! Und der Wind legte sich, und es trat eine grosse Windstille ein.

Und er sagte zu ihnen: Was seid ihr so furchtsam? Habt ihr noch keinen Glauben?

Und sie gerieten in grosse Furcht, und sie sagten zueinander: Wer ist denn dieser, dass ihm selbst Wind und Wellen gehorchen?

Am Abend eines langen Tages mit sehr vielen bedürftigen Menschen war Jesus redlich müde. Vielleicht erhoffte er sich einen einsameren Küstenstreifen am anderen Ufer drüben. Jedenfalls forderte er dazu auf, die Schiffe klarzumachen und auszulaufen für eine nächtliche Überfahrt.

Und dann legte er sich im Heck auf einem Kissen und sank in Tiefschlaf. Wind erhob sich. Es wurde immer stürmischer. Furcht ergriff die Freunde im Boot. Sie steigerte sich zur Todesangst, als die Wellen ins Boot schlugen und sie mit Schöpfen nicht nachkamen. Jesus aber schlief selig, auch bei solch starkem Seegang. Er war gleichsam im Auge des Sturms. Er konnte ihm nichts anhaben.

Als Jesus von den panikerfüllten Freunden geweckt und auch gleich mit Vorwürfen eingedeckt wurde, blieb er in dieser Ruhe. Er war angstfrei präsent. Ohne Hektik, ohne Aufregung stand er auf, stellte sich hin – noch tobte die See – und schrie Wind und Wogen an. Wundersam wirkte seine zentrierte Kraft. Sein innerer Friede besass eine machtvolle Ausstrahlung. Der übertrug sich auf die Elemente. Das Toben hielt ein. Die Turbulenzen verebbten. Das beängstigende Dröhnen wich einer tiefen Stille. Die dehnte sich aus bis an den Horizont, sie öffnete den Raum in die Weite, kam gleichsam in Berührung mit dem Ewigen.

Die Menschen in den Booten waren entsetzt vor Staunen und Ehrfurcht. Sie waren Zeugen einer Stillung geworden, die nicht von dieser Welt war.

Jesus ruhte sich danach nicht auf seiner Heldentat aus, er suchte nicht Bewunderung. Er stellte lediglich zwei Fragen, die auch seine Freunde in die Ruhe einluden. Er sagte damit: Ich bin doch da. Ihr habt keinen Grund zum Überreagieren und Hyperventilieren. Haltet euch an mich. Vertraut meiner ungebrochenen Präsenz und Handlungskompetenz, auch wenn es stürmt.

Wie dein Selbst Ruhe verkörpert

Wenn dein Selbst dein Inneres erfüllt und dort seine Qualität Ruhe ausbreitet, kommt die Achterbahn deines Lebens kaum urplötzlich zum Stillstand. Aber diese besänftigende Kraft kann sich übertragen, wenn du dich mit dieser Eigenschaft einem iE-Persönlichkeitsteil zuwendest, der gerade überreagiert und emotional in Wind und Wetter steht.

Vielleicht ist deine iE9 gerade voll im Stress. Du wirst zu etwas genötigt, das dir sehr zuwider ist. Du hast zu wenig schnell und deutlich deinen Widerwillen kundgetan. Nun fühlt sich deine iE9 bedrängt. Sie macht zu, lässt dich äusserlich noch gefasst erscheinen. Aber unter der Fassade brodelt es. Aggressive Abwehr und die übliche Dämpfungsreaktion bilden in dir ein bedrohliches Gemenge – offensichtlich kommen deiner iE9 auch die iE8 und die iE1 zu Hilfe. Der Vulkan raucht schon und die Eruption ist kaum mehr zu unterdrücken.

Du bleibst im Selbst gemittet, aber nimmst den emotional heftigen Reiz wahr, der deine iE9 auf den Plan gerufen hat. Du spürst die beiden «Helfer» aus der Bauchtriade auf und bittest sie freundlich, zur Seite zu treten.

Du gibst der iE9 zu verstehen, dass du sie wahrnimmst, ihr aber nicht das Feld zu überlassen gedenkst. Du hältst ihre Erregung aus, ohne sie dein gesamtes System überschwemmen zu lassen. Du bleibst gleichsam im Auge des Sturms und machst nichts als dastehen und tief atmen.

Das wirkt sich unmittelbar auf deine iE9 aus. Die Wellen von Aufruhr und Wut über die altbekannte Wehrlosigkeit schwellen ab. Durch dieses ruhige Warten und Aushalten des Selbst hat sie Zeit gewonnen für eine befriedigendere Lösung.

Deine iE9 lächelt verständnisvoll und dankbar in dir. Und du sagst in die konkrete äussere Situation hinein, schon fast entspannt: Nein danke. Ich will nicht. Das passt jetzt nicht für mich. Ein andermal vielleicht.

Oder du realisierst in der Zusammenarbeit in einem Team, dass du plötzlich von allen Seiten her irritiert und fragend angeblickt wirst. Das bremst deinen Schwung und Enthusiasmus aus, macht dich ungehalten, enttäuscht und missmutig.

Du horchst in dich hinein. Wer hat diese Gefühle? Du kennst deine iE-Pappenheimer und nimmst sogleich wahr, dass es deine iE3 ist. Sie mag es gar nicht, ausgebremst zu werden. Auch Widerspruch oder kompliziertes Hinterfragen macht sie ungeduldig und gereizt

Um Zeit zum Verarbeiten zu haben, ziehst du dich auf die Toilette zurück.

Ich sehe dich, sprichst du deine iE3 inwendig an. Und aus der Ruhe des Selbst heraus gibst du ihr Zeit, sich zu fassen und zu spüren. Ich war wohl etwas zu schnell und zu zielorientiert, seufzt sie nach einer Weile.

Und mit dieser Beruhigung gehst du zum Team zurück und sagst: Es tut mir leid, dass ich da zu dynamisch vorwärtsdrängte. Gehen wir nochmals zwei Felder zurück. Beziehen wir alle Einwände, die ihr vorgebracht habt, mit ein in unsere Planung.

Oder du realisierst nach einer Begegnung, wie du innerlich erstarrt und wie vereist bist. Du hast erst später am Tag einen ruhigen Moment, um diese Reaktion zu erkunden.
Ruhig befragst du zunächst deinen iE-Kreis, wer denn da so heftig reagiert hat. Zuerst drängen sich andere Teile vor, wollen beschwichtigen oder abwiegeln oder lieber etwas trinken gehen. Aber du bleibst hartnäckig und achtsam dran, bis du mit deiner iE4 echten Kontakt verspürst.

Du bringst ihr vom ruhigen Selbst her Verständnis entgegen. Du sprichst sie auf die alte Verletzung als Fünfjährige an, als der Vater ein letztes Mal verächtlich schaute, die Tür hinter sich zuknallte und für immer wegblieb. Diese traumatische Erfahrung, die deine iE4 bis ins Detail gespeichert hat, kommt nicht das erste Mal an die Oberfläche. Sie ist nun auch nicht mehr so bedrängend, dass du dann wieder tagelang angespannt und wie gefühllos herumgeisterst, weil es dir alle Energie raubt, diesen aufgewirbelten Schmerz auszuhalten.

Du fragst deine iE4, ob es wieder die alte Wunde gewesen sei, die aufgebrochen sei. Diese Zuwendung und das konkrete Nachfragen beruhigt sie merklich. Die iE4 äussert dann, wie sie Verlustangst gespürt habe. Der Kollege sei ihr doch sehr wichtig. Seine kühle Schulter und sein Desinteresse am Vorschlag habe sie so einfrieren lassen.

Als die iE4 die aktuelle Begegnung nochmals Revue passieren lässt, erkennt sie, dass sie überreagiert hat. Es war ein körpersprachliches Signal gewesen. Jemand an der Tür zog die Aufmerksamkeit deines Gesprächspartners auf sich. Dieser hat sich aber nicht wirklich abgewandt, er hat sogar einen Termin für eine nächste Verabredung vorgeschlagen.

Du atmest tief und erfreut durch. Durch die Entlastung deiner iE4 breitet sich etwas von Seelenruhe in dir aus.

Compassion

Wie Jesus Mitgefühl verkörperte

Jesus stellte gemäss den Evangelien jede Menge Fragen:

- *Jesus aber wandte sich um und sah sie nachfolgen und sprach zu ihnen: Was sucht ihr? Jo 1,38*

- *Was siehst du den Splitter im Auge deines Bruders, den Balken in deinem Auge aber nimmst du nicht wahr? Mt 7,3*

- *Als er ins Haus hineinging, traten die Blinden auf ihn zu, und Jesus sagte zu ihnen: Glaubt ihr, dass ich dies tun kann? Mt 9,28*

- *Schaut auf die Vögel des Himmels: Sie säen nicht, sie ernten nicht, sie sammeln nicht in Scheunen – euer himmlischer Vater ernährt sie. Seid ihr nicht mehr wert als sie? Wer von euch vermag durch Sorgen seiner Lebenszeit auch nur eine Elle hinzuzufügen? Mt 6,26f*

- *Jesus aber richtete sich auf und sagte zu ihr: Frau, wo sind sie? Hat dich keiner verurteilt? Jo 8,10*
- *Und Jesus wandte sich ihm zu und sagte: Was soll ich für dich tun? Mk 10,51*
- *Und Jesus blieb stehen, rief sie zu sich und sprach: Was soll ich für euch tun? Mt 20,32*
- *Dort war auch ein Mensch, der seit achtunddreissig Jahren an seiner Krankheit litt. Als Jesus diesen liegen sieht und erkennt, dass er schon eine lange Zeit leidet, sagt er zu ihm: Willst du gesund werden? Jo 5,5f*
- *Was seid ihr so verstört und warum steigen solche Gedanken in euch auf? Ich bin es. Fasst mich an und seht! Lk 24,38*
- *Denn was hilft es dem Menschen, wenn er die ganze Welt gewinnt, dabei aber Schaden nimmt an seinem Leben? Was kann einer dann geben als Gegenwert für sein Leben? Mt 16,26*

Diese Fragen lesen sich wie eine Liste, die Zugewandtheit ausdrückt: Jesus fragte. Und er fragte im Ernst, nicht bloss rhetorisch. Es war auf eine ehrliche Antwort aus, und auf echte Selbsterkenntnis.

Jesus fühlte sich ein. Und das Besondere an seinen Fragen: Sie machen deutlich, dass er nicht der absolute Helfer und Heiler war. Ungefragt überstülpte er niemandem etwas, weder Vertrauen noch Gesundwerden.

Fragen ist wie Innehalten, es erzeugt einen Freiraum. Jesus liess sich nicht derart stark auf die Notleidenden oder Bedürftigen ein, dass er sich vollständig mit ihnen identifizierte. Und er wollte auch niemanden aus seinem Elend befreien, bloss weil er selbst es nicht aushielt.

Mitgefühl ist nicht dasselbe wie Mitleid. Beim Mitleid bleibt eine Distanz. An dieser Schutzfunktion wäre nichts auszusetzen, wenn sie nicht gleichzeitig eine gewisse Herablassung in sich trüge. Also dort, wo der andere gelandet ist, möchte man gewiss nicht hin. Und insgeheim ist man überzeugt, dass einem das auch nicht passieren könnte. Die Fehler des im Leiden Gestrandeten erscheinen einem offensichtlich dumm.

Mit seinem Fragen zeigte Jesus echtes Mitgefühl: Ich bin nahe. Ich fühle mich ein. Ich bin wie du. Aber ich bin nicht du. Ich sehe dein Leiden und bestätige dir, dass es auch mir weh tut. Leben ist oft hart und schmerzhaft. Aber da zoomen wir uns nicht gemeinsam hinein, bis wir nur noch eine einzige Wunde bilden.

Mit seinem Fragen deutete er auch an, dass Hoffnung besteht und ein Umdenken möglich ist. Er vermittelte seinen Gesprächspartnern: Die Lage ist nicht ausweglos. Sie geht vorbei. Und du bist auch nicht absolut hilflos. Du kannst deinen Teil beitragen zur Veränderung. Das mindeste ist, dass du diese auch willst und nicht schon völlig eingerichtet bist in deinem Opferdasein.

Ich schätze, dass Jesus auch Selbstmitgefühl hatte. Das bedeutet, dass er mit sich selbst verständnisvoll und gnädig war. Von einer Selbstanklage Jesu bei Fehlern oder Misserfolgen ist in den Evangelien nirgends die Rede. Und wenn er am Ende des Lebens doch Opfer wurde, dann ist es wichtig, die beiden Deutungen dieses Begriffs zu differenzieren: Jesus willigte schliesslich zur Opferhandlung ein, die englische Bezeichnung dafür lautet «sacrifice». Er war nicht das geopferte, verletzte Objekt, das englisch als «victim» bezeichnet wird.

In den allermeisten Fällen begegnet uns in den Evangelien ein Jesus, der unangestrengt und ohne Vorselektion allen lebenden Wesen Mitgefühl entgegenbrachte. Er würde sich also nicht über aktuelle neuropsychologische Studien wundern, die die Annahme bestätigen, dass Mitgefühl zur Grundausstattung des Menschen gehört. Er würde höchstens fragen: Kann man denn auf Leiden anders reagieren als mit Verständnis, Geduld und Güte?

Wie dein Selbst Mitgefühl verkörpert

In der Enneagramm-Vermittlung wird schon lange mit dem inneren Beobachter oder dem Zeugenbewusstsein gearbeitet. Diese Vorstellung bezeichnet eine geistige Instanz, die zu objektiver Selbstwahrnehmung fähig ist. Meist werden ihr drei a-Eigenschaften zugeschrieben: der innere Beobachter ist achtsam, akzeptierend und absichtslos. Das Selbst benutzt den inneren Beobachter gleichsam wie eine Lampe, die einen Lichtkegel auf das zu Beobachtende wirft.

Du kannst einem iE-Teil quasi in flagranti begegnen. Egal, welchem Enneatyp du angehörst, kann bei dir folgende Szene abgehen. Vielleicht hat sie Wiedererkennungswert für dich:

Du spürst die Wut in dir hochkochen. Da sind weder Blumen auf dem Tisch noch ein Geschenk oder auch nur ein schöner Briefumschlag. Nichts! Dein Partner hat deinen Geburtstag vergessen. Dass du ihn durch die halbgeöffnete Tür in seinem Zimmer am PC arbeiten siehst, steigert deinen Zorn noch um ein entscheidendes Quäntchen.

Nicht auch das noch nach deinem eh schon harten Tag! Du stösst die Bürotür ganz auf und stellst dich breitbeinig in den Türrahmen. Eigentlich willst du nur eine zynische Bemerkung anbringen, aber deine Enttäuschung hat derart in Verachtung umgeschlagen, dass du einen veritablen Wutanfall inszenierst mit einem Schwall von Anschuldigungen wie «immer tust du …» und «nie bist du …» und, «wenn ich das umgekehrt auch wagte …».

Dein Mann ist ganz verdattert. Er realisiert eben erst sein Versehen. Er springt auf, geht auf dich zu und bittet um Entschuldigung. Als er dich besänftigend in die Arme nehmen will, stösst du ihn fauchend weg, wendest dich ab und schliesst dich im Badezimmer ein.

Was war das? Oder besser noch: *Wer* war das?

Damit stellst du die weiterführende Frage. Du befragst deinen iE-Neunerkreis. Das verschafft dir innere Weite und ermöglicht Distanzierung. Du erkennst den ausgeflippten Teil, es ist deine iE8. Aber du bist bereits nicht mehr identifiziert und verschmolzen mit ihr. Sie hat sich schon etwas abgekühlt. Nun kannst du sie in deinem Innenraum vor dich hinstellen und ihr begegnen.

Wenn du dein Selbst bereits gut wahrnimmst, kann es nun unmittelbar den inneren Beobachter zu Hilfe holen mit seinem ausleuchtenden (aaa) Lichtkegel.

Du atmest bewusst und tief ein und aus. Zunächst nimmst du noch weitere Störfaktoren wahr: Vielleicht will deine iE1 die Situation aufräumen helfen. Sie tadelt die iE8 und findet, sie solle sich besser unter Kontrolle halten. Vielleicht tritt auch die iE4 auf den Plan und wirft der iE8 vor, dass deren Gefühlsausbrüche der lauten Art sie unheimlich einschüchtern.

Auch deine iE8 ist sehr schnell mit Selbstanklagen und Rechtfertigungen zur Hand: Das war wohl ziemlich übertrieben. Aber wenn ich mich übergangen fühle, wo ich doch den ganzen Laden schmeisse, darf ich ja wohl einmal auf 180 steigen.

Mit einer zarten Geste deutet dein Selbst den Einmischenden an, dass sie nicht Neues beitragen und doch die Szene bitte verlassen möchten.

Wie geht es dir jetzt? So fragt das Selbst die iE8, unüberhörbar aus Mitgefühl. Ohne den geringsten Vorwurf. Diese Zuwendung dringt nicht sofort durch. Ich schäme mich entsetzlich, ist die erste Reaktion der iE8.

Und noch? Das Selbst bleibt gleichbleibend zugewandt und verhilft damit auch dem 8er-Teil ins Verstehen. Der äussert dann, dass er einen mühsamen Tag gehabt und sich damit über die Runden gerettet habe, dass dann der Abend wenigstens Entlastung biete. Ja, da sei auch eine grosse Portion Bedürftigkeit nach Nähe und Wohlwollen. Und Frustration darüber, dass sein grosser Einsatz allzu selbstverständlich sei und gerade die Nahestehenden dafür viel zu wenig Wertschätzung ausdrückten.

Die mitfühlende Anteilnahme des Selbst verhilft der iE8 dazu, dass nach der Wut auch noch die Rechtfertigungsversuche und die alten Klagelieder verstummen.

Und als es leise an die Tür klopft, dein Mann um Einlass bittet und sogar sein Verständnis für deinen Ausbruch kundtut, richtet sich deine iE8 innerlich auf und vermag wieder das Ganze zu sehen: Sie ist nicht allein, sie braucht nicht die Führung zu übernehmen, sie ist nur ein Teil vom Ganzen und ihre Rolle als Rachegöttin ist eher eine üble.

Später am Abend, bei vorzüglicher Nudelsuppe vom Thai-Kurier, bist du dann willig für das Gesprächsangebot deines Mannes.

Er fragt: Was war das für ein Seelenschmetter? Eine grosse Staulage, sagst du, und da ist meine iE8 wieder einmal durchgebrannt.

Schliesslich endet euer Verständigungsmahl versöhnlich. Dein Mitgefühl und das deines Mannes haben sich inwendig und gegenüber dem anderen respektvoll und anerkennend gezeigt. Ihr fühlt euch beide gesehen.

Curiosity

Wie Jesus Neugierde verkörperte

In Galiläa zur Zeit Jesu galten Kinder als Garant für den Fortbestand der Sippe. Sie wurden als Geschenk Gottes betrachtet und insofern waren sie wertvoll. Gleichzeitig waren sie gerade bei der armen Landbevölkerung eine Last, Mäuler, die es zu stopfen galt. Kinder erhielten ihre Bedürfnisse gestillt, aber ihrer Entwicklung wurde keine besondere Beachtung geschenkt. Sie liefen einfach mit, wurden früh schon zu Arbeiten beigezogen, die ihrer Grösse und Kraft entsprachen.

Aber auch damals schon waren Kinder kleine Weltentdecker, neugierige Forscher voller Wissbegier. Damals schon waren sie laut, direkt, hemmungslos in ihrer kindlichen Unschuld. Und damit oft auch lästig.

Jesus mochte sie, mit all diesen Qualitäten. Und damit entsprach er nicht der Wertung, die kleinen Kinder damals zuteilwurde.

Mk 10,13-16
Und man brachte Kinder zu ihm, damit er sie berühre. Die Jünger aber fuhren sie an. Als Jesus das sah, wurde er unwillig und sagte zu ihnen: Lasst die Kinder zu mir kommen, hindert sie nicht, denn solchen gehört das Reich Gottes. Amen, ich sage euch: Wer das Reich Gottes nicht annimmt wie ein Kind, wird nicht hineinkommen. Und er schliesst sie in die Arme und legt ihnen die Hände auf und segnet sie.

Jesus machte mit dieser Zuwendung deutlich: Kinder sind wunderbar, von allem Anfang an. Sie stören nicht, im Gegenteil, sie sind vorbildlich. Sie haben in ihrer unverbogenen Frische noch genau den Anfängergeist, der einen spirituellen Menschen ausmacht.

Sie sind noch nicht konditioniert, noch nicht erzogen und eingepasst in die Werte und Verhaltensnormen ihrer Kultur. Ihnen sind noch nicht Zügel angelegt worden. Sie laufen noch frei herum und kennen die Hamsterräder noch nicht, die mit Status, Anerkennung und Leistung zu tun haben.

Kinder haben noch Spontaneität und Frische. Sie gehen ohne Zensur, offen und mit Neugierde an alles heran. Jesus machte klar, dass ihnen dies nicht weggenommen, verboten oder abtrainiert werden darf. Denn Kinder sind genau richtig, so wie sie sind. In den Augen Gottes sind sie sogar mustergültig. Sie haben noch ungebrochenen Kontakt zu ihrem Urgrund. Das «Reich Gottes», diese geheimnisvolle befreiende Gegenwart des Himmels auf Erden ist ihre Heimat und ihr Zuhause.

So stellte Jesus die Kinder in ihrer arglosen, reinen Weise da zu sein vor die Menschen hin, auch gerade vor seine Jünger. Die waren offenbar genervt und strebten eher nach Recht und Ordnung:
Schaut diese Kinder an. Für echtes Gottvertrauen sind gerade ihre naiven, vorurteilslosen Qualitäten gefragt; ohne sie kann Gott in seinem geheimnisvollen Gegenwärtigsein nicht erfasst werden. Diese ist gleichzeitig am Kommen und ist schon da. Sie ist göttliche Fülle. Immer schon ragt sie in diese Welt hinein und will sich darin ausbreiten. Es sind die Kinder, die Resonanz haben für diese ewige Wirklichkeit.

Diesbezüglich war wohl auch Jesus wie ein Kind, zwar nicht mehr in der ersten, aber doch in der zweiten Naivität. Er begegnete dem Leben und den Menschen mit der Als-ob-Sichtweise: Als ob das Gute, Wahre und Schöne sich darin immerzu entfalten würde. Als ob schöpferische Kreativität in allem sei. Als ob das versprochene Heil für alle Lebewesen bedingungslos als Geschenk empfangen werden könnte. Er war an die göttliche Tiefendimension angeschlossen und besass damit den unbefangenen Kinderblick.

Deshalb lautete Jesu Einladung:
Vergesst dieses scheinbare Mündig- und Erwachsensein, das euch so realistisch, nüchtern und abgeklärt macht. Werdet wie die Kinder! Erwerbt ihre kindlich-unmittelbare Beziehung zum Leben!

Ohne ihre Einfachheit und unverstellte Neugier schneidet ihr euch von der Herzensweisheit ab. Wissen und Weisheit ist nicht dasselbe.

Seine unorthodoxe Würdigung der «nepioi», der Kinder, Unmündigen und Unbedarften aus Lk 10,21 bekräftigte diese Haltung:

«Ich preise dich, Vater, Herr des Himmels und der Erde, denn du hast dies vor Weisen und Klugen verborgen, Einfältigen aber hast du es enthüllt.»

Wie dein Selbst Neugierde verkörpert

Ohne die Qualität Neugierde kommst du in der Erkundung deiner inneren Welt nicht weit. Du kannst über einen grossen Klärungswillen verfügen, bist vielleicht bereit für ein intensives Arbeiten mit deinen iE-Teilen und willst es packen. Aber mit blossem Eifer ohne Neugierde wird es nicht gelingen.

Deine iE wollen nicht mit prallem, erbarmungslosem Scheinwerferlicht ausgeleuchtet werden. Bei derartiger Annäherung bocken sie, verschliessen sich und verbünden sich gegen dich.

Lass mich zur Illustration zunächst einen misslingenden Anlaufweg schildern, quasi als Negativfolie einer auf Scheitern ausgerichteten Annäherung. Wir lernen aus (eigenen oder fremden) Fehlern.

Du hilfst im Team eines Kulturveranstalters mit. Der Leiter ist eine wirblige und charismatische E3. Er drängt dabei immer ins Rampenlicht und lässt seine freiwilligen Mitarbeitenden ohne Gewissensbisse im Schatten stehen. Das macht dich wütend. Eifersüchtig auch. Es weckt Vergeltungsgelüste in dir.

Du hast dich mit der Enneagramm-Hypothese ICH BIN ALLE vertraut gemacht und nimmst dir vor, deinem iE3-Teil einmal auf den Zahn zu fühlen. Dass dich dieser Teamleiter vom Enneatyp E3 so nervt, muss ja mit deiner eigenen Beschaffenheit zu tun haben. Nur was innen vorhanden ist, reagiert auf entsprechende Reize von aussen.

Am Abend hast du Zeit. Du richtest es dir auf dem Sofa bequem ein. Du stellst dir vor, wie du deine iE3 zur einer Sitzung bittest, sie quasi inwendig auf den heissen Stuhl hievst. Jetzt willst du ihr mal ehrlich, konkret und ohne Umschweife begegnen. Du beabsichtigst, ihr den Rücken zu stärken. Du stellst dir vor, dass du sie in ihre volle Kraft bringen kannst, damit sie dir in deiner nächsten Begegnung mit dem Kulturchef Schützenhilfe leistet.

Du konfrontierst sie gleich mit deiner Frustration und sagst ihr, dass sie dich enttäusche. Dass du von ihr erwartest, dass sie in dir ihr Selbstbewusstsein, ihre Ellbogenkraft und ihr Bühneneroberungstalent entfalte. Darauf möchtest du zu gegebener Zeit zurückgreifen können. Aber da sei ja nichts. Gerade, wenn du solche Ausstrahlung nötig hättest, tauche nur so eine graue Maus auf. Wie könnte die es mit einem Pfau aufnehmen, der gerade sein Rad schlage. Jämmerlich!

Als du genauer hinschaust, ist der Stuhl leer. Du hast einer leeren Wand den Marsch geblasen.

So nicht, erkennst du. Nach ruhigerem Sondieren wird dir bewusst, dass da wohl eher deine iE6, vielleicht noch von der iE4 assistiert, diese Vorwürfe geäussert hat. So funktioniert es nicht. Du erinnerst dich, dass du zunächst das Selbst in seine Führungsrolle bringen musst, sonst gibt es wohl innere Debatten, aber nicht heilende oder stärkende Zuwendung.

Du brauchst eine ganze Weile, bis du zur Ruhe gelangst. Immer wieder schieben sich Bedenken, Ängste, Urteile dazwischen. Die bittest du, sobald du sie bemerkst, beiseitezutreten. Während du den Kontakt zum Selbst suchst, entspannt sich dein Körper immer mehr. Endlich fühlst du eine Art Wachheit in der Herzgegend, so ein leises Vibrieren. Nun spürst du dich präsent und bereit. Du realisierst, dass Neugierde da ist für deine iE3. Du möchtest Näheres von ihr erfahren, schauen, wie sie sich fühlt und was sie allenfalls braucht.

Jetzt kann dein echtes inneres Zwiegespräch beginnen.

Vertrau mir, sagst du zu deiner iE3, die sich etwas widerwillig wieder auf den Stuhl setzt, den du ihr bereitgestellt hast.

Stockend beginnt deine iE3 von einer Episode zu erzählen, die lange zurückliegt. Sie habe einmal so richtig glänzen und sich zeigen können, damals, als du in der dritten Klasse als schnellster Sprinter deines Jahrgangs auf dem Podest gestanden seist. Sogar eine goldene Medaille habe man dir umgelegt. Aber später in der Dusche hätten missgünstige Mitschüler diese zerbrochen und dein Siegertrikot mit einem Messer aufge-schlitzt. Also habe sie, die iE3 beschlossen, das Siegen zu lassen und lieber den Kopf einzuziehen, als ins Scheinwerferlicht zu treten.

Du bist berührt. An diese Geschichte hast du seither kaum mehr gedacht. Du realisierst, dass deine iE3 in der damaligen Schlaufe hängen geblieben ist. Sie ist eine Neunjährige, die dem Erfolg misstraut und dich seither in jeglicher Art von Selbstdarstellung verhindert.

Als du weiter, immer noch echt interessiert nachfragst, wie der iE3-Teil denn diesen Kulturchef erlebe, staunst du über seine präzise Beobach-tungsgabe. Der sei doch ein Hansdampf mit den vielen Projekten, die er dauernd aufgleise. Der stände doch unter Zwang, immer der Beste und Vorderste sein zu müssen. Der trage wohl eine beeindruckende Maske, aber darunter sei eher wenig Vorzeigbares. Und Angst habe der auch, nämlich davor, nicht genügend Bewunderung zu bekommen, und all das mache den doch bloss hektisch und angespannt.

Durch diese Ausführungen wird dir klar, dass dein jüngster Wunsch nach Rampenlicht und Aufmerksamkeit eher ein neidischer Impuls war. Du hast dir eine Strahlemann-Maske gewünscht. Dabei geht es doch, wenn schon, um echtes Selbstbewusstsein, das eine eigene, authentische Strahlkraft hat.

Nach einer Weile fragst du deine iE3: Wie geht es dir jetzt? Sie gibt zur Antwort, dass sie erleichtert ist darüber, dass du ihr zugehört hast. Aus dem Selbst heraus bestätigst du ihr, dass du sie von nun an nicht mehr zum Handeln und Hinstehen drängen wirst.

Du bist überrascht, als sie zur Antwort gibt, dass sie das aber schon möchte, hinstehen und für ihre Fähigkeiten Anerkennung kriegen. Und dabei strahlt sie ein wenig und sieht gar nicht mehr wie neunjährig aus, sondern ziemlich erwachsen.

Hinterher staunst du über die Erkenntnis, die dir an diesem Abend ver-mittelt wurde. Deine kindliche iE3 hat dir die Augen dafür geöffnet, dass du zwar Anerkennung suchst, aber nicht als oberflächlicher, image-bewusster Erfolgstyp. Eigentlich möchtest du entspannt und unverstellt sein, und Wertschätzung erhalten für dein echtes Wesen.

Clarity

Wie Jesus Klarheit verkörperte

Klarheit ist die Fähigkeit, eine Situation ohne Verzerrung durch Emotionen oder fremde Glaubenssätze wahrzunehmen. Sie hat mit genauem Hinschauen zu tun und dem präzisen, gleichzeitigen Erfassen dessen, was sich vordergründig präsentiert und was alles noch dahintersteckt.

Jesus war ein Meister solch klarer Wahrnehmung.

Lk 6,6-11
Es geschah an einem anderen Sabbat, dass er in die Synagoge ging und lehrte. Und dort war einer, dessen rechte Hand lahm war. Die Schriftgelehrten und Pharisäer aber beobachteten ihn genau, ob er am Sabbat heilen würde, damit sie einen Grund fänden, ihn anzuklagen.
Er kannte ihre Gedanken, sagte aber zu dem Mann mit der lahmen Hand: Steh auf und stell dich in die Mitte! Und der stand auf und stellte sich hin.
Jesus aber sagte zu ihnen: Ich frage euch, ist es erlaubt, am Sabbat Gutes zu tun oder Böses zu tun, Leben zu retten oder zu vernichten? Und er schaute alle an, einen nach dem andern, und sagte zu ihm: Streck deine Hand aus! Und der tat es, und seine Hand wurde wiederhergestellt. Sie aber in ihrem Unverstand beredeten miteinander, was sie Jesus antun könnten.

Jesus realisierte, dass er unter Beobachtung stand. Gerade den Gesetzestreuen war er ein Dorn im Auge mit seinem freien und unkonventionellen Wirken. Seine grosse Bewegung samt Gefolgschaft missfiel ihnen. Zudem wirkte er in Vollmacht und freier Gesetzesauslegung, während ihr Stolz gerade darin bestand, sich in allem exakt nach den Schriften zu verhalten.

Er kannte ihre Gedanken. Und indem er in dieser Geschichte jedem einzelnen in die Augen schaute, gab er jedem zu verstehen, dass er ihn nicht bloss an-, sondern auch durchschaute. Meist gelang es Jesus, eine brenzlige Situation zu entschärfen. Auch hier schenkte er dem Gelähmten seine volle Handfertigkeit zurück. Und gleichzeitig schaffte er es, die Gesetzeslehrer zwar zu provozieren, sie aber nicht zu beschämen. Eher lud er sie mit seinem klaren Anschauen dazu ein, die Situation mit seinen Augen zu erkennen.

Das besondere Vermögen Jesu lag darin, dass er stets das ganze Bild sah. Das machte seine Klarheit aus. Er sah das Vordergründige: Die Not der Kranken und Belasteten. Die Selbstgerechtigkeit und Rechthaberei der Schriftkundigen. Aber es sah gleichzeitig das grosse Ganze. Er nannte es die *basileia tou theou*, das Reich Gottes. Diese heile Gegenwart Gottes war für ihn hinter, über und in allem. Das war für ihn die erfüllende und einzig zählende Wirklichkeit. Er übersah dabei die Probleme nicht, mied weder das Chaos noch die Verwirrspiele, aber er sah gleichzeitig dieses göttliche Kommen zum Segen für alle.

In seinem grösseren Bild nahm er wahr, wie das Göttliche die Welt durchscheint. Seine Augen erfassten in aller Klarheit gleichzeitig das, was vordergründig ist und das, was insgesamt ist.

Die Seligpreisungen aus der Bergpredigt (Mt 5,3-11) sind eine wunderbare Illustration für dieses grössere Bild, das Gegenwärtiges mit dem Hintergründigen verbindet. Hier versuchte Jesus Menschen über ihre aktuelle Not hinauszuheben. Er richtete sie neu aus. Er beabsichtigte damit nicht, sie auf ein fernes Jenseits zu vertrösten, sondern betonte gerade die Gleichzeitigkeit – eben das ganze Bild:

Selig, die reinen Herzens sind - sie werden Gott schauen und tun es bereits. *Selig, die Frieden stiften – sie werden Söhne und Töchter Gottes genannt werden* und sind es bereits.

Im grossen Bild ist das Ewige umfassend; das Zeitliche ist darin aufgehoben.

Diese Klarheit besass auch der Jesuit Alfred Delp (1907-1945). Er war erst fünfunddreissig, als er dem Widerstandskreis um Graf von Moltke beitrat. Jener erwartete den Zusammenbruch des Nazireichs von innen heraus, also ohne Attentat. Der Jesuitenpater wurde im Sommer 1944 verhaftet und am 2. Februar 1945 in Berlin Plötzensee hingerichtet. Die nachstehenden berührenden Worte hat er im November 1944 mit gefesselten Händen auf einen Zettel geschrieben, der hinausgeschmuggelt wurde:

«Das Eine ist mir so klar und spürbar wie selten: Die Welt ist Gottes so voll. Aus allen Poren der Dinge quillt uns dies gleichsam entgegen, wir aber sind oft blind. Wir bleiben in den schönen und den bösen Stunden hängen und erleben sie nicht durch bis an den Brunnenpunkt, an dem sie aus Gott herausströmen. Das gilt für alles Schöne und auch für das Elend. In allem will Gott Begegnung feiern und fragt und will die anbetende, hingebende Antwort.»

Wie dein Selbst Klarheit verkörpert

Dass dein Selbst zu solchem Klarsehen fähig ist, hast du wohl in deiner ersten Lebenshälfte nicht gewusst. Vielleicht bist du erst langsam am Herantasten und wird dir diese Durchsicht immer wieder getrübt und verzerrt.

Du hast von Kindheit an Konditionierung erlebt, hast Ansichten übernommen, hast dir kreativ selber solche zurechtgelegt, Hauptsache, sie halfen dir zu überleben.

Dies hatte zur Folge, dass sich in dir viele negative Glaubenssätze einkerbten und dass du gleichzeitig mit einem beschönigenden Ich-Ideal Gegensteuer zu geben versuchtest. Alles in allem machten diese Anschauungen über einige Jahrzehnte deine Wahrnehmung aus

Je nach Enneatyp hast du dann vorwiegend verurteilend geschaut, Risiken abgecheckt, oder Hilfsbedürftige aufgespürt. Deine Aufmerksamkeit ging einseitig in Richtung Beifall, Kampf oder Sehnsucht. Seit du deinen iE-Kreis aller neun Typen am Entdecken bist, fallen dir auch wiederkehrende Kombinationen dieser verengten Blickwinkel auf.

Die Klarheit deines Selbst ist nicht plötzlich einfach da. Dieser offene, unvoreingenommene Blick erfordert einen langen Weg der Selbstbeobachtung. Aber allmählich lernst du zu differenzieren, ob nun wieder einer der iE-Teile seine extremen und einseitigen Überzeugungen einbringt, oder ob du neutral, ohne Vorurteil oder Projektion hinschauen kannst.

Die Einladung, das «grössere Bild» wahrzunehmen, führt in grosse Freiheit.

In dieser kannst du jeden deiner iE-Persönlichkeitsanteile gesondert erforschen. Du siehst, was ist. Gleichzeitig siehst du aber auch dahinter, warum das alles sich so konstellierte. Du kannst die Begabungen und die Expertise jedes iE-Teils erkennen und auch gleichzeitig seine Schattenanteile und Gefährdungen. Und du siehst in dieser Klarheit ferner noch darüber hinaus, was sich da entspannen, erleichtern, entlasten und befreien könnte. Du siehst die Essenz, das göttliche Sein bei jedem hindurchscheinen.

Um das zu illustrieren folgendes Beispiel:

Nehmen wir an, du bist kein Enneatyp E6, aber du kennst sehr sorgenvolle Stunden, in denen dein iE6-Persönlichkeitsteil in deinen Gedanken und Handlungen das Steuer übernimmt.

Deine jüngste Episode solch einer Bedrängung:
Du warst in extremer Angst um deinen Vater, weil du ihn nach seiner Schneeschuhtour, die er gegen deinen Rat ganz allein unternommen hatte, nicht erreichen konntest. Es war längst dunkel und du hattest mindestens schon fünf Schreckensszenarien durchgespielt, bis du ihn endlich ans Telefon bekamst und er dir versichern konnte, dass er wohlbehalten zurück sei.

Dieses Vorkommnis gab dir den Anstoss dazu, deine iE6 einmal etwas genauer anzuschauen.

Am Wochenende hast du Musse dazu.

Zunächst hörst du bewusst und meditativ deine liebste Cello Suite von Bach. Dann nimmst du, gut gemittet, im Innern Kontakt mit deiner iE6 auf. Du fragst, wie du sie nennen sollst. Sie heisse heute Mandelkern, sagt sie dir, ohne nachzudenken.

Du fragst sie, was sie dazu gebracht habe, dich jüngst wieder so in Panik zu versetzen. Langsam erkennst du in diesem fortschreitenden inneren Dialog, dass es aus Liebe zu deinem Vater geschah. Deine iE6 macht dir deine grosse Anhänglichkeit deutlich. Und auch, dass die väterliche Autorität für dich ein enormer Halt bedeutet. Tatsächlich kannst du dich in Schwierigkeiten oder bei heiklen Entscheidungen voll auf ihn verlassen. Mandelkern macht dir auch bewusst, dass die Todesangst, die sie für den

Vater inszeniert hat, deine eigene ist. Es wäre überfällig, deine eigene Endlichkeit nicht länger zu verdrängen.

Dir wird in diesem inneren Austausch allmählich klar, dass deine iE6 vielleicht etwas drastisch, aber doch sehr zu deinem Wohl und Wachsen in dir wirkt. Du bedankst dich bei ihr.

Zuletzt fragst du deine iE6, ob sie nun von dir etwas brauche. Es kommt keine Antwort, aber ein Bild. Du siehst vor deinem inneren Auge einen rosa blühenden Mandelbaum. Du flüsterst: Ach, das also möchtest du? Das kann aus dir werden! Ein Teil von mir will und kann erblühen, darf sorglos sein und klar, weil er das ganze Bild sieht.

Confidence

Wie Jesus Vertrauen verkörperte

Vertrauen bildet sich mit der frühen gelingenden Interaktion vom Säugling und seiner engsten Betreuungsperson. Eine gesunde, einfühlsame Mutter verfügt über Reflexe, die mit den Bedürfnissen des Säuglings einhergehen. Die mütterliche Kompetenz ist hier von hoher Bedeutung.

Von Jesu Mutter wird in Lk 1,37 erzählt, wie sie bei ihrer «Heimsuchung» durch den Engel Gabriel und seiner Ankündigung, sie werde ein Kind gebären, nach Zögern antwortete: Ja, ich bin des Herrn Magd; mir geschehe, wie du gesagt hast. Sie sprach ihr «fiat» aus. Das schöpferische Wort, das in der lateinischen Bibel schon bei der Weltentstehung aus Gottes Mund kam. «Es geschehe.» Das bedeutet ein uneingeschränktes Ja. Und ein solches kann nur aus Vertrauen gesprochen werden.

Wir dürfen annehmen, dass sich dieses Ja der Maria von Anfang an auf das Leben von Jesus ausgewirkt hat. Sie vertraute sich als Mutter. Sie hatte die volle Bereitschaft, sich auf die Bedürfnisse ihres Erstgeborenen einzustellen und ihn gut zu bemuttern. Sie prägte dadurch sein Urvertrauen in sich und in die Welt.

So wuchs er in der Zuversicht auf, dass er und die Welt zusammengehören. Und weil er zusätzlich den Ruf, die Begleitung und Geborgenheit in der göttlichen Präsenz erfuhr, erweiterte sich sein Urvertrauen zum vollen Vertrauen in dieses Geleit.

Wie anders hätte er am Ende seines öffentlichen Wirkens und im Angesicht von Verhaftung und Tötung derart viel Vertrauen ausdrücken können?

Lk 22,39-46

Und er ging hinaus und begab sich auf den Ölberg, wie es seine Gewohnheit war, und die Jünger folgten ihm. Als er dort angelangt war, sagte er zu ihnen: Betet, dass ihr nicht in Versuchung kommt! Und er selbst entfernte sich etwa einen Steinwurf weit von ihnen, kniete nieder und betete: Vater, wenn du willst, lass diesen Kelch an mir vorübergehen. Doch nicht mein Wille, sondern der deine geschehe.

Und er erhob sich vom Gebet, ging zu den Jüngern und sah, dass sie vor lauter Kummer eingeschlafen waren. Und er sagte zu ihnen: Was schläft ihr? Steht auf und betet, damit ihr nicht in Versuchung kommt!

Jesus war kein strahlender Held, der furchtlos in den Tod schritt. Er hatte Angst und Tränen in diesen düsteren Stunden. Und er musste überdies erkennen und aushalten, dass er von seinem Freundeskreis keine Begleitung erwarten konnte. Ihr Schlaf, ihre Trauer vor dem nahen Verlust waren zu übermächtig. Sie liessen ihn im Stich.

Jesus hatte sich in seinem ungebrochenen Urvertrauen aber doch eine gewisse Sorglosigkeit bewahrt. Er predigte auf dem Berg seinen Zuhörenden nicht bloss Weisheitliches, sondern sicher auch selbst Erlebtes und Erfahrenes:

Sorgt euch nicht um euer Leben, was ihr essen werdet, noch um euren Leib, was ihr anziehen werdet. Ist nicht das Leben mehr als die Nahrung und der Leib mehr als die Kleidung? (Mt 6,25)

Wenn schon, soll die Sorge und Ausrichtung in eine andere Richtung gehen: *Trachtet vielmehr zuerst nach seinem Reich und seiner Gerechtigkeit, dann wird euch das alles dazugegeben werden.* (Mt 6,33)

Jesus besass die Hingabe und das Vertrauen, ganz mit dem göttlichen Prozess zu fliessen. Er war ganz diesem «Reich Gottes» verpflichtet.

Dieser anderen Wirklichkeit, die sich schon im Hier und Jetzt erfahren lässt, galt sein ganzer Einsatz.

Der jüdische Psychiater Viktor Frankl (1905-1997) überlebte vier Konzentrationslager. Er begründete die Logotherapie, welche den Menschen als Sinn Suchenden beschreibt, der sich in jeder Lebenslage an tiefen, kollektiven Werten orientieren kann.

Er sprach hier von «Selbst-Transzendenz»: Ganz Mensch sei man dort, wo man sich selbst überschreitet, wo man aufgeht in der Hingabe an eine Aufgabe oder Person.

Jesus war solch ein Mensch in Selbsttranszendenz. Er hatte volles spirituelles Vertrauen. Und das liess ihn sogar vor dem ungerechten, nahenden Tod nicht zurückschrecken.

Wie dein Selbst Vertrauen verkörpert

Zwei Beispiele:

Stell dir vor, deine iE1 sei im Begriff, in ihrer grössten Angst zu versinken.

Du hast dich zum Beispiel für eine Klima-Abstimmung ins Zeug gelegt, aber am Schluss gehörst du zu den Verliererinnen.

Nun versucht dich deine iE1 mit dem Gefühl absoluter Sinnlosigkeit zu überschwemmen. Sie ist enttäuscht von dir, von der Welt. Sie will nicht länger diese dumme Menschheit verbessern und ihre Fehler ausbügeln. Sie kann auch nicht mehr, weil sie sich selbst für letztlich defekt und bösartig hält. Sie hat jetzt nur noch Untergang und Apokalypse im Blick.

Vielleicht hat sie dich eine ganze Weile im Griff mit ihrem Schwarzsehen. Wenn es dir jedoch gelingt, ihr aus dem Selbst heraus zu begegnen, vermagst du sie tröstend aufzufangen. Du verhilfst ihr mit ruhiger Zuwendung zu einer gewissen Distanz von sich selbst, eben zur Selbsttranszendenz.

Nun vermag sie sich zu entspannen: Sie muss gar nicht alles allein in Ordnung bringen. Sie muss und kann die Welt nicht retten. Und der jüngste Rückschlag ist auch nicht das Ende der Welt. Da lauert zwar viel Chaos, in ihr, in dir, in den Menschen, in diesem Kosmos, aber es liegt auch etwas Schöpferisches in dieser Unordnung. Die Welt dreht sich weiter, die Klimabewegung auch!

Das Nietzsche-Wort, das er Zarathustra in den Mund gelegt hat, fällt dir spontan ein: «Man muss noch Chaos in sich haben, um einen tanzenden Stern gebären zu können.»

Oder stell dir vor, deine iE2 sei im Begriff, in ihrer grössten Angst zu versinken.

Du hast mit deiner Tochter, für die du alles tust oder zumindest zu tun bereit bist, einen wüsten Streit gehabt. Ihre Vorwürfe sind massiv: Du seist übergriffig, dominant und nur auf deinen eigenen Vorteil bedacht. Sie brauche Abstand – und das könne dauern.

Jetzt versucht deine iE2 dich mit dem Gefühl von gänzlichem Unverstandensein, von Bedeutungslosigkeit und Liebesverlust zu überschwemmen.

Sie ist wütend, aber gleich darunter schrecklich wund und verletzt. Sie hat doch alles gegeben, volle Unterstützung geleistet. Und die Erwartungen an einen ebensolchen Rücklauf wären doch angebracht. Stattdessen nun ein solcher Zahltag, eine solche Abrechnung! Das kommt einem Totalverlust gleich.

Wenn es dir gelingt, deiner iE2 hier aus dem Selbst heraus zu begegnen, vermagst du ihren Schmerz anzuerkennen. Du bleibst nahe. Du hältst die Situation in achtsamer Präsenz aus. Das Lamento deiner iE2 über die Tochter und über die Ungerechtigkeit der Welt geht über in Selbstmitleid.

Zwischendurch flackert in deiner iE2 auch noch etwas wie Rebellion und Rache auf: Die werde ich schon noch dazu bringen, mir dankbar zu sein, mich zu lieben. Und erst allmählich weichen auch diese Impulse der Wahrnehmung: Ich bin eigentlich nichts als einfach schrecklich bedürftig. Und wie ich mich auch bemühe, mich verausgabe, mich anstrenge, niemand und nichts vermag mir mein Verlangen zu stillen.

Langsam verebben auch diese Klagen. Im Selbst vermittelst du weiter nichts als Präsenz, Ruhe und Vertrauen. Du ermöglichst der iE2 damit Selbsttranszendenz. Sie gesteht leise, dass sie sehr viel unternimmt, anpackt, tut und besorgt, um andere dazu zu bringen, sie (oder vielmehr ja dich) zu lieben. Auch Mittel wie Zwang und Manipulation sind ihr dazu recht. Gerade bei der erwachsenen Tochter. Dabei hat Liebe mit Freiheit und Fliessen zu tun. Unter Druck oder Zwang erstickt sie.

Jetzt wirkt deine iE2 ganz beschämt. Auf deine Frage, was sie jetzt brauche, wird sie butterweich. Die Frage trifft ins Schwarze. Einfach Vertrauen, gibt sie leise zur Antwort. Vertrauen, dass ausreichend Liebe da ist. Dass sie frei hin und her fliesst. Dass niemand liebeshungrig unterzugehen braucht.

Und noch leiser sagt sie zum Selbst: Ich will mich nicht länger sorgen. Ich möchte einfach Ja sagen dazu, dass ich geliebt werde, dass ich selbst Liebe bin. Diesem Vertrauen möchte ich mich überlassen.

Dir fallen Worte aus dem 131. Psalm ein, die dein Empfinden stimmig ausdrücken. Du teilst sie sachte mit deiner iE2:

«Mein Herz will nicht hoch hinaus, und meine Augen blicken nicht hochmütig, ich gehe nicht mit grossen Dingen um … Ich habe meine Seele besänftigt und beruhigt; wie ein entwöhntes Kind bei seiner Mutter, wie das entwöhnte Kind ist meine Seele ruhig in mir.»

Courage

Wie Jesus Mut verkörperte

Mut hat viele Aspekte. Jesus hat zweifellos Mut gezeigt:

Manchmal hatte er den Mut, Gesetze zu brechen oder gerade ihre total Erfüllung zu verlangen.

Manchmal hatte er den Mut, Menschen zu provozieren. Manchmal war er mutig, sich gesellschaftlich ganz danebenzubenehmen, mit den verhassten Zöllnern zu essen oder geächtete Leprakranke zu berühren.

Gewiss hatte er den Mut, den Rechtlosen eine Stimme zu geben. Und am Schluss hat er bewiesen, dass er auch das volle Risiko einging: Er hatte den Mut, zu seiner Botschaft zu stehen, auch wenn er dafür getötet würde.

Der biblische Mut-Text zur Anschauung ist kein lauter oder auf Anhieb offensichtlicher. Und doch schildert er eine Mutprobe:

Lk 4,16-30

Und er kam nach Nazaret, wo er aufgewachsen war, und ging, wie er es gewohnt war, am Sabbat in die Synagoge und stand auf, um vorzulesen. Und man reichte ihm das Buch des Propheten Jesaja. Und als er das Buch auftat, fand er die Stelle, wo geschrieben steht:

Der Geist des Herrn ruht auf mir, weil er mich gesalbt hat, Armen das Evangelium zu verkündigen. Er hat mich gesandt, Gefangenen Freiheit und Blinden das Augenlicht zu verkündigen, Geknechtete in die Freiheit zu entlassen, zu verkünden ein Gnadenjahr des Herrn.

Und er tat das Buch zu, gab es dem Diener zurück und setzte sich. Und aller Augen in der Synagoge waren auf ihn gerichtet. Da begann er, zu ihnen zu sprechen:

Heute ist dieses Schriftwort erfüllt - ihr habt es gehört. Und alle stimmten ihm zu und staunten über die Worte der Gnade, die aus seinem Mund kamen, und sagten: Ist das nicht der Sohn Josefs?

Und er sagte zu ihnen: Gewiss werdet ihr mir jetzt das Sprichwort entgegenhalten: Arzt, heile dich selbst! Wir haben gehört, was in Kafarnaum geschehen ist. Tu solches auch hier in deiner Vaterstadt! Er sprach aber: Amen, ich sage euch: Kein Prophet ist willkommen in seiner Vaterstadt. Es entspricht der Wahrheit, wenn ich euch sage: Es gab viele Witwen in Israel in den Tagen Elijas, als der Himmel drei Jahre und sechs Monate verschlossen war und eine grosse Hungersnot über das ganze Land kam, doch zu keiner von ihnen wurde Elija geschickt, sondern zu einer Witwe nach Zarefat bei Sidon. Und es gab viele Aussätzige in Israel zur Zeit des Propheten Elischa, doch keiner von ihnen wurde rein, sondern Naaman, der Syrer. Da gerieten alle in der Synagoge in Wut, als sie das hörten.

Und sie standen auf und trieben ihn aus der Stadt hinaus und führten ihn an den Rand des Felsens, auf den ihre Stadt gebaut war, um ihn hinunterzustossen. Er aber schritt mitten durch sie hindurch und ging seines Weges.

In dieser Geschichte hat Jesus auf drei Arten Mut verkörpert:

Erstens besuchte er das Gebetshaus seiner Heimatstadt. Er übernahm als Gast die Lesung aus der Heiligen Schrift. Und erklärte dann selbstsicher, dieses prophetische Wort aus dem Jesajabuch sei heute mit ihm in Erfüllung gegangen.

Er stand zu seiner Berufung, zu seiner ihm bewusst gewordenen Lebensaufgabe. Ich bin es, erklärte er, diese messianische Verheissung ist auf mich gemünzt. Zunächst löste dies Erstaunen und Anerkennung aus.

Jesus hatte ja bereits einen Ruf als Heiler und als geisterfüllter Wanderprediger. Dann aber kam der ernüchternde Einwurf: Aber der ist doch von hier, Sohn von Josef, dem ansässigen Zimmermann.

Zweifel schwang mit in dieser Zuordnung. Sich selbst als Messias zu deklarieren, war wirklich mutig von Jesus. Die kritische Reaktion hatte er schon erahnt.

So zeigte er zweitens erneut Mut, als er nicht zu einer Rechtfertigung ausholte über seine Sendung, sondern den zweifelnden Nazarenern den Spiegel vorhielt. Er hatte nicht vor, in seiner Heimatstadt zu wirken, weil er die Vorbehalte kannte. Mutig konfrontierte er die Menschen aus Nazaret mit der altbekannten Tatsache, dass ein Prophet zuhause nie etwas gelte, und belegte das mit zwei Beispielen aus Israels Geschichte. Gewiss hatte er mit ihrem Zorn gerechnet. Dieser schwang ja schon in der Erwähnung seines Vaters Josefs mit, aber jetzt brach er offen aus. Jesus hielt dem Stand. Es war eine Tatsache. Und der Mob, der sich daraufhin erhob, gab ihm Recht.

Und nun zeigte er zum dritten Mal Mut. Jesus liess sich hinaustreiben von der wütenden Menge. Es prügelte niemand auf ihn ein. Offenbar wagte keiner ihn anzurühren. Aber die Richtung zur Felsenkante verhiess nichts Gutes.

Wir ahnen, dass Jesus Angst bekommen hat; trotzdem wich er kein Jota von seiner Selbstdeklaration ab. Diese Eindeutigkeit und Klarheit verliehen ihm eine enorme Ausstrahlung. Die erzürnte Volksmenge teilte sich

nämlich und öffnete ihm eine Gasse, durch die er unbehelligt hindurch-
und weggehen konnte.

Eine Einladung von Marianne Williamson, die im Internet oft fälschli-
cherweise Nelson Mandela zugeschrieben wird, erläutert trefflich diese
Mutkraft Jesu:

«Unsere tiefste Angst ist nicht, dass wir ungenügend sind. Unsere tiefste
Angst ist, dass wir über alle Massen kraftvoll sind. Es ist unser Licht –
nicht unsere Dunkelheit, was uns am meisten erschreckt.
Wir fragen uns: Wer bin ich, um brillant, grossartig, talentiert und
kraftvoll zu sein? Frage dich lieber: Was machst du eigentlich, um all das
nicht zu sein?
Du bist ein Kind Gottes. Dein zögerliches Spiel hilft der Welt nicht.
Es wird nichts erhellt, wenn du dich kleiner machst, damit sich andere
nicht verunsichert fühlen. Wir wurden geboren, um den Glanz Gottes,
der in uns ist, offenkundig zu machen.
Dieses Licht, das in allen von uns ist. Und wenn wir es leuchten lassen,
geben wir anderen die Erlaubnis, dasselbe zu tun.»

Jesus leuchtete. Aber er leuchtete nicht exklusiv. Im Evangelium nach
Johannes wird er als das Licht bezeichnet.
In der Bergpredigt lautete seine Aufforderung an seine Freunde und
Freundinnen inklusiv: Ihr seid ebenso das Licht der Welt. Verbergt euch
nicht. Macht euch um Gottes Willen nicht kleiner!

Wie dein Selbst Mut verkörpert

Es gibt viele Möglichkeiten, mutig zu sein, also den Mut, der eine Eigenschaft des Kern-Selbst ist, auf die iE-Persönlichkeitsteile zu übertragen
und auszuleben.

Hier möchte ich dies am Thema des «goldenen Schattens» erläutern.

Dass du ein Mensch mit Schattenanteilen bist, wie sie von C. G. Jung bereits 1950 beschrieben wurden, ist dir gewiss schon lange bewusst.

Wie alle anderen auch, hast du unliebsame Charakterzüge abgespalten und ins Unbewusste verdrängt. Sie scheinen dann verschwunden. Das Bild vom Schatten macht deutlich, dass deine unakzeptablen Eigenschaften unbewusst da sind, also unerkannt weiterwirken. Ihr Verleugnen absorbiert sogar eine Menge Energie.

Sicher betreibst du schon länger Schattenarbeit, bist also am Akzeptieren und Integrieren von all dem Peinlichen, Schwächlichen, Aggressiven in dir, dessen du dich schämst. Du weisst, dass diese Aussöhnung dein ganzes Leben lang nie vollständig zu erreichen ist und bleibst daher in verständnisvollem Mitgefühl für dich selbst unterwegs.

Wie steht es um deinen goldenen Schatten? Kennst du ihn?

Dein goldener Schatten sind alle deine Fähigkeiten, Begabungen und positiven Seiten, die du ebenfalls weggesteckt und verbannt hast.
Vielleicht wurden sie dir in der Kindheit abtrainiert. Du durftest nicht eitel sein, dich nicht über Fähigkeiten freuen. Lob kam selten bis nie. Dein Umfeld hat deine Qualitäten nicht anerkannt und gestärkt. Vielleicht hielten deine Eltern deine strahlende Vitalität neben einem kranken Geschwister für unangebracht.
Oder du zeigtest früh komödiantisches Talent, aber du bist damit in deiner konservativen, humorlosen Familie abgeblockt worden.
Rechne damit, dass du viele Stärken und Fähigkeiten hast, die du einmal weggeräumt hast und von denen du nichts (mehr) weisst.
Ein Indiz für deinen goldenen Schatten sind Fähigkeiten und Eigenschaften von Menschen, zu denen du aufschaust oder die du bewunderst. Das würdest du nicht tun, wenn du keine Resonanz für ihre Besonderheit hättest. Also ist davon auch in dir. Und du kannst in dir danach forschen und diesen Fähigkeiten in dir auch erlauben, sich zu zeigen.

Als Übung stellst du dir, vielleicht an einem entspannten Tag im Urlaub vor, wie du dich gut in deinem Selbst einmittest und präsent bist.
Dann rufst du einen um den anderen deiner neun iE-Teile in deinen inneren Raum. Du führst mit jedem ein wohlwollendes, ermutigendes Gespräch über seine Begabungen und Talente.

Und falls sich ein Gefühl von Peinlichkeit oder Zweifel oder Abwertung einstellen will, heisst du solch ätzenden Stimmen oder Teile die Szene zu verlassen.

Erinnere dich an die Worte von Williamson: Unsere tiefste Angst ist, dass wir über alle Massen kraftvoll sind und leuchten! Und eben: Du darfst, du sollst es sogar. Das macht dich aus. Das macht dich wertvoll im grossen Miteinander. Das ist deine Bestimmung.

Du fragst jeden iE-Teil:

Was kannst du gut? Was fällt dir leicht? Wofür musst du dich überhaupt nicht anstrengen, damit es dir gelingt? Was machst du gern? Was bereitet dir echte Freude? Worin besteht dein Licht, deine Leuchtkraft?

Vielleicht sagt deine iE1: Ich bin visionär, ich besitze Klarheit, ich bin ungemein integrativ und lösungsorientiert, ich besitze die Unterscheidungsgabe, ich habe leuchtende Intelligenz ...

Vielleicht sagt deine iE2: Ich bin von strahlender Grosszügigkeit, ich besitze natürlichen Charme, ich strahle Gelassenheit aus, ich bin schön und gefalle mir, ich stehe ruhig auf eigenen Beinen ...

Vielleicht sagt deine iE3: Ich bin erfüllt von kreativer Lebensfreude, ich bin aus meinem tiefsten Wesen heraus wertvoll, ich bin geschickt, ich kann führen, ich bin mutig und dynamisch, ich glänze, ich stecke andere an mit meiner Leuchtkraft ...

Vielleicht sagt deine iE4: Ich bin voller Inspiration, ich bin schön in meiner Gefühlsstärke, ich strahle Selbstliebe aus und ermutige alle zu ebensolcher, ich bin grosszügig, ich veredle das Gewöhnliche, ich bin reich an Erfindergeist ...

Vielleicht sagt deine iE5: Ich bin geistreich und lustig, ich bin aufmerksam und zugewandt, ich habe eine ungemein weite Perspektive und erkenne Zusammenhänge, ich habe geniale Geistesblitze, ich bin erfüllt von Weisheit, ich leuchte in entspannter Intelligenz ...

Vielleicht sagt deine iE6: Ich bin auf sensible Weise wachsam, ich bin eine kluge Forschernatur, meine grosse Gabe ist meine Beharrlichkeit, ich vermag zu staunen, zwischendurch bin ich eine selbstbewusste Überfliegerin ...

Vielleicht sagt deine iE7: Ich strahle Leben pur aus, ich verschönere die Welt mit Esprit und Witz, ich ruhe in meiner stillen Freude, ich teile grosszügig meine Sorglosigkeit, ich bin entspannt, neugierig und offen, mir ist leicht und hell ums Herz ...

Vielleicht sagt deine iE8: Ich bin unverfälscht da, ich bin tapfer und durchsetzungsfähig, ich habe leuchtenden Mut, ich bin eine Führernatur, vor mir scheinen Hindernisse von selbst zu weichen, ich bin sanft und empfänglich, ich strahle Barmherzigkeit aus ...

Vielleicht sagt deine iE9: Ich bin voller Verständnis. Ruhe und Besonnenheit sind besondere Gaben von mir, ich brenne für stimmiges Handeln, ich bin schön in meiner gesammelten Präsenz, ich habe das Zuhör-Talent, immer mehr leuchtet mein Gespür für Transzendenz auf ...

Du realisierst, dass hier zum Teil etwas grosse, fast unerreichbare Begabungen und Fähigkeiten deiner iE-Teile beim Namen genannt werden. Nimm sie ohne Scheu als wahrhaft goldene Möglichkeiten für dein Wachstum. Denn eben: Was nützt der Welt deine angelegte Leuchtkraft, wenn sie unter dem Scheffel bleibt?

Wenn es dir gelingt, aufrichtig offen und entspannt neugierig auf deine iE-Teile zuzugehen, gewinnen sie immer mehr Vertrauen in die Führung deines Kern-Selbst.
Dessen Mut wirkt sich aus, du wirst lebendiger und selbstsicherer. Wo du bisher ängstlich, verkrampft oder wütend warst, entfaltest du strahlende Fähigkeiten. Und die ansteckende Wirkung davon: Du gibst damit auch den Menschen um dich herum die Erlaubnis, derart zu leuchten.

Connectedness

Wie Jesus Verbundenheit verkörperte

Lk 5,15f
Die Kunde von ihm aber breitete sich immer weiter aus, und viel Volk strömte zusammen, um ihn zu hören und von Krankheiten geheilt zu werden.
Er aber zog sich immer wieder in einsame Gegenden zurück und betete.

Jesu Verbundenheit hatte eine vertikale und eine horizontale Dimension. Sie war gleichsam kreuzförmig. Dieser kurze summarische Text aus dem Lukasevangelium ist ein Einschub zwischen zwei konkreten Heilungsgeschichten.

Die horizontale Verbindung und Beziehungsstärke Jesu zu den Menschen um und mit ihm wurde in vielfältigster Weise beschrieben:

Jesus wandte sich Menschen zu, schaute sie an, hörte zu, fühlte sich ein und berührte sie. In den drei Jahren seines öffentlichen Wirkens war er gefragt, gesucht und oft richtiggehend belagert von Menschen. Die einen waren fasziniert von ihm, andere wollten sich selbst ein Bild von diesem Wundertäter machen und wieder andere verlangten danach, seine heilenden Kräfte persönlich zu erfahren.

Er liess sich offenbar aufsuchen und finden. Von Menschenmassen, von dichtgedrängten Scharen erzählen die Evangelien immer wieder: in Synagogen, Privathäusern oder in Uferzonen.

Dieses Bad in der Menge war Jesus aber öfters zu viel, auch das verschweigen die biblischen Berichte nicht. Zwischendurch gebot er Einhalt, winkte ab, war einfach müde und ausgelaugt. Wenn er sich gar nicht mehr anders herauslösen konnte, bestieg er zuweilen ein Schiff mit seinen Fischerfreunden und wechselte das Ufer.

Mehrfach heisst es in den Evangelien, dass er sich zurückzog, die Einsamkeit und Stille suchte. Das war der erdende Teil seiner vertikalen Ausrichtung. Er wünschte sich Abgeschiedenheit. Er brauchte einen Fleck Erde, wo er ungestört war. Er wollte allein sein, für sich sein.
Dort kam er zur Ruhe, oft in der Nacht. Und am leisen Ort gut gegründet, pflegte er dann die vertikale Ausrichtung nach oben. Er betete, heisst es meist, ohne näher zu beschreiben, wie genau er das vollzog.

Jesus war ein von Gott erfüllter und durchwirkter Mensch. Aber das war er nicht einfach in einem seligen Dauerzustand. Wenn wir ihn realistisch einschätzen, unterlag auch seine Verbindung zu Gott Schwankungen. Um sich wieder ganz auszurichten und quasi auf Gott zu zentrieren, benötigte auch er diese ungestörte Zeit der Sammlung.

Dabei ging es eher nicht um ein irgendwie geartetes andächtiges Gefühl. Es ging um die Selbstbegegnung in der Gegenwart des Ewigen. Es ging um Klarheit, Unterscheidungsfähigkeit, ungeteilte Hingabe, ruhige Besonnenheit, Selbstlosigkeit.

Paulus nannte diese Eigenschaften später Geistesgaben. Zweifelsohne hatte auch Jesus Ängste, war aufgewühlt durch Erlebnisse, litt an der Verweigerung seiner Gegner, kannte körperliche Schmerzen. Auch er brauchte Stillung seiner Seele, inwendige Besänftigung und Heilung. Auch er benötigte Zeit, um in tiefes, gelassenes Schweigen sinken zu können.

Alle kontemplativen Schulen im Christentum von Ost bis West, die seit den Anfängen bestehen und immer wieder Erneuerung erfahren haben, berufen sich letztlich auf den in der Einsamkeit betenden Jesus. Wie er verstehen sie Gebet als ein Dasein und Ruhen in der göttlichen Gegenwart.

In der Stille weitet sich der Raum so sehr, dass Paradoxe darin aufgehoben sind. Kein Entweder-oder mehr, nur noch ein Sowohl-als auch. Anfang und Ende berühren sich. Das ewig Ferne ist gleichzeitig das ganz Nahe. GOTT ist in mir und doch grösser und alles umfassend. Das grosse Du ist ebenso das unaussprechliche, unfassbare Geheimnis. Da ist Fülle und Leere in einem, das Nichts und das Alles.

Bruder Klaus hat dieses Ineinander auf knappste Weise so erfasst:
«Mein Herr und mein Gott, nimm alles von mir, was mich hindert zu dir. Mein Herr und mein Gott, gib alles mir, was mich führet zu dir. Mein Herr und mein Gott, so nimm mich mir, und mach mich ganz zu eigen dir.»

Es gibt in der Zwischenzeit viele Methoden, die zu Achtsamkeit und Entspannung einladen. Diese Techniken sind wunderbar, lösen Stress, verhelfen zu Ausgeglichenheit und steigern die Konzentrationsfähigkeit.

Das Gebet hat eine andere Absicht und Ausrichtung: Die Erfahrung der Gegenwart GOTTES, die Stille ist und Liebe.
Es braucht lange Übung, bis es seine Wirkung entfaltet. Das mentale Geplapper beruhigt sich nicht auf die Schnelle, das Verlernen erfordert Geduld.

Dieses Üben zielt darauf ab, knapp ausgedrückt, sich von der grossen Liebe, die das All erfüllt, ergreifen zu lassen. Liebe bedeutet, aus der Polarisierung, aus aller Getrenntheit zurückzufinden zur Einheit.

Wie dein Selbst Verbundenheit verkörpert

Von dieser Spiritualität wird unser Selbst angezogen. Es wünscht sich diese Verbundenheit, das Gleichgewicht aller aufeinander bezogenen Kräfte in Harmonie und Ganzheit.

Wenn sich das Selbst, die Seele, der GÖTTLICHE Kern in uns voll entfalten kann, sind wir in einem Zustand von Wohlbefinden, Ruhe und Liebe.

Dann gehen wir mit unseren iE-Teilen respektvoll um und achten ebenso alle Mitmenschen und die ganze Erde. Die innere Welt und die äussere gleichen sich. Inneres Geschehen, zum Guten wie zum Bösen, hat Auswirkungen im Aussen. Wenn es uns gelingt, all unsere diversen Teile zu lieben, können wir auch alle Menschen lieben.

Als Übung schlage ich vor, dass du in leisen Stunden nach und nach deinen stiefkindlichsten iE-Teilen begegnest. Vielleicht haben sie sogar im inneren System miteinander zu tun, aber sie wissen nichts davon und du auch nicht, bisher.

Wenn du dir nicht mehr im Klaren bist, welche Teile das sind, kehre zu deiner ersten Auslegeordnung (Kapitel 6) zurück.

Dort haben sich wahrscheinlich mehrere iE-Teile als nicht so aktiv und mitbestimmend gezeigt. Sie wirkten eher klein und kümmerlich. Und als du sie befragtest (Interviews im Kapitel 9), reagierten sie vielleicht lange abwehrend, zögerlich oder hielten sich ganz bedeckt.

Mache die Verbundenheit, die in dir zu gerade diesen iE-Teilen nicht natürlich und selbstverständlich vorhanden ist, zum Thema und Fokus deiner Annäherung.

In einem ruhigen und ungestörten Zeitfenster wendest du dich jeweils an einen deiner schmächtigen iE-Teile.

Du beginnst deinen inneren Dialog mit der einfühlsamen Absicht:

Ich möchte in Verbindung zu dir treten. Offensichtlich habe ich dich bis jetzt zu wenig wahrgenommen. Ich möchte dir volle Aufmerksamkeit schenken, jetzt und in Zukunft, damit du dich gesehen und verstanden fühlst. Ich möchte, dass du dich entfalten kannst als wertvollen, dazugehörenden Teil von mir.

Möglicherweise brauchst du mehrere Anläufe, bis sich die zuvor zurückgezogene iE für diese Zuwendung öffnet. Dann stell dir vor, wie lange sie vielleicht auf dein Interesse gewartet hat. Sie hat sich so lange beherrschen und zurücknehmen müssen, dass sie nur noch auf Sparflamme lebte und ihre Bedürfnisse auf ein Minimum reduzierte.

Da braucht es mehr als eine Charmeoffensive von dir, da wird die volle Gütekraft deines Selbst benötigt, um aus diesem fast abgerissenen Verbindungsfaden wieder ein festes, sicheres Band zu knüpfen.

Wenn du diese Hürde genommen hast, bittest du diese iE, mit dir ihre Erinnerungen oder Bilder zu teilen, die sie in diese Isolation gebracht haben.

Auch hier ist viel Geduld angesagt. Es geht so langsam wie beim Petit Prince in St. Exupérys Erzählung: Es handelt sich um ein «Zähmen». Schrittchenweise und mit gleichbleibenden Vertrauensritualen muss solche Annäherung geschehen, erklärte der Fuchs. Nur so wächst Freundschaft, in der beide füreinander wichtig und einzigartig werden.

Alles, was hier zur Sprache kommt, würdigst du. Es werden schmerzliche Erinnerungen auftauchen. Aber bleib offen, versteif dich nicht auf etwas Bestimmtes. Öffne dich für die Fragmente, Bilder, Körpererinnerungen, die kommen.

Fühle sie mit, indem du im Selbst zentriert bleibst. Sei ganz einfühlsamer Zeuge und bewahre dabei tiefe Fürsorglichkeit. Frage sanft und interessiert nach: Was ist damals geschehen? Was hast du dabei gefühlt? Wo hast du dich allein und unverbunden gefühlt? Wo wurde dein Bedürfnis nach Gesehenwerden oder Dazugehören missachtet? Was hat das in dir ausgelöst?

Du wirst viel zu hören bekommen: Es geht um erlittene Herabsetzung oder Verspottung, um Verlustschmerz und im Stich gelassen Werden, um Liebesentzug und Ignoranz, um Trauer und Sinnlosigkeit, um Strafe und Misshandlung, um Peinliches und Schambesetztes.

Es genügt meist, wenn dein iE-Teil dieses Leid erinnert und nochmals fühlt beim Erzählen. Durch deine wache Anteilnahme und Selbst-Präsenz erfährt dein iE-Teil, dass er gehalten, begleitet und unterstützt wird. Das hilft ihm, diese Erinnerung emotional nochmals zu fühlen, sie dann aber auch intellektuell zu verstehen. Wichtig ist für deinen iE-Teil, dass er das Erinnerte als vergangenes Erleben begreift. Es ist Teil seiner Vergangenheit. Er braucht es nicht bis in die Gegenwart dauernd wiederzukäuen. Es ist eine Last von damals, die nicht zu seinem Wesen gehört. Er darf sie loslassen.

Ganz wesentlich ist es, die Verbundenheit zu halten. Du bleibst in Selbstführung. Von hier aus anerkennst du den Schmerz deines iE-Teils. Du kannst auch nachfragen, was er braucht, um die damalige Szene zurücklassen zu können. Vielleicht will er, dass du mit ihm in der Imagination nochmals durch diese Erfahrung hindurchgehst, als ruhiger, schützender, ermutigender und erwachsener Begleiter.

Vielleicht hilft es ihm, wenn du ihn entlastest und ihm beteuerst, dass er keinen schlechten Charakter hat und auch nicht schuld an allem war, sondern schrecklich in Not.

Du vermittelst ihm auf jeden Fall Fürsorge und Geborgenheit. Das vertieft die Verbindung zu ihm. Und du lässt ihn erfahren, dass er jetzt mit dir sicher ist und du diese Verbindung zu ihm von nun an im Auge behalten wirst und deine Zuwendung nicht mehr abreissen wird.

Vielleicht will der iE-Teil, dass du ihn immer, wenn er es braucht, in die Arme nimmst. Er spürt sich wichtig und dazugehörig, wenn du ihn täglich mit Wärme und Liebe umfasst. Du versicherst ihm, dass du das versuchst, jeden Morgen, noch bevor du das Bett verlässt.

Du kannst eine solche Handlung nur in der Imagination vollziehen oder auch ganz konkret stellvertretend ein Kissen an dich drücken.

Dann spürst du jeweils mit deinem iE-Teil seinen positiven Eigenschaften und Gefühlen nach: Ihr stellt euch gemeinsam vor, wie er wächst und welche Qualitäten in ihm stecken, die er weiterentwickeln und ausleben möchte.

Verbundenheit macht sich nun höchstwahrscheinlich auch im Aussen bemerkbar.

Wenn dein zunehmend entlasteter iE-Teil beispielsweise deine iE5 war, so wird sich deine persönliche Beziehung zu Menschen des Enneatyps E5 in deiner Umgebung auch wandeln.

Vielleicht siehst du sie plötzlich, wo du sie zuvor gar nicht bemerkt hast. Vielleicht nimmst du ihre Zurückhaltung und Selbstkontrolle wahr und bleibst unaufdringlich und geduldig bei ihnen, wo du früher auch gleich dichtgemacht und das Weite gesucht hast.

Oder du dosierst bewusst deine Emotionen und respektierst das sensiblere Fassungsvermögen einer konkreten E5 in deinem Umfeld. Und wenn du früher über die spröde Art und rein analytische Kommunikation gelächelt, geschimpft oder gelästert hast, interessiert es dich nun vermehrt, was die E5 bewegt, was sie denkt und fühlt. Vielleicht unternimmst du etwas mit ihr, etwas, bei dem ihr beide ins Schwitzen gerät, den Körper spürt und Spass habt.

Und achte auch darauf, wie du deine spirituelle Verbundenheit pflegst. Du bist nicht allein. Du bist kein isoliertes Wesen. Du partizipierst am Ganzen. Du bist ein Teil davon.

Oder christlich gesagt: Du hast Teil am Einen Leben GOTTES. Das macht deine Identität aus. So spiegelst du das Universum und das Universum spiegelt dich. Du bist seit Beginn ein Ebenbild GOTTES mit allem, was in und an dir schon ist und noch wird. Dein Kern, deine Seele, dein Selbst — welchen Namen du ihm auch gibst — ist gänzlich durchlässig dafür. Du besitzt einen Quellpunkt des GÖTTLICHEN in dir.

Um dieses Selbstverständnis zu fördern, tut es dir gut, dich regelmässig in deinem weiten Herzraum aufzuhalten: In der Stille, im Schweigen, im Lassen und tiefsten Gehaltensein.

Creativity

Wie Jesus Kreativität verkörperte

Kreativität kann sich so zeigen, dass wir unerwartet reagieren und damit die Umgebung verblüffen und herausfordern. So wie Jesus:

Jo 8,2-11

Am frühen Morgen war er wieder im Tempel, und das ganze Volk kam zu ihm. Und er setzte sich und lehrte sie. Da bringen die Schriftgelehrten und die Pharisäer eine Frau, die beim Ehebruch ertappt worden ist, stellen sie in die Mitte und sagen zu ihm: Meister, diese Frau ist beim Ehebruch auf frischer Tat ertappt worden. Im Gesetz aber hat Mose uns vorgeschrieben, solche Frauen zu steinigen. Du nun, was sagst du dazu?

Dies sagten sie, um ihn auf die Probe zu stellen, damit sie einen Grund hätten, ihn anzuklagen. Jesus aber bückte sich und schrieb mit dem Finger auf die Erde. Als sie immer wieder fragten, richtete er sich auf und sagte zu ihnen: Wer unter euch ohne Sünde ist, werfe als Erster einen Stein auf sie!

Und er bückte sich wieder und schrieb auf die Erde. Sie aber hörten es und entfernten sich, einer nach dem anderen, die Ältesten voran, und er blieb allein zurück mit der Frau, die in der Mitte stand. Jesus aber richtete sich auf und sagte zu ihr: Frau, wo sind sie? Hat keiner dich verurteilt? Sie sagte: Keiner, Herr. Da sprach Jesus: Auch ich verurteile dich nicht. Geh, und sündige von jetzt an nicht mehr!

Kreativität verlässt die alten Pfade, sie überrascht mit einem ungewöhnlichen Verhalten. Jesus war für derartige Überraschungen gut.

Wir erinnern uns, dass er oft alle Anwesenden ins Auge fasste, sie einzeln und der Reihe nach anblickte, anschaute, durchschaute. Hier nicht. Im Gegenteil. Hier wandte er den Blick zu Boden. Er schaute nicht hin. Er beschämte niemanden und richtete auch keinen. Ausgerechnet diejenigen, die zum Verurteilen angerückt waren und die zur Vollstreckung wohl bereits Steine in Händen hielten, klagte Jesus weder an, noch sprach er sie schuldig.

Sie aber wollten es zunächst wissen: Verletzte er nun das Gesetz Mose oder handelte er gegen seine bekannte Menschenliebe? Sie nannten ihn Meister, halb im Ernst, halb ironisch. Sie umzingelten ihn und die ertappte Frau bedrohlich. Sie heischten eine Antwort. Und hämisch erwarteten sie, es könne nur eine falsche sein.

Jesus reagierte zunächst ohne Worte, aber mit einer unerwarteten Geste. Er warf sich nicht schützend vor die Frau. Seine Präsenz wirkte ohnehin wie ein unsichtbarer Schutzschild.

Er bückte sich zur Erde, machte damit auch sich selbst zur Zielscheibe ihrer selbstgerechten Wut. Und seelenruhig, so erschien es den Umstehenden, schrieb er mit dem Finger auf den Boden.

Ein grosses Vertrauen überstrahlte diese verblüffende Szene. Jesus gewann Zeit.

Sie bestürmten ihn, wollten Antwort. Da richtete er sich auf und forderte sie weise auf: Der ohne Sünde werfe doch den ersten Stein. Ein im wahrsten Sinn entwaffnendes Wort.

Welch ein Einfall, welch ein Geistesblitz, der andrängenden, zornigen Schar einfach den Spiegel hinzuhalten. Intuition spricht aus diesem Handeln, eine Handschrift der heiligen Geistkraft. Jesus genoss seine Eingebung nicht. Kein Triumphgehabe. Er bückte sich erneut, setzte sein Schreiben fort und erhob sich erst wieder, als sich der Mob verzogen hatte.

An die einzig zurückgebliebene Frau richtete er versöhnliche Worte. Er sah ja das Ganze, ihre Angst, die Not, die Verletzlichkeit.

Und vielleicht störte ihn auch das ganze patriarchale Getue und die Doppelmoral, die Frauen als sexuelle Verführerinnen abwertete, Männer aber nicht als Täter erkannte. Er schickte die Frau nicht einfach weg, sondern forderte sie zu einer Neuausrichtung auf.

Solcher Art war die Kreativität Jesu: Er handelte frei und unvorhersehbar. Er hielt sich nicht an Normen oder verfestigte Abläufe. Er nahm jede Begegnung als neue, noch nie dagewesene wahr. Er war durchlässig für den Schöpfergeist und dessen frischen Atem.

Wie dein Selbst Kreativität verkörpert

Dein Selbst, deine innere Führung ist keine kreative Ideenmaschine, die es anzukurbeln gälte. Dein Selbst braucht auch keine zu sein. Es ist eher als Ermöglichung da. Es macht den iE-Teilen weder Vorschriften, noch liefert es konkrete Verhaltensvorschläge. Sein Wirken zugunsten deiner grösseren Kreativität ist eher das Gegenteil davon. Wenn du für ein Problem nach einer Lösung suchst und auf einen klärenden Einfall aus bist, ist erstmal Nichtstun angesagt.

Dein Selbst verhilft dir mit Ruhe und Gelassenheit, deine innere Gedanken-Maschinerie leiser zu machen und manchmal sogar ganz anzuhalten. Also all diesen Stimmen-Lärm, von dem deine iE-Teile gedrängt, gestossen und überwältigt sind: Du sollst! Mach es wie gewohnt! Diesmal muss es aber klappen! Pass auf! Vermeide Fehler! Damit scheiterst du bestimmt! Sei laut! Halte dich bedeckt! Pack es endlich! Lass es ums Himmelswillen bleiben!

Wenn alle alten Strategien und alle inneren Kritiker verstummt sind, zunächst vielleicht erst für Sekunden, ist es erst einmal leise und leer.

Zieh dann deine Ohren auch von allen äusseren Stimmen ab, die dich noch kontrollieren oder modellieren wollen. Löse dich vom Einfluss und den Meinungen anderer. Bleib ganz bei dir. Auch wenn du noch gar nicht weisst, worauf das nun hinausläuft.

Du stehst dann gleichsam in einem Vakuum. Aber da ist eine gute Spannung, weil dieses Nichts sich wie ein Ausgangspunkt anfühlt. Wie ein Noch-Nicht, ein offener Ereignisraum. Den gilt es auszuhalten – und zu warten.

Forscherinnen, Erfinder, Künstlerinnen wissen um diese Erwartungshaltung. Und sie berichten von plötzlich auftauchender Inspiration, von unbewusster Intuition, die ganz ohne Anstrengung auf einmal da ist und Neues zeigt.
Die Lösung kommt wie von «outside of the box»! Und wenn dann der kreative Ausdruck einmal ins Fliessen kommt, dann erfahren sie diesen wunderbaren Flow-Zustand, der sie mit Lust an der konkreten Aktivität erfüllt.

Vielleicht hältst du dich nicht für eine kreative Person im engeren Sinn, aber im Weiteren bist du auf jeden Fall eine. Dein Selbst hat diese Qualität und will sie auf deine iE-Teile übertragen. Das lockt sie heraus. Das lässt sie ihr Ewiggleiches vergessen. Es schenkt ihnen eine Neuausrichtung.

Sei also nicht überrascht, was da auf dich zukommen kann. Du spürst Aufbrüche und überraschende Impulse.

Beim genauen Hinhören auf deine iE bekommst du vielleicht mit:

Deine iE1 will viel mehr herumtollen und spielen.

Deine iE2 wünscht sich sehnlichst eine Wüstenretraite.

Deine iE3 möchte ganz oft frühmorgens Nachbars Hund spazieren führen.

Deine iE4 will wirklich nur noch Vegetarisches auf dem Teller.

Deine iE5 drängt auf Aktionen mit den Klima-Grosseltern.

Deine iE6 ist fest entschlossen, für den Gemeinderat zu kandidieren.

Deine iE7 fasst eine Schulung in Palliative Care vom Roten Kreuz ins Auge.

Deine iE8 drängt dazu, den drei afghanischen Buben von nebenan Nachhilfe zu geben.

Deine iE9 möchte eine Aktion anzetteln, «unser Dorf liest» und fasst schon eine entsprechende Lektüre ins Auge.

Nach dieser Auslegeordnung und Betrachtung der acht C-Qualitäten im vorbildlichen grossen Menschheitsbruder Jesus und in dir selbst, gilt es, wieder die Zusammenschau und das Zusammenwirken all dieser Kräfte zu erfassen.

Wenn dein Selbst in dir präsent und wach da ist, schafft es einen Raum von Wohlwollen. In diesem ist der Kontakt zu den iE-Teilen imaginativ und intuitiv möglich.

Wenn sich deine iE-Teile auf die Führung des Selbst einlassen, tut sich ein Weg auf zu innerem Frieden, Heilung und Lebenssinn.

13
Erzählung zum Dranbleiben

Das Tausend-Zimmer-Schloss

Stell dir vor, du kommst mit einem prachtvollen Schloss zur Welt. Dein inwendiges Schloss hat lange Gänge und Hunderte von Zimmern. Jedes Zimmer im Schloss ist vollkommen und enthält eine besondere Gabe. Jedes repräsentiert einen Aspekt von dir.

Du kannst frei in deinem Schloss herumgehen, täglich eine neue Entdeckungsreise unternehmen. Du bist offen und empfänglich für alles. Du lebst im Hier-und-Jetzt. Du bist, wie jedes Kind, in deiner magischen Welt; Wirklichkeit und Imagination sind für dich noch dasselbe. Alles steht dir in deinem Schloss zur Verfügung, alle Juwelen, alle Himmelbetten, alle Speisekammern. Das Leben ist einfach reich und wunderschön. Es ist Wonne und Fülle.

Dann kommt eines Tages jemand, begutachtet dein Schloss und sagt, dass mit einem der Zimmer etwas nicht stimmt. Es passe nicht zu diesem wunderbaren Schloss und du tätest gut daran, dieses Zimmer zu verschliessen. Das machst du, weil du ja ein wunderbares, harmonisches Schloss haben willst.

Im Laufe der Jahre kommen immer mehr Leute deinem Schloss nahe und lassen dich wissen, welches der Zimmer nicht passe. Du schämst dich. Du kriegst Angst. Allmählich schliesst du eine Türe nach der anderen zu. Ein wunderbares Zimmer nach dem anderen samt seinen reichen Spielmöglichkeiten sperrst du ab und überlässt es der Dunkelheit.

Das hört gar nicht mehr auf. Immer mehr Türen machst du dicht, aus immer wieder anderen Gründen: Beim einen Zimmer glaubst du nun selbst, es wäre zu auffallend, zu aussergewöhnlich. Bei einem anderen

Zimmer kommt dir der Verdacht, es könnte zu konservativ sein. Oder du bemerkst, dass es in anderen Schlössern kein derartiges Zimmer gibt.

So machst du alle Räume dicht, die nicht den Normen der Gesellschaft oder deinem eigenen Ideal entsprechen. Du verschliesst alle Türen, hinter denen vermeintliche Gefahr, Krankheit oder Schmerz lauern. So vermeidest du Konflikte und kannst beschämenden Gefühlen ausweichen. Es fühlt sich eigentlich noch ganz gut an.

Schliesslich hast du die Türen zu allen Zimmern verschlossen, die scheinbar nicht passen. Es gibt dir ein Gefühl von Sicherheit, die gefährlichen Zimmer verriegelt zu haben.

Und du vergisst im Laufe der Zeit sogar, dass diese Räume überhaupt existierten. Du bemerkst den Verlust gar nicht mehr, er wird dir einfach zur Gewohnheit.

Mit dem Vergessen verstummt auch deine Sehnsucht. Deine Liebe zum ganzen Schloss, zu jedem einzelnen, spannenden Zimmer darin erlischt.

Da bist du nun, ehemaliges Schloss-Kind: Du bist erwachsen geworden und bewohnst darin nur noch zwei kleine Zimmerchen.

Die sollten überdies längst repariert werden.

Die Geschichte ist inspiriert von John Welwood (1943-2019), einem US-amerikanischen klinischen Psychologen, Lehrer und Autor. In seinem Buch «Love and Awakening» hat er diese Schloss-Analogie knapp skizziert.

Die verborgene Einladung der Geschichte lautet:

Hol es dir zurück, dein Tausend-Zimmer-Schloss. Nimm deinen Mut, deine ganze Neugierde zusammen, schliesse langsam und vorsichtig Raum um Raum wieder auf. Entdecke die Vielfalt deines inneren Universums. Manche Räume bergen Dunkles, aber auch das gehört zur Schlossanlage. Im Licht und in der Weisheit des Selbst schätzt du je länger, desto mehr deinen Reichtum. Und du freust dich zunehmend über das einzigartige Wesen, das du bist.

14
Ausblick

Mittlerweile bist du recht vertraut mit der besonderen Perspektive von ICH BIN ALLE auf deine Innenwelt. Die ersten Beunruhigungen und Widerstände haben sich gelegt, sind im besten Fall sogar einer wachsenden Neugier und Erkundungslust gewichen.

Möglicherweise ist deine Wissbegier nun gestillt. Du hast eine weitere Möglichkeit kennengelernt, wie deine Innenwelt organisiert sein könnte. Aber du lässt dich doch nicht ganz darauf ein. Dir fehlt die volle Überzeugung, dass dieser Weg für dich hilfreich, förderlich und befreiend sein könnte. Dann lass ihn vorerst.

Vielleicht aber sind deine iE-Teile für dich dermassen plastisch geworden, dass dir der Dialog mit ihnen schon öfters ganz selbstverständlich gelingt. Wenn dem so ist, dann kannst du im Gespräch mit ihnen immer wieder nachfragen, was sie für ihr Wohlbefinden brauchen. Und dann ist es an dir, ihre Bedürfnisse ernst zu nehmen und dazu etwas an deinem Verhalten oder an deinem Beziehungsnetz zu verändern.

Du spürst durch diese innere Zuwendung, wie du in dir ein vertrauensvolles Klima begünstigst. Im selben Mass, wie du dich deinen iE-Teilen mit Aufmerksamkeit und Akzeptanz näherst, kannst du nachvollziehen, dass alles – im Innen und im Aussen – Verständnis und Liebe braucht. Prüfe, ob es hilfreich für dich ist, deinen iE Namen zu geben. Es kann die Innenbeziehungen wie echte Freundschaften stärken.

Es kommt dir so vor, als seist du bereits präziser in deinen Aussagen und Erklärungen gegenüber deinen Mitmenschen. Auf die Frage etwa, wie dir ein bestimmtes Buch oder ein Film gefallen habe, antwortest du nun vielschichtig: Ein Teil von dir habe es genossen, ein anderer habe sich hingegen sehr empört darüber und ein dritter habe ernsthafte Zweifel an der Sinnhaftigkeit des Werks.

Du erhältst Reaktionen aus deinem Umfeld, die dich ermutigen, weil du offenbar durch deine neue Achtsamkeit auf deine iE-Teile und die Vertrautheit mit ihnen mehr Handlungsspielraum auslotest.

Du bist plötzlich so impulsiv, hörst du vielleicht als Rückmeldung. Und du lächelst in dich hinein und grüsst deine iE8 mit leisem Augenzwinkern.

Mittlerweile hat dir die Beschäftigung mit ICH BIN ALLE die Wahrnehmung geschärft für diejenigen iE-Teile, die sehr oft die Führung übernehmen wollen.
Du entwickelst auch vermehrt ein Augenmerk dafür, welche Allianzen sich in deiner inneren Dynamik bilden oder welche Polarisierungen und gegenseitige Bekämpfung wiederkehrend sind. Hier bist du zu innerer Verständigungs- und Friedensarbeit herausgefordert.

Du nimmst wahr, wie du für konkrete Situationen und Begegnungen selbständig und im Voraus wählen kannst, welche deiner iE-Teile für diese Herausforderung wünschenswert wären. Du kannst imaginieren, mit dieser bestimmten «inneren Aufstellung» präsent zu sein. Hilfreich erweist sich auch, wenn du schon vor dem Ereignis probehalber übst, wie die Argumente oder Handlungsanweisungen dieser Konstellation lauten könnten.

Vielleicht gibt es immer noch stiefmütterlich behandelte iE-Teile in dir, welche dir nach wie vor wie ein Schloss mit sieben Siegeln erscheinen.
Versuche dennoch auch hier ab und zu mit Freundlichkeit, Interesse und Absichtslosigkeit eine Annäherung. Mit echtem Wunsch nach Entschlüsselung und Erweiterung kann Bewegung hineinkommen. Bleibe dabei möglichst in einem selbst-nahen Zustand. Aus diesem Blickwinkel heraus kannst du mit Wohlwollen, Gelassenheit und Akzeptanz Kontakt aufnehmen.

Wenn bei dir eine grössere Entscheidung ansteht, können dir deine iE-Teile wertvolle Beratung schenken. Wichtig ist, dass du wirklich jeden einzelnen iE-Teil ernsthaft befragst und inwendig zu Wort kommen lässt.
Auch deine iE mögen es nicht, nur rhetorisch nach ihrer Sicht gefragt zu werden.

Ausgehend von deinem Selbst nimmst du alle Aspekte, Bedenken und Ratschläge entgegen und ziehst dich dann quasi zum Abwägen, Gewichten und Entscheiden wieder ins Selbst zurück. Solch sorgfältige Innen-

Konsultation schützt dich längerfristig von Fehlentscheidungen und verhilft dir zu echter Wahlfreiheit.

Hier ist es möglicherweise hilfreich für dich, wenn du einen solchen inneren Beratungskreis visualisierst, indem du Karten oder Symbole aus der ersten Auslegeordnung (Kapitel 7) sichtbar vor dich in entsprechender Anordnung hinlegst.

Mit deiner differenzierten Selbstwahrnehmung und Selbsteinschätzung gelingt dir zunehmend glaubwürdiges, authentisches Auftreten.

Natürlich hängt deine Wirkung auf andere immer zur Hälfte von deren Persönlichkeit und Entwicklungsstand ab. Die Vorstellung hilft, dass es in Begegnung häufig um die Signale und das Zusammenwirken von iE-Teilen geht.

Konkret: *Welche* meiner iE wirken *wie* auf die anwesenden iE meines Gegenübers? Es ist ein Zusammenspiel wechselseitiger Reaktionen, das im ungünstigsten Fall frustrierende, negative, zermürbende oder gar verletzende Folgen hat. Je mehr du erkennst, welche deiner iE beteiligt sind und hineinwirken, desto weniger gerätst du in emotionale Verstrickungen.

Diese innere Differenzierung steigert dein Verantwortungsgefühl und deine Selbstwirksamkeit. Für das, was auf dich zukommt, bist du nicht verantwortlich, aber für deine Reaktion und was du aus der Situation machst sehr wohl.

Und wenn du mit deinen iE bewusst und sorgsam unterwegs bist, steigert das auch deine Verantwortung im Umgang mit anderen Menschen. Und dies wiederum vermehrt und festigt dein Selbstvertrauen.

Zwischendurch machst du die Erfahrung, dass du gelassen in deinem wahren Selbst ruhst. Dein inneres System ist wach und in unbeschwerter, unaufdringlicher Vielstimmigkeit da.

Du triffst auf einen anderen Menschen, der im selben Zustand ist und auch diese im Herzzentrum eingebettete Führung seines wahren Selbst erlebt. Eure Begegnung ist unmittelbar, tief, anerkennend und voller Einfühlung und Weisheit. Sie gelingt als müheloser, beglückender Flow.

Literaturverzeichnis

Almaas, A. H.: Enneagramm. Der Schlüssel zum Erwachen, Kamphausen Media Bielefeld, 2023

Almaas, A. H.: Essenz. Der diamantene Weg der inneren Verwirklichung, Arbor Verlag Freiamt im Schwarzwald, 4. Auflg. 2009

Almaas, A. H.: Forschungsreise ins innere Universum, Arbor Verlag Freiamt im Schwarzwald, 2. Auflage 2015

Ceming Katharina: Ab in die Wüste! Mut zur Selbsterkenntnis – den Wüstenvätern abgeschaut, Kösel-Verlag München, 2013

Daniels, David: The Essential Enneagram, HarperCollins Publisher NY, 2009

Hell, Daniel: Die Sprache der Seele verstehen. Die Wüstenväter als Therapeuten. herder spektrum Freiburg, 3. Aufl. 2002

Horney, Karen: Selbstanalyse, Westarp Verlag Hohenwarsleben, 7. Aufl. 2017

Keating, Thomas: Das Gebet der Sammlung, Vier-Türme- Verlag Münsterschwarzach, 2010

Kleinschmidt Sebastian: Kleine Theologie des Als ob, Claudius-Verlag München, 2. Auflg. 2023

Küstenmacher, Marion: Gott 9.0. Wohin unsere Gesellschaft spirituell wachsen wird, Gütersloher Verlagshaus, 2010

Küstenmacher, Marion: Integrales Christentum. Einübung in eine neue spirituelle Intelligenz, Gütersloher Verlagshaus, 2018

Maitri, Sandra: Der Weg zurück zum Selbst. Das Enneagramm der Leidenschaften und Tugenden, advaita Media Hamburg, 2009

Naranjo, Claudio: Erkenne dich selbst im Enneagramm. Die neun Typen der Persönlichkeit, Kösel Verlag München, 3. Aufl. 2001

Rohr, Richard; Ebert, Andreas: Das Enneagramm. Die neun Gesichter der Seele, Claudius Verlag München, 1989

Rohr, Richard: Pure Präsenz. Sehen lernen wie die Mystiker, Claudius Verlag München, 2010

Rohr, Richard: Reifes Leben. Eine spirituelle Reise, Herder Verlag Freiburg, 2012

Rohr, Richard: Ganz da. Einfach und kontemplativ leben, Claudius Verlag München, 2018

Rosa, Hartmut: Resonanz. Eine Soziologie der Weltbeziehung, Suhrkamp Verlag Berlin, 2019

Schwartz, Richard C.: IFS. Das System der Inneren Familie. Ein Weg zu mehr Selbstführung, BoD Norderstedt, 2008

Schwartz, Richard C.: Kein Teil von mir ist schlecht, arbor Verlag Freiburg i. Br., 2022

Wilber, Ken: Mut und Gnade, Fischer Verlag Frankfurt, 2009

Die Bibelzitate stammen aus neusten Übersetzung der Zürcher Bibel

Dank

Mein grösster Dank geht an all meine Inspirateure und Lehrerinnen in Sachen Enneagramm.

Namentlich erwähnt seien davon Claudio Naranjo, Richard Rohr, Andreas Ebert, Samuel Jakob, Jürgen Gündel, Pamela Michaelis, Sandra Maitri und Hamed Ali (Almaas).

Die neue Perspektive auf das Enneagramm, ICH BIN ALLE, ist durch das Mitdenken und Ausprobieren zahlreicher Menschen entstanden. Insbesondere danke ich hier Urs Buchser, mit dem ich an drei Labor-Tagen mit je rund 20 Teilnehmenden die These ICH BIN ALLE untersuchte, anwandte und auslotete. Das geschah bereits am 19.8.2017, 4.8.2018 und 15.2.2020.

Erstleserinnen des Manuskripts und anregende Gesprächspartner waren Daniela Mühlethaler und Myrta Benedetti, sowie meine Schwester Barbara Vogel, der ich auch das Korrektorat verdanke.

Die Menschen aus der Berner EnneaTiefenWachstums-Gruppe, die seit 2020 im Austausch miteinander steht, schenkten ebenfalls hilfreiche Rückmeldungen: Marianne Aebersold, Esther Berger, Urs Buchser, Rahel Burckhardt, Ursula Giesbrecht, Martina Hartmann, Verena Hofer, Philippe Kuenzi, Martin Lüdi, Regina Müller, Daniela Mühlethaler, Margrit und Markus Niederhäuser, Ursula Niederhäuser, Margrit Rickli.

Wiederum bin ich meinem Mann Bernhard Kopp für all sein Mittragen und Unterstützen sehr verbunden, ohne ihn gäbe es wohl kein Büchermachen in meinem Leben.